Ulrike Köppchen, Martin Hartwig & Katja Nagel

Grönland

ReiseHandbuch

Alle Informationen, schriftlich und zeichnerisch, wurden nach bestem Wissen zusammengestellt und überprüft. Sie waren korrekt zum Zeitpunkt der Recherche. Eine Garantie für den Inhalt, z.B. die immerwährende Richtigkeit von Preisen, Adressen, Telefon- und Faxnummern sowie Internet-Adressen, Zeit- und sonstigen Angaben, kann naturgemäß von Verlag und Autor - auch im Sinne der Produkthaftung - nicht übernommen werden.

Der Autor und der Verlag sind für Lesertipps und Verbesserungen (besonders als E-Mail oder auf Diskette) unter Angabe der Auflagen- und Seitennummer dankbar.

Leser, deren Einsendung verwertet wird, werden in der nächsten Ausgabe genannt und erhalten als Dank ein Exemplar der neuen Auflage oder ein anderes Buch ihrer Wahl aus dem Programm des Verlags.

Titelfoto: Boote in Rodebay

ReiseHandbuch

ISBN 3-89392-283-0 4. Auflage 2005

Dieses ReiseHandbuch wurde konzipiert und redaktionell erstellt vom
Conrad Stein Verlag GmbH, Postfach 1233, 59512 Welver,
Dorfstr. 3a, 59514 Welver, ☏ 02384/963912, FAX 02384/963913,
<info@conrad-stein-verlag.de>, <http://www.conrad-stein-verlag.de>.

Unsere Bücher sind überall im wohl sortierten Buchhandel und in cleveren Outdoorshops in Deutschland, Österreich und der Schweiz erhältlich.
Auslieferung für den Buchhandel:

D Prolit, Fernwald und alle Barsortimente,
A freytag & berndt, Wien,
CH AVA-buch 2000, Affoltern und Schweizer Buchzentrum.
I Mappa Mondo, Brendola

Text: Ulrike Köppchen, Martin Hartwig und Katja Nagel (Ostgrönland)
Fotos: U. Köppchen, M. Hartwig, O. Schröder, D. Kuhnert und R. Stange
Karten: Kort- og matrikelstyrelsen und Carsten Tolkmit
Lektorat: Oliver Schröder
Layout: Marie-Luise Tolkmit
Gesamtherstellung: Breklumer Druckerei, 25821 Breklum

Dieses OutdoorHandbuch hat 266 Seiten mit 13 farbigen und 14 schwarzweißen Abbildungen, 8 Illustrationen, sowie 15 Karten und einer farbige Übersichtskarte, Es wurde auf chlorfrei gebleichtem Papier gedruckt und der größeren Strapazierfähigkeit wegen fadengeheftet.

00149000

Inhalt

Über die Autoren

Ulrike Köppchen und Martin Hartwig sind als freiberufliche Journalisten und Autoren in Berlin tätig. Reisen in die skandinavischen Länder und das generelle Interesse an Natur und Kultur im Norden haben sie zur Beschäftigung mit dem äußersten Norden der Welt geführt.

Katja Nagel segelte schon mit Arved Fuchs in die Polarregion und führte für den Reiseveranstalter Terra Polaris Gruppen durch Ostgrönland

Symbole

- Achtung!
- Angelmöglichkeit
- Aussichtspunkt
- Auto, Taxi
- Bademöglichkeit
- Bahn
- Bank
- Buchtipp
- Cafeteria
- Camping, Zelten
- E-Mail-Adresse
- Fahrradtouren möglich
- Jagdmöglichkeit
- Flugzeug/-hafen
- geöffnet...
- Golfmöglichkeit
- Homepage
- Hospital
- Hotel
- Hubschrauberlandeplatz
- Hundeschlittentouren
- Information
- Jugendherberge
- Kanu
- Kirche
- Klima, Wetter
- Krämerladen
- Museum/Burg
- Polizei
- Post
- Restaurant, Imbiss
- Schiff, Fähre
- Ski/Abfahrt
- Ski/Langlauf
- Supermarkt
- Telefon
- Theater
- Tipp
- Verweis
- Wale
- Wandermöglichkeit
- Wildzelten
- EZ Einzelzimmer
- DZ Doppelzimmer

Vorwort

Grönland oder Kallaliit Nunaat, **"Land der Menschen"**, wie die Grönländer ihre Heimat nennen, wurde erst vor einigen Jahren für den Tourismus entdeckt. Seitdem lockt die großartige Kulisse der arktischen Natur mit ihren Eiskolossen, schroffen Gebirgen und tiefen Fjorden, aber auch geschützten grünen Tälern, auf deren Wiesen Schafe weiden, jährlich mehr Besucher aus aller Welt an. Hier kann man in völliger Ruhe und Abgeschiedenheit das imponierende Schauspiel der Mitternachtssonne bewundern, Wanderungen jeder Schwierigkeitsstufe durch wunderschöne Landschaften unternehmen, Wale und Robben beobachten und auf den Spuren der Wikinger durchs Gelände streifen. Reiche Fischgewässer laden zum Angeln ein, und eine Tour mit dem Hundeschlitten ist für jeden Grönlandreisenden ein unvergessliches Erlebnis.

Trotz der vielen Möglichkeiten, die Besuchern geboten werden, ist Grönland kein leicht zu bereisendes Land. Die arktische Natur der zum größten Teil mit Eis bedeckten Insel ist gefährlich und unberechenbar. Die geringe Besiedlungsdichte und die großen Entfernungen zwischen den einzelnen Orten in dieser ehemaligen dänischen Kolonie machen die Fortbewegung innerhalb des Landes nicht leicht.

Außerdem trifft man bei den Grönländern auf die Nachfahren einer jahrhundertealten Kultur, die erst in den letzten fünfzig Jahren den Übergang von der traditionellen Jäger- und Fängergemeinschaft in die moderne Industriegesellschaft vollzogen hat, was den Touristen die Insel in mancherlei Hinsicht als schwer verständlich erscheinen lässt.

All das macht Grönland zu einem reizvollen und fremdartigen Land, das zu bereisen allerdings **Vorbereitung** erfordert. Dazu möchte das vorliegende Buch einen Beitrag leisten: Es informiert über Land und Leute, Natur, Geschichte und Kultur, gibt praktische Basisinformationen und stellt alle wichtigen Orte und Routen auf der Insel nach Regionen gegliedert vor.

Danke

Die Autoren möchten den zahlreichen Menschen in Grönland, Dänemark und Deutschland danken, die sie bei der Arbeit an diesem Buch unterstützt haben. Ohne ihre Hilfe hätte dieses Buch nicht geschrieben werden können.

Besonderer Dank geht an die grönländischen Touristenbüros, die uns wertvolles Informationsmaterial geliefert haben und an Greenland Tourism für ihre Unterstützung und die Bereitstellung von Kartenmaterial.

Last but not least ein herzliches Dankeschön an unsere Familien und Freunde, die die Entstehung dieses Buches mit Rat und Tat und viel Geduld begleitet haben.

Nichts auf der Welt ist perfekt, auch dieses Buch nicht. So möchten wir außerdem allen Leserinnen und Lesern danken, die uns auf Fehler und Ungereimtheiten in den ersten drei Auflagen aufmerksam gemacht haben und durch wertvolle Hinweise die Arbeit an der Neuauflage sehr erleichtert haben.

Ulrike Köppchen & Martin Hartwig

Land und Leute

Grönland in Zahlen

Geografie

Fläche	2.166.086 km², davon 410.449 km² eisfrei
Nördlichster Punkt	Kap Morris Jesup
Südlichster Punkt	Kap Farvel
Höchste Erhebung	Gunnbjørns Fjeld, 3.700 m
Längste Nord-Süd-Ausdehnung	2.670 km
Längste Ost-West-Ausdehnung	1.050 km
Die größten Städte	
Nuuk	13.445 Ew.
Sisimiut	5.127 Ew.
Ilulissat	4.200 Ew.
Aasiaat	3.234 Ew.
Qaqortoq	3.112 Ew.
Maniitsoq	2.929 Ew.

Staat, Verwaltung, Politik

Regierungsform	parlamentarische Demokratie
Parlament	Landsting (31 Sitze)
Regierungschef	Hans Enoksen (Siumut)
Parteien und Sitze im Parlament (2002)	
	Siumut: 10 (28,5%)
	Atassut: 7 (20,2%)
	Inuit Ataqatigiit: 8 (25,3%)
	Demokraterne: 5 (15,9%)
	Einzel-Kandidaten: 1
	Letzte Landstingswahl: 3.12.2002
	Wahlbeteiligung: 74,6%
Hauptstadt	Nuuk

Bevölkerung

Jahr	Einwohner	davon außerhalb Grönlands geboren
1950	22.581	1.061
1960	30.378	2.762

1970	38.912	7.620
1980	40.947	8.826
1990	46.778	9.416
2000	56.124	6.755
2004	56.854	6.758

Lebenserwartung Frauen 70 Jahre, Männer 64 Jahre

Sprache

Grönländisch und Dänisch

Religion

98% evangelisch-lutherisch

Wirtschaft und Arbeit

Bruttosozialprodukt	9.178 mio. dkr (2002)
Exporte	2.267 mio dkr (2003)
Importe	2.473 mio. dkr (2003)
Erwerbspersonen	ca. 30.000
Arbeitslosigkeit	ca. 10% (2003)

Geografie

Grönland ist mit weitem Abstand die größte Insel der Welt, allein dreimal so groß wie Neuguinea, die zweitgrößte Insel. Zwischen 59° 46' und 83° 39' nördlicher Breite sowie 11° 39' und 73° 08' westlicher Länge breitet sie sich auf einer Fläche von 2.175.600 km^2 aus. (Zum Vergleich: Die Bundesrepublik Deutschland hat eine Fläche von 357.042 km^2). Grönlands südlichster Punkt, **Kap Farvel**, befindet sich ungefähr auf einer Höhe mit Oslo. Vom nördlichsten Punkt, **Kap Morris Jesup**, sind es nur noch 740 km bis zum Nordpol. Die Entfernung zwischen diesen beiden Punkten beträgt 2.670 km. In ost-westlicher Richtung ist Grönland 1.050 km breit.

Auf der Höhe von Sisimiut durchschneidet der Polarkreis (66° 30' nördlicher Breite) das Land im "unteren" Viertel.

Obwohl politisch an Europa, vor allem an Skandinavien orientiert, gehört Grönland geografisch zum amerikanischen Kontinent. An der engsten Stelle, dem Robeson-Kanal, beträgt die Entfernung zum kanadischen Ellesmere Island nur 26 km. Im Winter ist Grönland über das Eis mit Kanada verbunden. Über diesen Weg sind im Lauf der Jahrtausende immer wieder Menschen und Tiere nach Grönland eingewandert.

Obwohl Grönland der Fläche nach zu den größten Ländern der Welt gehört, ist nur ein geringer Teil bewohnbar, da 85% des Festlandes vom Inlandeis bedeckt werden. Der eisfreie Teil des Landes ist 410.449 km² groß. Dabei handelt es sich um einen mehr oder weniger schmalen Küstenstreifen. Im **Kong Frederik IX. Land** im Nordosten, in der Region um **Sisimiut** und **Kangaamiut** an der Westküste, ist dieser Streifen bis zu 150 km breit, im Regelfall jedoch deutlich schmaler.

An der südlichen Ostküste gibt es lange Küstenabschnitte, an denen das Inlandeis direkt ans Meer stößt. Das gleiche gilt für die Westküste nördlich von **Kullorsuaq.** Überraschenderweise ist mit **Peary Land** die größte zusammenhängende eisfreie Fläche im äußersten Norden zu finden. Peary Land ist Teil des Nationalparks und völlig unbesiedelt. Wer hierhin reisen möchte, braucht eine Sondergenehmigung. Die gesamte grönländische Küste ist von Fjorden durchzogen. Einige sind mit ihren Abzweigungen und Nebenarmen bis zu 300 km lang und stoßen direkt ans Inlandeis. Dort kalben dann die riesigen Gletscher Eisberge, die durch die Fjorde ins offene Meer getrieben werden. Vor der Küste liegen häufig großflächige Schärenlandschaften und zahllose Inseln. Die größte Insel ist **Disko** (Qeqertarsuaq).

Das grönländische Festland ist überall sehr gebirgig. Relativ flach ist eigentlich nur das **Schärengebiet südlich von Aasiaat** und das **Nordland** auf der Landzunge gegenüber von Nuuk. Doch auch hier lassen sich bis zu 300 m hohe Hügel finden.

Die größten Gebirgszüge des Landes finden sich im Osten. Die höchste Erhebung, Gunnbjørn Fjeld (3.700 m), liegt etwa auf halber Strecke zwischen Ammassalik und Ittoqqortoormiit.

Generell ist die südgrönländische Landschaft weicher und weniger rau als der schroffe Norden und Osten. Dieser Unterschied wirkt noch krasser, da die Berge im Süden im Sommer häufig grün bewachsen sind.

Das Inlandeis

Grönland war nicht immer eisbedeckt. Vor 10 bis 50 Mio. Jahren herrschte hier ein warmes Klima. Das Land war mit Bäumen bewachsen, die Arten verwandt sind, wie man sie heute in subtropischen Regionen vorfindet. Das zentrale Grönland war ein riesiges Hochplateau, das von Westen nach Osten leicht anstieg.

Vor ca. zwei bis drei Millionen Jahren kühlte das Klima ab und erste **Gletscher** bildeten sich auf den Höhen der Küstengebirge an der Ost- und Westküste. Sie entstanden dadurch, dass Schneeniederschläge nicht wegtauten, sondern sich Jahr für Jahr aufstapelten, so dass der Druck des oberen Schnees den unteren zu Eis presste. Während die Gebirgsgletscher sich im Laufe der weiteren Abkühlung ausbreiteten, vergletscherte langsam auch das Plateau des Binnenlands, bis schließlich die ganze Insel (inklusive Küstenstreifen) völlig mit Eis bedeckt war. Die größte horizontale und vertikale Ausbreitung hatte das Eis während der **Eiszeiten** in Europa und Nordamerika.

Am Ende der letzten Eiszeit, vor etwa 15.000 Jahren, begann das Eis abzuschmelzen und legte dabei die heute besiedelten Küstenstreifen frei. Wenn man die langfristigen Zyklen betrachtet, befinden wir uns derzeit in einer **interglazialen Wärmeperiode**, wobei die Temperaturen seit Anfang der 80er Jahre rückläufig sind. Obwohl die Eismassen also schon einmal eine größere Ausdehnung hatten, sind die Dimensionen des Eisblocks im Herzen Grönlands kaum vorstellbar: Die Gesamtfläche des vereisten Gebietes beträgt ca. 1.800.000 km². In der Längenausdehnung beläuft sich die maximale Distanz auf mehr als 2.400 km, in der Breite sind es mehr als 800 km.

Die Entwicklung der Eiskappe/Querschnitt Zentralgrönland

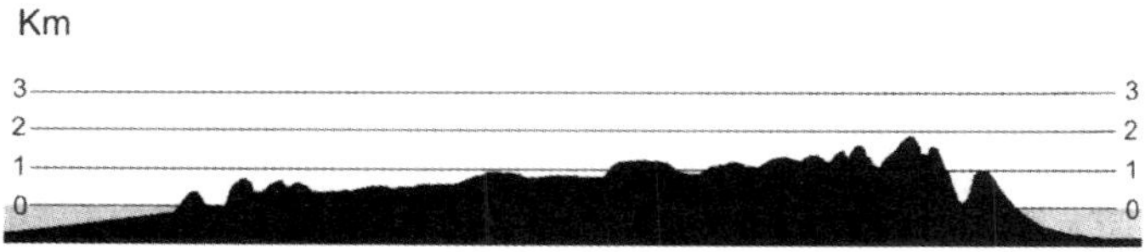

Grönland vor 50 bis 10 Mio Jahren

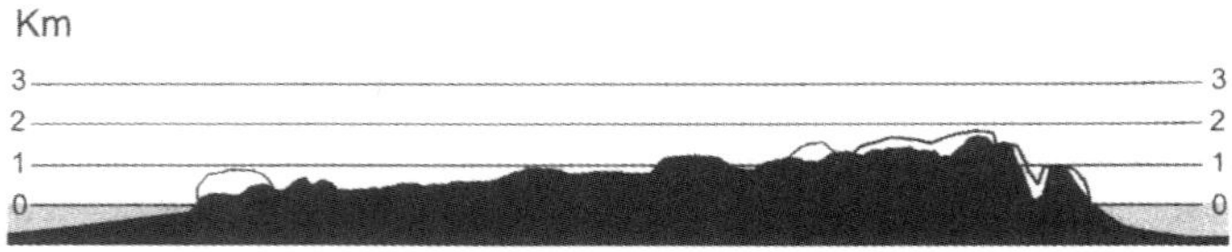

Grönland vor 2 bis 3 Mio Jahren

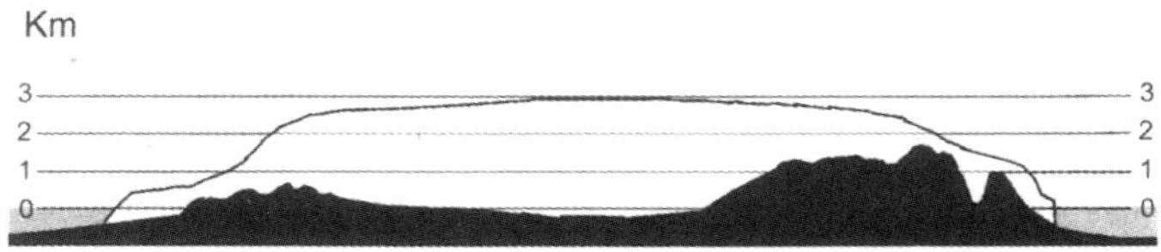

Grönland vor 1 bis 2 Mio Jahren

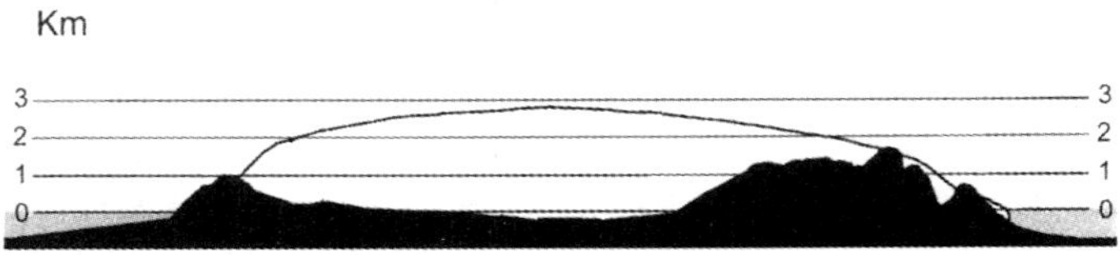

Grönland heute

Die maximale Eisdicke im zentralen Grönland erreicht 3.500 m, im Durchschnitt sind es um 2.100 m. Diese Eismasse hat ein Volumen von etwa 2.700.000 km^3. Sie ist so schwer, dass sich im Laufe der Jahrhunderte die Landmasse in der Mitte Grönlands um etwa 800 m abgesenkt hat. Würden diese Eismassen schmelzen, würde der Meeresspiegel weltweit um 6,5 m ansteigen!

Jeder Niederschlag, der auf diese gigantische Fläche fällt, ist Schnee. Die Durchschnittstemperatur auf dem Inlandeis reicht von -5° im Süden über -30° im Zentrum bis zu -20° im Norden. Im Winter wurden allerdings auch schon Temperaturen von -70° gemessen.

Dass die Eiskappe derzeit nicht weiterwächst, sondern - in erdgeschichtlichen Zeiträumen gedacht - am Abschmelzen ist, liegt daran, dass über die dünneren Eisschichten am Küstenstreifen Schmelzwasser abgeführt wird. Außerdem geben die Gletscher, die an zahlreichen Stellen direkt ans Meer stoßen, Eis in Form von Eisbergen ab.

Einige dieser Stellen gehören zu den eindrucksvollsten Naturerscheinungen der Welt. Sie sind entsprechend auch Touristenattraktionen. Allen voran ist hier der **Jakobshavn Eisfjord** bei Ilulissat (☞ Die Diskobucht) zu nennen, der seit kurzem zum Weltkulturerbe gehört. Dort werden die höchsten und massivsten Eisberge des Landes ins Meer getrieben. Auf einer Breite von sieben Kilometern schiebt sich das Eis hier mit einer Geschwindigkeit von 25 bis 30 m pro Tag in den 35 km tiefen Fjord. Das heißt, hier bricht ungefähr alle fünf Minuten einer der Eisriesen los. Damit gehört dieser Gletscher zu den schnellsten und produktivsten der Welt. Nur in der Antarktis gibt es produktivere Gletscher.

Die Eisberge des Jakobshavn Gletschers ragen bis zu 100 m aus dem Wasser. Dabei ist häufig nur das obere Zehntel zu sehen. Das ist jedoch nur ein grober Richtwert, von dem es in beide Richtungen erhebliche Abweichungen geben kann, da viele Eisberge eine unterschiedliche Dichte haben, weil sie ja das Ergebnis von Pressung durch Gewicht sind oder größere Mengen von Steinen eingeschlossen haben. Auch die Ausdehnung in der Breite variiert stark. Von steilen Säulen bis zu mehreren hundert Meter langen Festungen gibt es die verschiedensten Formen. Riesige Eisberge in großer Zahl lassen sich vor allem in der Diskobucht und weiter nördlich finden. Jährlich kalben etwa 16.000 Eisberge aus grönländischen Gletschern.

Wer sowohl den Norden als auch den Süden bereist, wird feststellen, dass sich die Eisberge im Süden von denen im Norden unterscheiden. Die südlichen sind etwas kleiner und häufig bläulich gefärbt. Das liegt daran, dass sie weniger Luftblasen enthalten als die Eisberge des Nordens und insofern das Licht anders reflektieren. Wie viel Luft im Eis eingeschlossen ist, kann man hören, sobald man in die Nähe von kleineren Bruchstücken eines Eisbergs gerät: Permanent ist das prickelnde Geräusch der beim Schmelzen austretenden Luft zu hören. Für viele Besucher ist es ein Ritual, einen Whisky mit dem Eis solcher Bruchstücke zu trinken und die Vorstellung zu genießen, dass die deutlich hörbar austretende Luft Tausende von Jahre alt ist.

Sich großen Eisbergen allzu sehr zu nähern ist allerdings nicht zu empfehlen, da sie jederzeit umkippen oder auseinanderbrechen können. Das Meerwasser unterspült den Eisberg und taut ihn ab, obwohl es selbst oft nur 1 bis 2° warm ist. Wenn genügend Eis von unten abgeschmolzen ist, gerät der Eisberg aus dem Gleichgewicht und dreht sich. Die ganz strahlend weißen oder durchsichtig wässrig scheinenden Eisberge haben dies vor nicht allzu langer Zeit getan, während es den etwas schmutzig wirkenden noch bevorsteht.

Flora und Fauna

Flora

Es gibt in Grönland insgesamt etwa 500 Arten höherer Pflanzen (Samenpflanzen). Dazu kommen noch etwa 3.500 Arten von Moosen, Flechten, Pilzen, Algen etc. Diese Vielfalt ist in weiten Teilen des Landes allerdings nicht auf den ersten Blick sichtbar.

Generell ist der Bewuchs sehr niedrig und besteht vor allem aus Sträuchern und Krüppelgewächsen. Lediglich im Süden findet man gelegentlich etwas höher gewachsene Pflanzen. Aufgrund der wärmeren Temperaturen nimmt die Pflanzenvielfalt und -dichte in Richtung Süden zu: Nirgendwo sonst in Grönland sind die Berge so grün bewachsen und die Wiesen so saftig. Sie waren der Grund für die Namensgebung des Landes durch die Normannen, die allerdings in einer relativ warmen Periode dort siedelten und vermutlich auf eine üppigere Vegetation trafen, als sie heute zu finden ist.

Man kann das Land in vier verschiedene **Vegetationszonen** aufteilen, die sich in drei Klimazonen (der hocharktischen, der niederarktischen und der subarktischen) mit unterschiedlichem Niederschlagsaufkommen befinden:

Die hocharktische Zone

Die hocharktische Zone beginnt im Westen, etwas nördlich von Upernavik, und herrscht auch auf der Nordhälfte der Insel Disko vor. Im Osten beginnt sie auf der Höhe von Ittoqqortoormiit (Scoresbysund). Hier gibt es nur niedrige Heidesträucher, Moose und im Sommer an den Küstengebieten einige wenige Blumen. Im Inland herrscht das ganze Jahr über das Eis.

Die trockene niederarktische Zone

Zur trockenen niederarktischen Zone zählen der schmale Küstenstreifen von Upernavik bis Aasiaat und im weiteren das Binnenland bis nach Nuuk. Vor allem

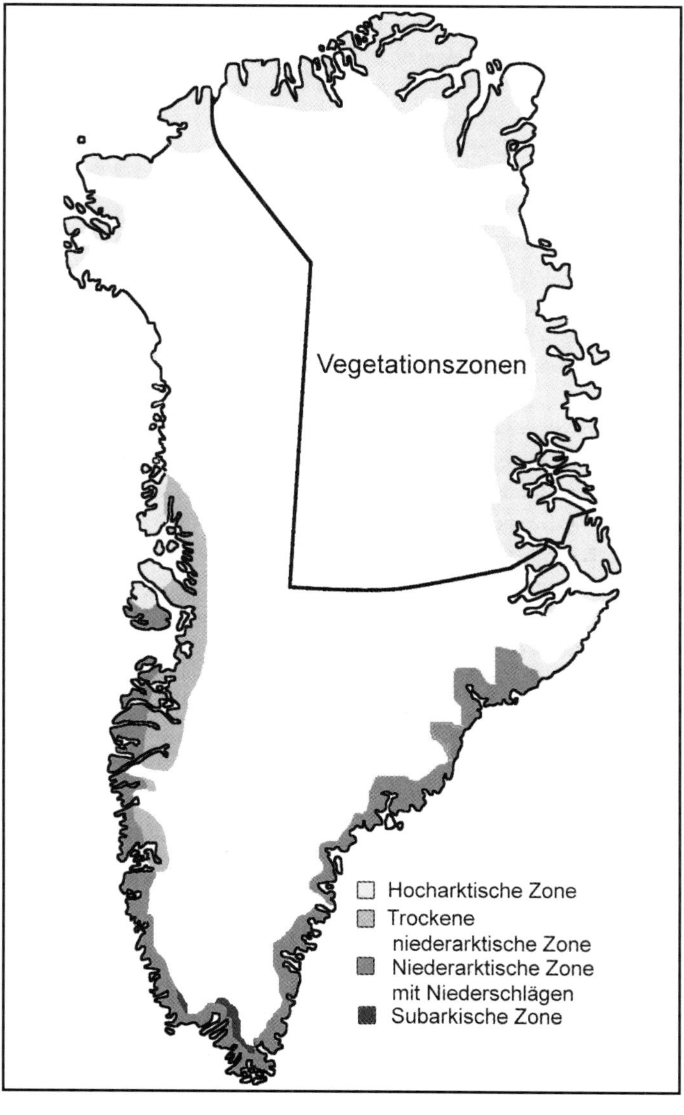
Vegetationszonen
Hocharktische Zone
Trockene niederarktische Zone
Niederarktische Zone mit Niederschlägen
Subarkische Zone

in den niederschlagsarmen Gebieten herrscht **Steppenvegetation**. Große Steppenflächen lassen sich vor allem in der Region um Kangerlussuaq finden.

Die niederarktische Zone mit regelmäßigen Niederschlägen

Die niederarktische Vegetationszone mit regelmäßigen Niederschlägen bestimmt die Vegetation ab der südlichen Hälfte der Insel Disko die ganze weitere Westküste entlang Richtung Süden. Im Osten beginnt sie südlich von Scoresbysund.

Hier beginnt das **"Grünland"**, das Erik der Rote gesehen hat, langsam Farbe anzunehmen, was sich in Richtung Süden immer mehr verstärkt. Zahlreiche Farne, Gräser und Blumen, die nach einem Regen im Sommer plötzlich ganze Hänge gelb oder rot färben, sind hier zu finden. Der **Knöterich** gehört zu den verbreitetsten Pflanzen.

Je weiter man nach Süden kommt, desto häufiger kann man auf das **rote Weidenröschen** treffen, die erklärte Lieblingsblume der Grönländer. **Niviarsiaq**, "junges Mädchen", heißt sie in der Landessprache. Auch das **Wollgras** begegnet einem in diesen Breiten immer wieder. Die Grönländer bezeichnen es als "etwas Hasenähnliches". In dieser Region kommen auch Baumsorten wie **Birken** und **Weiden** vor, die es hier jedoch nur auf die Höhe von Sträuchern bringen und kaum als Bäume zu erkennen sind.

Die subarktische Zone

Im äußersten Süden lässt sich hinter dem Küstenstreifen ein kleines Gebiet finden, das durch hohe Niederschläge und eine besonders geschützte Lage eine für grönländische Verhältnisse sehr üppige Vegetation aufweist. Die **Birken** sind hier schon als kleine Bäume zu erkennen, und die **Weidensträucher** werden sogar drei bis vier Meter hoch. Auch die anderen Pflanzen, besonders die Farne, werden größer.

Wer **Pilze** sammeln möchte, findet dazu in Grönland reichlich Gelegenheit. Das Angebot entspricht im Wesentlichen dem nordeuropäischer Länder. Die häufigsten Arten sind **Birkenpilze**, **Graue Seidenstreiflinge**, **Rote Lacktrichterlinge** und **Schafegerlinge**.

Als weiteres Nahrungsangebot der Natur gibt es in weiten Teilen des Landes verschiedene **Beerensorten**. Im Spätsommer sieht man oft grönländische Familien mit Eimern ausgerüstet zu den nahe gelegenen Bergen und Hügeln ziehen, um Blau-, Preisel- oder Krähenbeeren zu sammeln. Die **grönländische Vogelbeere** ist zur Herstellung von Konfitüre und Gelee geeignet.

Die Liste der essbaren Pflanzen und Kräuter ist lang. Für Wanderer seien als besondere Ergänzung der Küche noch erwähnt: der arktische **Thymian**, der sich hervorragend als Gewürz zum Kochen oder als Zusatz im Tee eignet, der **Engelwurz**, der vor allem als Branntweingewürz genutzt wird und dessen Stängel essbar sind, und das fast wie Kresse schmeckende **Wiesen-Schaumkraut**.

📖 Essbare Wildpflanzen - Basiswissen für draußen - OutdoorHandbuch Bd. 5, Engel & Kürschner, 106 Seiten, 77 Illustrationen, 20 farbige Abbildungen, Conrad Stein Verlag. ISBN 3-89392-605-4, € 7,90.

Fauna

Grönland ist aufgrund der harten und langen Winter sehr arm an Landsäugetieren. Wenn man von den Haustieren absieht, gibt es nur acht verschiedene freilebende Arten: Eisbären, Polarwölfe, Polarfüchse, Rentiere, Moschusochsen, Hermeline, Lemminge und Schneehasen.

Der **Eisbär**, das Wappentier der Grönländer, lebt vor allem im Nordosten des Landes. Besonders häufig kommt er innerhalb des riesigen Nationalparks vor. Außerhalb dieses Gebietes bewegt er sich auf seinen langen Wanderungen auf dem Treibeisgürtel entlang der Ostküste, wo er von den Grönländern auch gejagt wird. Nur Einheimische mit Jagdschein dürfen ihm nachstellen. Alle anderen sollten eine Begegnung mit Eisbären auch besser vermeiden. Ein ausgewachsener männlicher Bär wiegt bis zu 600 kg. Er ernährt sich beinahe ausschließlich von Fleisch, vor allem von Robben, denen er an den Atemlöchern im Eis auflauert.

Gelegentlich kommt es vor, dass ein Eisbär auf einer treibenden Scholle festsitzt und mit dem Treibeis um Kap Farvel herum in den bewohnten Süden des Landes gerät. Solch ein ausgehungerter Eisbär stellt eine große Gefahr vor allem für die zahlreichen Schafe im Süden, aber auch für Menschen dar und muss sofort erlegt werden.

Den Eisbären als Wappentier gibt es in zwei Varianten. Einmal den auf dem im Königreich Dänemark verbreiteten Wappen (auch noch bei der grönländischen Post zu sehen), der den rechten Arm drohend erhebt, und einmal auf dem in

Grönland, z.B. auf Veröffentlichungen der grönländischen Selbstverwaltung zu sehende Tier, das den linken Arm hebt. Die Grönländer wissen nämlich, dass der Bär immer mit links zuschlägt.

Der **Polarwolf** ist heute nur noch im nördlichen Teil des Nationalparks anzutreffen. Seit Ende der siebziger Jahre nimmt die Population wieder zu, und der Polarwolf hat sich vom **Peary Land** in Richtung Süden bis zum Germania Land ausgebreitet. Er steht unter strengem Artenschutz und darf nicht gejagt werden. Da der Nationalpark für Touristen im Allgemeinen nicht zugänglich ist, muss man sich mit der Betrachtung eines nahen Verwandten zufrieden geben: dem Schlittenhund.

Schlittenhunde sind an der ganzen Ostküste und in allen grönländischen Städten nördlich des Polarkreises anzutreffen. Nördlich dieses "Hundeäquators" dürfen keine anderen Hunde eingeführt werden. Ausnahmen werden nur für Polizei- und Blindenhunde gemacht. Damit will man die Rasse reinhalten, die schon seit Jahrhunderten gute Dienste leistet und in schwierigem Gelände immer noch jedem Motorfahrzeug überlegen ist.

Schätzungsweise etwa 28.000 Schlittenhunde leben in Grönland. Von Sisimiut an nördlich hängen sie über jede grönländische Stadt eine Glocke aus Hundegebell und -gejaule. Das Gesetz schreibt vor, dass Schlittenhunde stets angeleint sein müssen. Das hat gute Gründe. Sie sind keineswegs zahm: Schnell werden sie aggressiv und beißen, wenn man versucht, sich ihnen zu nähern. Man sollte sie daher nicht streicheln. Nur die ganz jungen Hunde dürfen frei herumlaufen.

Obwohl ihre Besitzer sehr stolz auf sie sind und sich sehr um die Gesundheit ihrer Tiere kümmern, sind Schlittenhunde vor allem Nutztiere. Wenn sie sieben bis acht Jahre alt sind und langsam ihre Kräfte verlieren, werden sie normalerweise erschossen, da sie wegen des Futters dann nur noch einen Kostenfaktor darstellen.

Ein Gespann umfasst 10 bis 15 Hunde. Im flachen Schnee und auf dem zugefrorenen Meer werden sie mit Tauen oder Lederriemen fächerförmig angespannt, während sie im Tiefschnee paarweise laufen, damit die hinteren die Spuren der vorderen benutzen können.

Wild lebende Rentiere sind am verbreitetsten in Mittelgrönland. Man kann sie jedoch auch im Nordwesten bis nach Upernavik und im Süden in den trockenen Steppengebieten bis hinunter nach Paamiut finden. Im August und September dürfen sie in gewissem Umfang gejagt werden. Dies ist mit entsprechender Lizenz auch für Touristen möglich. Bei Nuuk und bei Narsaq werden Rentiere gezüchtet und in großen Herden gehalten. Auch hier ist es unter bestimmten Voraussetzungen möglich, Rentiere zu jagen. Das hat hier allerdings manchmal eher den Charakter einer standrechtlichen Erschießung, da man den Tieren kaum nachstellen muss.

1962 und 1965 wurden insgesamt 27 **Moschusochsen**, alles einjährige Kälber, die eigentlich aus dem Nordosten stammten, bei Kangerlussuaq ausgesetzt. Daraus sind inzwischen 3.500 geworden. In kleinen Herden von 10 bis 30 Exemplaren ziehen die 200 bis 300 kg schweren Tiere seitdem durch die Region. Als Wanderer hat man gute Chancen, sie zu Gesicht zu bekommen.

Man sollte ihnen aber nicht näher als 30 bis 40 m kommen, besonders wenn Kälber in der Herde sind, da einem sonst ein folgenreiches Zusammentreffen bevorsteht. Die Jagd ist nur einheimischen Vollerwerbsjägern gestattet und streng reglementiert. Ein traditionelles Siedlungsgebiet für Moschusochsen stellt der südliche Teil des Nationalpark dar. Hier leben 40% der Gesamtpopulation der Erde.

Der **Polarfuchs** ist im ganzen Land anzutreffen. Es gibt ihn in einer weiße und einer blauen Variante. Häufig hält er sich in der Nähe von Siedlungen auf, um von den Abfällen zu fressen. Für Wanderer ist er insofern eine Gefahr, als er sich über den Proviant hermacht. Sogar verbuddelte Abfälle gräbt der Polarfuchs wieder aus. An der Küste ernährt er sich hauptsächlich von Fischen und Muscheln, wobei er es geschickt versteht, die Gezeiten zu nutzen.

Sehr weit verbreitet ist auch der **Schneehase**. Es gibt kaum eine grönländische Region, in der er nicht heimisch ist. Sein im Sommer braunes und im Winter weißes Fell tarnt ihn jedoch sehr gut, zudem ist er schnell und scheu, so dass man ihn nur selten zu sehen bekommt. In einigen Gebieten dürfen Schneehasen mit Ausnahme der drei Sommermonate gejagt werden.

Hermeline und **Lemminge** sind die kleinsten grönländischen Landsäugetiere und im Nationalpark zu finden.

Schließlich sind rund 200 verschiedene **Vogelarten** in Grönland zu beobachten. Die meisten davon (ca. 150) sind jedoch nur kurzfristige Gäste, Zugvögel, die den kurzen Sommer hier verbringen.

Die weiteste Reise legt dabei die **Küstenseeschwalbe** zurück, die zwischen den Polen hin- und herpendelt, den grönländischen Winter in der Antarktis verbringt, um im Frühjahr wieder zurückzukehren. Das ergibt eine jährliche Flugstrecke von

35.000 km. Nicht ganz so weit hat es der **Wanderfalke**. Er verbringt den Winter in Mittel- und Südamerika.

Auch die verschiedenen **Gänsearten**, die man antreffen kann, bleiben nicht das ganze Jahr hier.

Einer der am meisten verbreitetsten und auffälligsten Vögel ist der **Steinschmätzer**, den man am schwarzen T auf seinem weißen Schwanz leicht erkennen kann. Mit Klicklauten warnt er seine Artgenossen vor Wanderern und anderen Gefahren. Die Steinschmätzer der Westküste verbringen den Winter in Nordamerika, die der Ostküste in Vorderasien.

Nur ungefähr 50 Arten sind das ganze Jahr über im Land. Am bekanntesten ist der grönländische **Seeadler**, der mit 2,5 m Flügelspannweite auch der größte ist. Er ist vom Aussterben bedroht und steht unter strengem Artenschutz. In Grönland gibt es nur noch ca. 100 Seeadlerpärchen (sie bleiben ihr ganzes Leben zusammen). In Südgrönland wurden sie lange stark verfolgt, weil sie im Ruf standen, junge Lämmer zu schlagen. Der engagierten Aufklärungsarbeit eines Ornithologen ist es zu verdanken, dass dieser Irrglaube sich langsam auflöst. Seeadler ernähren sich von Fischen, Füchsen und anderen Kleintieren.

Auch die anderen drei Raubvogelarten, die es in Grönland gibt, der **Jagdfalke**, der **Wanderfalke** und die **Schneeeule**, stehen unter unbedingtem Naturschutz und sind relativ selten.

Ein Standvogel, der einem im ganzen Land hingegen sehr häufig begegnet, ist der **Rabe**. Genauso verhält es sich mit dem **Alpenschneehuhn**. Es ist Meister der Tarnung und passt sein Federkleid der Jahreszeit an. Es kann passieren, dass man bei einer Wanderung beinahe auf ein Huhn tritt, da es sich erst im letzten Moment entfernt. Dies gelingt ihm jedoch nicht immer und es landet deshalb oft in grönländischen Kochtöpfen. Auch die **Eiderente**, die **Trottellumme**, der **Krabbentaucher** oder junge **Möwen** gelten als Speisevögel und werden gejagt oder gefangen.

Es gibt keine Amphibien und Kriechtiere in Grönland, jedoch über 700 verschiedene **Insekten**, von denen der Besucher hauptsächlich die Mücken wahrnimmt, die im Sommer zu Tausenden über ihn herfallen, sowie man die unmittelbare Küstengegend verlässt.

Ist das Tierleben auf dem Land nicht besonders artenreich, so bietet das grönländische Meer einen einzigartigen Lebensraum für Tiere. Für die Grönländer ist traditionell die **Robbe** die wichtigste Ernährungsgrundlage und Rohstofflieferant für Kleidung und Werkzeuge (zum Problem des Robbenfangs ☞ Wirtschaft).

Am wichtigsten als Beutetier ist bis heute die **Ringelrobbe**. Sie ist 130 bis 190 cm lang und wiegt 30 bis 100 kg. 60.000 bis 100.000 Exemplare werden pro Jahr mit Netzen gefangen oder vom Boot aus mit dem Gewehr erlegt. Im Winter werden sie an den Atemlöchern im Eis gefangen.

An zweiter Stelle folgt die **Sattelrobbe**. Sie ist 160 bis 220 cm lang und wiegt zwischen 115 bis 180 kg. Ihr Fell ist dicker und haltbarer als das der Ringelrobbe und wird daher gern für Jagdkleidung verwendet. Man benutzt es jedoch auch für vornehmere Kleidung. Die Sattelrobbe verbringt das Frühjahr auf dem Treibeis vor Neufundland oder auf der norwegischen Insel Jan Mayen, um im März Junge zu bekommen. Hier kam es in der Vergangenheit auch zu jenen Schlachtszenen, die weltweit Aufsehen erregten. In Grönland wurden in der 80er Jahren durchschnittlich 15.000 bis 20.000 erwachsene Sattelrobben pro Jahr gejagt.

Die großen **Klappmützen**, die 180 bis 250 cm lang sind und 300 bis 400 kg wiegen, legen die gleichen Wege zum Gebären ihrer Jungen zurück wie die Sattelrobben. Von ihnen werden ca. 5.000 bis 6.000 pro Jahr erlegt.

Die **Bartrobbe** ist mit bis zu drei Metern Länge und einem Gewicht von 200 bis 400 kg die größte, die in grönländischen Gewässern vorkommt. Früher war sie sehr begehrt, weil man aus ihrem großen Fell gut lange Lederseile anfertigen konnte. Heute gehört sie mit 500 bis 1.000 gefangenen Exemplaren pro Jahr zu den weniger gejagten Robben.

Neben den Robben waren die **Wale** über Jahrtausende eine wichtige Nahrungsquelle der **Inuit**. Alle größeren Wale sind heute geschützt und strengen Jagdquoten unterworfen. Völlig verboten ist der Fang von **Blauwalen**, **Buckelwalen**, **Grönlandwalen** und **Pottwalen**. Bei einigen Großwalen wird den Grönländern in gewissem Umfang die Jagd zu Subsistenzzwecken gestattet. So dürfen in Grönland z.B. jährlich 19 Finnwale gejagt werden. Diese Quoten werden auf die Kommunen verteilt, wo sie teilweise gar nicht erfüllt werden können, z.B. wenn ein kleiner Ort gar kein entsprechend ausgerüstetes Boot hat. Die Chance, Wale zu sehen, hat man an der ganzen Westküste.

Insgesamt 16 verschiedene Wale gibt es in Grönland. Vom riesigen, über 20 m langen und bis zu 70 Tonnen schweren **Finnwal** über den **Weißwal** bis zu den heute noch zahlreich gejagten Kleinwalen wie dem **Schweinswal** lassen sich die verschiedensten Arten finden. Am auffälligsten ist der **Narwal** mit seinem langen, gedrehten Horn, von dem man bis heute nicht sicher weiß, wozu es gut ist. In der Vergangenheit war es sehr begehrt, bevor die europäischen Königshäuser schließlich das Elfenbein entdeckten. Dort, wo seine Herkunft unbekannt war, galt es gelegentlich als Horn eines Einhorns.

🕮 **Wale beobachten** - Basiswissen für draußen - OutdoorHandbuch Bd 25, Fabian Ritter, Conrad Stein Verlag, ISBN 3-89392-325-X, € 7,80.

Die Meere um Grönland werden von zahlreichen Fischarten bevölkert. Die häufigsten Arten sind **Dorsch**, **Heilbutt**, **Lachs**, **Meerkatze**, **Rotfisch** und der **Steinbeißer**. Dabei sind nur die drei erstgenannten für die professionelle Fischerei von Bedeutung. Bis in die 80er Jahre hinein war der Dorsch der meistgefangene Fisch und die Grundlage der grönländischen Fischindustrie überhaupt. Er ist mit einer leichten Erwärmung der Gewässer in den 20er Jahren gekommen, ist jedoch wieder auf dem Rückzug, seit sich das Wasser seit Anfang der 80er Jahre wieder etwas abgekühlt hat. Trotz verstärkter Bemühungen und einer Modernisierung der Fischereiflotten konnte der Wegzug nicht mehr kompensiert werden. Dies führte schließlich dazu, dass fast die ganze Fischerei auf **Shrimps** umgestellt wurde. Shrimps sind heute das wichtigste Exportgut des Landes und entlang der ganzen Westküste bis Upernavik und in weiten Teilen der Ostküste verbreitet.

Geschichte

Trotz des unwirtlichen arktischen Klimas und der schwierigen geografischen Verhältnisse hat Grönland schon eine sehr lange Geschichte menschlicher Besiedlung hinter sich. Die ersten Einwanderer, Angehörige eskimoischer Völker, kamen vor mehr als 4.000 Jahren ins Land. Seitdem gab es im Abstand von mehreren hundert Jahren immer wieder Einwanderungswellen, bis schließlich ab etwa 1000 n.Chr. diejenigen Eskimos auf die Insel gelangten, die man als Vorfahren der heutigen Inuit-Bevölkerung ansehen kann. Diese werden **"Neoeskimos"** genannt, von den Einwanderern der Frühzeit spricht man dagegen als **"Paläoeskimos"**.

Auch die Geschichte der Verbindungen Europas zu Grönland hat Wurzeln, die weit in die Vergangenheit zurückreichen. Im Mittelalter siedelten dort über mehrere Jahrhunderte die Normannen, ab dem 17. Jh. kreuzten holländische Walfänger in großer Zahl vor Grönlands Küsten und in der ersten Hälfte des 18. Jh. errichteten schließlich die Dänen ihre Kolonialherrschaft über die Insel, die mehr als 200 Jahre währen sollte.

Auch heute noch ist Grönland ein Teil des Königreichs Dänemark, wenngleich seit 1979 mit sehr weitgehenden autonomen Rechten.

Anmerkung zum Sprachgebrauch "Eskimo" - "Inuit": Von der modernen Bevölkerung Grönlands als "Eskimos" zu sprechen, empfinden viele Grönländer als beleidigend und rassistisch. Andererseits ist es nach unserer Erfahrung in Grönland völlig in Ordnung, "Eskimo" zu verwenden, wenn von den alten Inuit-Kulturen die Rede ist. (In Kanada z.B. sieht das schon anders aus: Dort gilt - alte Kulturen hin oder her - nur "Inuit" als politisch korrekt.)

Da die paläontologische und völkerkundliche Forschung von "Eskimos" spricht, haben wir dies der Einfachheit halber im folgenden Kapitel übernommen, um nicht ständig neue Begriffe wie Paläo-Inuit oder ähnliches erfinden zu müssen. Die Bewohner des modernen Grönland dagegen bezeichnen wir immer als Inuit oder - lieber noch - als Grönländer.

Frühgeschichte: Paläoeskimoische Besiedlung

Nach derzeitigem Kenntnisstand kamen die ersten Menschen etwa um 2500 v.Chr. nach Grönland. Die Einwanderer waren **Eskimos** aus Arktisch-Kanada oder Alaska. Die ursprüngliche Heimat dieser Völker scheint allerdings auf der asiatischen Seite der Beringstraße zu liegen: Hier hat man Funde gemacht, die fast 15.000 Jahre alt sind und damit deutlich älter als die Überbleibsel eskimoischer Kulturen, die auf dem nordamerikanischen Kontinent gefunden wurden.

Ihren Weg nach Grönland fanden die Einwanderer vom kanadischen Ellesmere Land aus über den Smith Sund, der nördlich des heutigen Qaanaaq die Insel vom nordamerikanischen Kontinent trennt und der an seiner schmalsten Stelle nur 26 km breit ist. Wie das Leben anderer Arktisbewohner war auch das der grönländischen Eskimos unter diesen feindseligen äußeren Bedingungen hart und entbehrungsreich und vor allem vom Kampf um Nahrung und gegen die eisige Kälte bestimmt. Sie waren Halbnomaden - Jäger und Fänger, die in kleineren Gemeinschaften zusammenlebten und sich von Rentieren, Robben und Moschusochsen ernährten.

Im Sommer wohnten sie in Zelten aus Tierhaut, im Winter in kleinen, flachen Häusern aus Erde, Gras, Treibholz, Steinen und Fellen, die man durch einen tunnelartigen Zugang betrat. Iglus dagegen waren unter den grönländischen Eskimos nicht annähernd so verbreitet, wie es die gängige Klischeevorstellung annimmt: Man fing erst spät an, um die Zeitenwende, diese Behausungen überhaupt zu verwenden, und selbst dann dienten Iglus in den allermeisten Fällen nur als vorübergehende Unterkünfte auf Reisen.

Auf der Suche nach neuen Jagdgründen wechselten die Gemeinschaften häufiger die Wohnplätze. Ihre Wanderungsbewegungen folgten denen der Tiere, und die Entwicklung ihrer Kultur spiegelt eine stufenweise verbesserte Anpassung an arktische Lebensbedingungen wider.

Archäologische Untersuchungen haben gezeigt, dass man von mehreren, voneinander unabhängigen Einwanderungswellen ausgehen muss. Dies wird z.B. deutlich anhand von Wohnplätzen, die im Verlauf von einigen hundert Jahren mehrfach genutzt wurden: Hier finden sich übereinander die Relikte unterschiedlicher Eskimo-Kulturen, jeweils fein säuberlich durch eine "kultursterile Schicht" voneinander getrennt, das heißt, eine Schicht mit natürlichen Ablagerungen, die keine Spuren menschlicher Besiedlung aufweist.

Jede dieser Kulturen wird auf eine große Einwanderungswelle zurückgeführt. Es gibt allerdings an manchen Punkten noch gewisse Unklarheiten darüber, wie nun im Einzelnen die Abgrenzungen und Zuordnungen vorzunehmen sind.

Im Allgemeinen unterscheidet man jedoch für Grönland drei paläoeskimoische Kulturen: Independence, SAQQAQ und Dorset. Unklar ist außerdem, was aus den Trägern der jeweils älteren Kultur wurde: Sie könnten zurückgewandert, ausgestorben oder von den nächsten Einwanderergruppen absorbiert worden sein.

Independence, die Kultur der vermutlich ersten Grönländer, verdankt ihren Namen dem Independence-Fjord im Nordosten des Landes, wo man Überreste eines ihrer Wohnplätze gefunden hat. Ausgerechnet dort an der Nordküste, wo das Klima selbst für grönländische Verhältnisse äußerst streng ist und wo heute niemand mehr lebt, war ihr Siedlungsgebiet. Spuren von Independence lassen sich bis in die Zeit nach Christi Geburt verfolgen. Die Lebensgrundlage dieser Eskimos war vor allem die Jagd auf Moschusochsen, die damals in diesem Teil Grönlands sehr zahlreich vorhanden waren. Waffen und Werkzeuge, die man von der

Verbreitungsgebiete und Fundorte der Independence-Kultur

Independence-Kultur gefunden hat, zeichnen sich allerdings noch durch eine gewisse Einfachheit aus und spiegeln insofern ihren vergleichsweise niedrigen Entwicklungsstand wider.

Ein höheres Entwicklungsniveau wird dagegen den **SaQQaQ**-Eskimos zugesprochen, die sich fast zeitgleich mit Independence um 2400 v.Chr. in Grönland niederließen. Von dieser Kultur wurden zahlreiche Funde gemacht. Alles, was man ausgegraben hat - Waffen, Werkzeuge, Hausrat und Kleidung -, war sehr sorgfältig und kunstvoll verarbeitet. Offenbar waren selbst fellbespannte Kajaks damals bereits in Gebrauch.

Lebensgrundlage der SaQQaQ-Kultur war die Jagd auf Rentiere und Robben. Auch diese Kultur hat ihren Namen von einer Fundstätte, der Siedlung SaQQaQ in der nördlichen Diskobucht, wo einer ihrer Wohnplätze lag.

Anders als die Träger von Independence wandten sich die SaQQaQ-Eskimos nach ihrer Ankunft in Grönland nicht ostwärts, sondern nach Süden und zogen die Westküste entlang. Später wanderten sie weiter südwärts und schließlich um die Südspitze herum nach Ostgrönland. Darauf deuten Funde, die man in der Nähe von Ammassalik gemacht hat und die starke SaQQaQ-Elemente aufweisen. Die Spur der SaQQaQ-Kultur in Grönland verliert sich im letzten vorchristlichen Jahrtausend. Was danach mit ihr geschah und warum sie verschwunden ist, ist nicht bekannt.

Die letzte der drei paläoeskimoischen Kulturen Grönlands, die **Dorset-Kultur**, ist gleichzeitig auch die erste, von deren Lebensweise man nicht nur aufgrund von archäologischen Untersuchungen Kenntnis hat. Von ihr wissen auch die alten, mündlich überlieferten Sagen einiges zu berichten. Die Eskimos der Dorset-Kultur kamen in mehreren Wellen wahrscheinlich ab dem 7. Jh. v.Chr. nach Grönland und breiteten sich über die gesamte Küste aus: In allen Regionen des Landes hat man Überreste dieser Kultur gefunden. Vermutlich waren es diese Menschen, die den **Iglu** erfunden haben. Dagegen kannten sie, anders als ihre Vorgänger, die SaQQaQ-Eskimos, weder Kajaks noch hielten sie Hunde. Sie jagten Robben auf dem Eis sowie Rentiere, die sie zu Wasserstellen trieben und dann mit Lanzen erlegten.

Strittig ist, ob die Dorset-Menschen noch in Kontakt zu den Normannen getreten sind, die sich im späten 10. Jh. in Süd- und Westgrönland niedergelassen

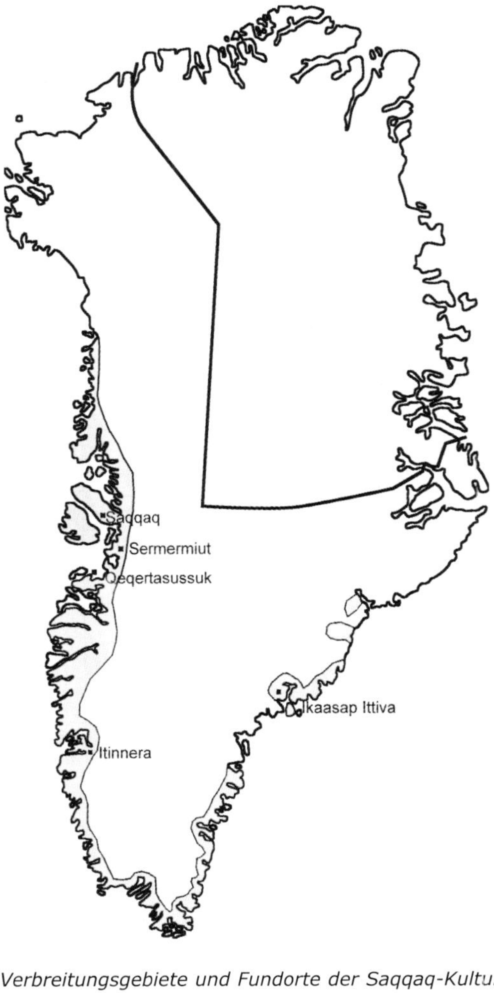

Verbreitungsgebiete und Fundorte der Saqqaq-Kultur

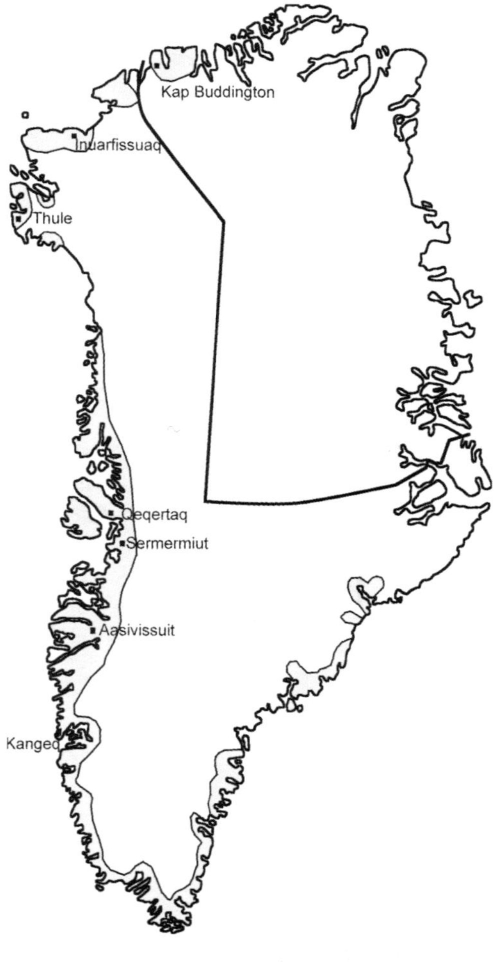

Verbreitungsgebiete und Fundorte der Dorset

haben. Eigentlich wird das Ende der Dorset-Kultur etwas früher angesetzt. Auf der anderen Seite interpretieren manche Wissenschaftler das Motiv einer Schnitzerei aus der Dorset-Ära als Hinweis auf eine Begegnung mit dem "weißen Mann", da die Schnitzerei eine Gesichtertraube darstellt und einige dieser Gesichter europäische Züge aufweisen.

Die normannische Besiedlung Grönlands

Von den Europäern wurde Grönland vermutlich im 9. Jh. n.Chr. entdeckt, als der Wikinger Gunnbjörn, wie es eine alte isländische Sage berichtet, 875 durch einen Sturm an Grönlands Ostküste verschlagen wurde.

Gut 100 Jahre später machte sich **Erik der Rote**, gerade wegen Totschlags für drei Jahre aus Island verbannt, auf, um das ferne Land zu erkunden. Während dieser drei Jahre durchstreifte Erik die Küstengebiete Grönlands bis hinauf zur Diskobucht und beschloss dann, sich dauerhaft auf der Insel niederzulassen.

Zurück in Island versuchte er sofort, Mitstreiter für seinen Plan einer Besiedlung der großen Nachbarinsel zu gewinnen, und 985 liefen 25 Schiffe, schwer beladen mit Menschen, Vieh, Waffen und allerhand anderen beweglichen Gütern, gen Grönland aus. Nur 14 Schiffe erreichten ihr Ziel, die anderen mussten umkehren oder fielen den gefährlichen Stürmen bei Kap Farvel an der Südspitze Grönlands zum Opfer. Diejenigen, die die Reise erfolgreich überstanden hatten, verteilten sich innerhalb Grönlands auf zwei Gebiete: Der größere Teil der Gruppe, darunter auch Erik und seine Familie, ließ sich in Südgrönland nieder, der Rest an der Westküste im heutigen Bezirk Nuuk. Das südliche Siedlungsgebiet bekam den Namen **"Eystribygd"** - Ostsiedlung - , das an der Westküste **"Vestribygd"** - Westsiedlung.

Erik hatte seinen Reisegefährten nicht zuviel versprochen, als er ihnen von der grünen Insel im Norden erzählte: Die Isländer jener Tage waren Bauern, und das Weideland, das sie in Grönland vorfanden, war viel besser als das in ihrer Heimat. Sie hatten Kühe und Schafe mitgebracht, und das Vieh gedieh gut auf den grönländischen Weiden.

Zunächst verlief die Entwicklung des kleinen Freistaates sehr günstig: Es gab insgesamt 280 **Höfe** in Grönland, 190 davon in Eystribygd, 90 in Vestribygd. Etwa 4.000 Menschen lebten in beiden Siedlungen. Die Höfe lagen meist im Inneren der Fjorde in den geschützten, grünen Tälern. Einige dieser Höfe müssen sehr prachtvoll gewesen sein. Sie bestanden aus einem großen Wohnhaus, mehreren Wirtschaftsgebäuden und Stallungen und häufig einer kleinen Schmiede. Ein solches Wohnhaus hatte fünf Räume: einen Schlafraum, der, durch Trennwände in mehrere Kojen unterteilt, der ganzen Familie Platz bot, sowie ein großes Wohnzimmer, in dem die Wände häufig holzgetäfelt und mit kunstvollen Wandteppichen behängt waren, die die Frauen gewebt hatten. Weiterhin befand sich im Haus ein Schlafraum für die Mägde, eine Küche mit Speisekammer und eine Sauna.

Im Jahre 1000 wurden die Normannen **christianisiert**. Eriks Sohn Leif hatte die neue Religion sowie einen christlichen Geistlichen von einer Fahrt nach Norwegen mitgebracht, und die meisten ließen sich ebenfalls bekehren. Erik der Rote selbst weigerte sich allerdings lange Zeit, den nordischen Göttern abzuschwören und das Christentum in seiner näheren Umgebung auch nur zu tolerieren. Dennoch hat man bei der Ausgrabung seines Hofes **Brattahlid** auch eine kleine christliche Kapelle vorgefunden. Deren Bau hatte seine Frau Thjodhild gegen seinen Willen durchgesetzt. Insgesamt gab es auf der Insel etwa 15 Kirchen.

1125 wurde sogar ein eigenes Bistum für Grönland eingerichtet. Zum Bischofssitz machte man **Gardar**, das heutige **Igaliku**, ein idyllisch gelegenes geschütztes Tal auf der Halbinsel QaQortoQ, mitten im alten Eystribygd. Die Ruinen dieses Bischofssitzes sind heute noch zu besichtigen und der Hauptgrund dafür, dass das verschlafene Schafzüchterdörfchen Igaliku im Sommer regelmäßig von Touristenscharen heimgesucht wird. Allerdings sind von den meisten Gebäuden nur noch die Grundmauern vorhanden. Zu seiner Zeit muss Gardar aber sehr stattlich gewesen sein: Die steinerne Domkirche war 27 m lang und 16 m breit - für damalige Verhältnisse eine sehr große Kirche. Es gab ein Wohnhaus für den Bischof mit dazugehörigen Stallungen, und die Gildehalle war mit ihren 130 m^2 eine der größten Skandinaviens.

Nachdem die normannischen Siedlungen unter die geistliche Führung Roms geraten waren - wie alle anderen Gläubigen zahlten die "Grönländer" Steuern an den Papst -, gaben sie schließlich 1261 auch in weltlicher Hinsicht ihre Selbständigkeit auf und unterwarfen sich dem norwegischen König. Auch an ihn wurden fortan Steuern gezahlt. Im Gegenzug hatte der König dafür zu sorgen, dass regelmäßig Schiffe nach Grönland geschickt wurden, die mit den Siedlern Handel trieben und sie mit Waren versorgten, die auf der Insel nicht zu bekommen waren.

Lange Zeit waren die normannischen Siedlungen in Grönland ein blühendes, wohlhabendes Gemeinwesen, doch im 14. Jh. verschlechterten sich die Verhältnisse: Es wurde kälter auf der Insel, die Winter länger, die Sommer kürzer und das Leben der Bauern härter und entbehrungsreicher. Als man im 20. Jahrhundert die Skelette aus einer Grabstätte der Normannen in Südgrönland medizinisch untersuchte, wurden bei allen starke Zeichen von Degeneration und Mangelernährung festgestellt. In Europa wütete die Pest - ein Drittel der Bevölkerung des Kontinents fiel ihr zum Opfer -, so dass nicht mehr regelmäßig Schiffe nach Grönland geschickt werden konnten und die Verbindung zu den Normannen allmählich abriss. Deshalb sind auch die Kenntnisse über das Leben der Siedler nach 1340 recht gering.

Um 1500 strandete Jon Grönländer, ein Seefahrer, der eigentlich auf dem Weg von Island nach Hamburg war, auf einer kleinen Insel in Südgrönland und fand dort außer einem toten Normannen niemanden mehr vor. Daraufhin mehrten sich die Gerüchte vom Ende der nordischen Siedler. Aber selbst als sich 200 Jahre später der dänisch-norwegische Missionar **Hans Egede** auf den Weg nach Grönland machte, um die Normannen in den Schoß der Kirche zurückzuholen, und überall nur verlassene Siedlungen vorfand, glaubten einige immer noch an die Existenz von nordischen Siedlern in Grönland: In Ostgrönland sollten sie sein, hieß es. Erst im 19. Jh., nach einer Expedition zur Ostküste, wurden die letzten Hoffnungen begraben, doch noch überlebende Normannen zu finden.

Viele mögliche Erklärungen für das Aussterben der Siedler sind vorgebracht worden: die Klimaverschlechterung sei schuld, das Abreißen der Verbindung mit Europa, englische und baskische Piraten oder die Eskimobevölkerung, die um diese Zeit in die normannischen Siedlungsgebiete vordrang, hätten die Wikinger vernichtet. Aber keine dieser Erklärungen konnte bisher restlos überzeugen, auch wenn vieles darauf hindeutet, dass einfach die Klimaverschlechterung die Ursache für das Aussterben der Normannen ist. Sicher ist, dass den Siedlern bereits in der Mitte des 14. Jh. ihre Westsiedlung verloren ging. Alten Berichten zufolge wurde sie durch einen Angriff der Eskimos vernichtet, aber selbst das darf nicht als gesicherte Erkenntnis gelten. Auf jeden Fall scheint es, als hätten sich Normannen und Eskimos seit der zweiten Hälfte des 14. Jh. gegenseitig als Feinde betrachtet, nachdem sie offensichtlich vorher lange Zeit friedlich nebeneinander her gelebt hatten. Das letzte schriftliche Zeugnis der Ostsiedlung stammt aus dem Jahre 1408, wo eine Hochzeit in der Kirche von Hvalsø dokumentiert ist.

Aber zumindest an einem Ort Südgrönlands muss das Leben der Normannen noch eine ganze Zeit weitergegangen sein, wie man von Ausgrabungen weiß, die in den 20er Jahren des letzten Jahrhunderts gemacht wurden: Einer der Toten auf dem Friedhof von Herjolfsnes, in der Nähe der heutigen Siedlung Narsaq Kujalleq im Distrikt Nanortalik gelegen, trug eine sogenannte **"Burgunderhaube"** - ein Kleidungsstück, das erst in der zweiten Hälfte des 15. Jh. in Mode kam. Dieser Fund zeigt, dass bis zum Ende des 15. Jh. noch Normannen in Grönland gesiedelt haben und dass diese auch noch kurz vor ihrem Aussterben Besuch von einem Schiff aus Europa gehabt haben müssen.

Neoeskimos: Traditionelle Kultur

Wenn von manchen die Eskimos für das Ende der nordischen Siedler verantwortlich gemacht wurden, so waren damit die Eskimos der **Thule-Kultur** gemeint - ein Volk, das zwischen 1000 und 1100 n.Chr. nach Grönland einwanderte und sich im Verlauf der nächsten Jahrhunderte über die gesamte Küste ausbreitete. Die Angehörigen dieses Jäger- und Fängervolkes werden im Allgemeinen als die Vorfahren der heutigen Inuit-Bevölkerung angesehen.

Auch diese Einwanderer lebten von dem, was Meer und Land an Beute hergaben. Sie gingen mit dem Kajak auf Robbenjagd und fingen Wale vom **"umiak"** aus, dem traditionellen Frauenboot (obwohl Walfang selbstverständlich Männersache war). Daneben wurde aber auch mit Pfeil und Bogen, Messer und Lanze Jagd auf Landtiere gemacht, z.B. das Ren.

Mit der Weiterentwicklung der Jagd- und Fangtechniken der Thule-Eskimos bekommt diese Kultur einen neuen Namen: **Inussuk**, benannt nach einem Fundort nördlich von Upernavik. So wurde z.B. der sogenannte **"Ganzpelz"** erfunden, ein wasserdichter Anorak der Kajakfahrer. Dieser Ganzpelz war fest mit dem Sitzloch des Bootes verbunden, so dass kein Wasser eindringen konnte, wenn es kippte.

Eine andere Neuerung war der **Springpelz,** ein ebenfalls wasserdichter Anzug, der nur das Gesicht frei ließ und bei dem sich zwischen Körper und Stoff eine Luftschicht befand. Bei der Technik des Walfangs, die die Inussuk-Eskimos praktizierten, rettete der Springpelz so manchem Fänger das Leben: Mit vollbesetztem umiak ruderten die Männer an das Tier heran und verwundeten es mit Lanzenstichen. Dann sprang einer der Fänger auf den Rücken des Tieres, um ihm den tödlichen Stoß zu versetzen. Rutschte er dabei ab und fiel ins Wasser, hatte das bei diesen eisigen Temperaturen vorher fast immer den sicheren Tod bedeutet, aber dank des Springpelzes konnte der Fänger sich nun über Wasser halten und von den Kameraden geborgen werden.

Nach wie vor lebten die grönländischen Eskimos als **Halbnomaden**: im Sommer im Zelt, nur im Winter in Häusern. Aber die Größe der Gruppe, die jeweils an einem Wohnplatz zusammenlebte, nahm allmählich zu. Obwohl die Wohnplätze in der Regel weit auseinander lagen, besuchte man sich ab und zu. Ein Staatsgebilde oder auch nur Ansätze staatlicher Strukturen waren diesen Menschen dagegen völlig fremd. Das heißt nicht, dass ihre Gemeinschaften keine Hierarchie gekannt hätten, aber man erwarb sich eine besondere Stellung durch persönliche Autorität, nicht durch eine formale Prozedur wie etwa eine Wahl.

Traten Konflikte innerhalb der Gemeinschaft auf, wurden diese meist "spielerisch" durch die "öffentliche Meinung" gelöst: Die Kontrahenten traten vor versammelter Dorfgemeinschaft in einen **"Sängerwettstreit"**, wobei jeder versuchte, den anderen mit selbstverfassten Spottliedern lächerlich zu machen. Wem es dabei dann gelang, den größten Teil der Zuhörerschaft auf seine Seite zu bringen oder wer einfach den längeren Atem hatte, ging als Sieger nach Hause. Allerdings gab es bei schweren Konflikten auch blutigere "Lösungen": Wurde ein Mord begangen, übte die Familie des Ermordeten Blutrache. Bei sonstigen ernsteren Vergehen konnte es geschehen, dass die Dorfgemeinschaft beschloss, den Übeltäter in die Berge oder auf eine Insel zu verstoßen, was für diesen in der Regel den sicheren Tod bedeutete.

Obwohl sich die grönländischen Eskimos mit der Zeit immer besser an die arktischen Verhältnisse anpassten, hatten sie doch nach wie vor ein sehr hartes und entbehrungsreiches Dasein, das größtenteils daraus bestand, unter diesen widrigen äußeren Bedingungen ihr Überleben zu sichern.

Einen wichtigen Ausgleich stellten insofern **Feste** und **Feiern** dar, die zu allen möglichen Anlässen stattfanden, etwa wenn Besuch von einem benachbarten Wohnplatz eintraf: Dann wurden **Trommeltanz** und **Sängerwettkampf** veranstaltet - und man spielte das sogenannte **"Lampenlöschspiel"**, bei dem im Dunkeln Frauentausch praktiziert wurde. Diese Lampenlöschspiele, die später die christlichen Missionare aufs Äußerste erbosten, erfüllten wohl die für eine so kleine Gemeinschaft lebensnotwendige Funktion, Degenerationserscheinungen durch

Inzest vorzubeugen und der Gruppe "frisches Blut" zuzuführen. Daneben können sie aber auch als Ausdruck der sexuellen Freizügigkeit dieser Kultur interpretiert werden, in der Polygamie und Promiskuität weit verbreitet waren - allerdings auf der Basis einer fundamentalen Ungleichheit der Geschlechter: Frauen hatten kein Recht, über ihre Geschlechtspartner selbst zu entscheiden, sondern mussten akzeptieren, wer vom Ehemann für geeignet gehalten wurde.

Wie bei vielen Naturvölkern spielte in den Eskimo-Gemeinschaften der **Angakkoq**, der **Schamane**, eine wichtige Rolle: Er hatte die Aufgabe, mit dem Übernatürlichen in Kontakt zu treten, das Wetter zu beeinflussen, für Jagdwild zu sorgen und Krankheiten zu heilen. Schließlich hatte er auch eine wichtige moralische Funktion, indem er für die Einhaltung der Lebensregeln, Sitten und Gebräuche in der Gemeinschaft sorgte.

In wirtschaftlicher Hinsicht betrieben die grönländischen Eskimos **Subsistenzwirtschaft**, d.h. man sorgte für den eigenen Bedarf und den der anderen Mitglieder der Gemeinschaft, die durch einen gemeinsamen Wohnplatz definiert war. Tauschhandel wurde erst zum verbreiteten Phänomen, als sich der europäische Einfluss auf Grönland mehrte.

Frühe Neuzeit: Entdeckungsreisen und Walfang

Als im späten 15. Jh. das Zeitalter der Entdeckungsreisen anbrach, wurde auch das Interesse Europas an Grönland neu geweckt. Eigentlich ging es aber zunächst gar nicht um die Insel selbst, sondern man vermutete in der Region die legendäre **Nordwestpassage**, den Seeweg nach China.

Um einen privilegierten Zugang zu den Reichtümern des Orients zu bekommen, wetteiferten verschiedene europäische Großmächte um die Kontrolle über das Nordmeer, vor allem England und Dänemark-Norwegen, damals noch Doppelmonarchie. Schon frühzeitig proklamierte das dänisch-norwegische Reich seine Oberhoheit über die Region, und England zahlte einen jährlichen Zoll für die Erlaubnis, in diesen Gewässern zu segeln. Viele Schiffe wurden in die Gegend geschickt, einige davon kehrten aus den gefährlichen Wassern des Polarmeeres nie zurück. Die Suche nach der Nordwestpassage hat zahlreiche Opfer gefordert, und als man sie im 19. Jh. schließlich fand, musste man einsehen, dass alle Mühe vergebens gewesen war, da sie wegen des Eises nur sehr selten passierbar ist.

Bei diesen Entdeckungsreisen kam auch das eine oder andere Schiff nach Grönland, und man unternahm erste Anstrengungen, die Küsten der Insel zu

kartieren. Aber zum eigentlichen Ziel vieler Fahrten wurde das Land erst im 17. Jh., als die große Zeit des **Walfangs** begann. Waltran war für Europa damals fast so wichtig wie heute Öl, insofern hatte die Jagd auf die Meeresriesen eine enorme wirtschaftliche Bedeutung. Auch Dänemark-Norwegen bemühte sich, in diesem Geschäft Fuß zu fassen, aber eindeutig führend waren darin die Holländer.

Der Walfang wurde in höchst brutalem Ausmaß betrieben: Bis zu 1.000 Tiere wurden pro Jahr erlegt. Zunächst konzentrierte sich das Interesse auf die Region um Spitzbergen, aber nachdem man schnell und gründlich fast den gesamten dortigen Walbestand vernichtet hatte, verlegten die Walfänger ihre Aktivitäten in die ebenfalls walreichen Gewässer vor der grönländischen Westküste.

Hier kamen die Walfänger auch mit der ansässigen Bevölkerung in Kontakt und begannen, **Tauschhandel** mit den Grönländern zu treiben: Die Europäer bekamen Felle und Narwalzähne, im Gegenzug hielten Feuerwaffen, sonstige Metallgegenstände, Tabak, Alkohol und ähnliches in Grönland Einzug. Außerdem lernten die Grönländer von den Holländern europäische Tänze, die dann in das traditionelle grönländische Kulturgut integriert wurden.

Um 1700 verringerten sich auch die westgrönländischen Walbestände erheblich und die Fangquoten gingen zurück. Dies führte zu einer Verschärfung des Konkurrenzkampfes der am Walfang beteiligten Länder, der teilweise gewaltsam ausgetragen wurde: So brannten die Holländer mehrere dänische Walfangstationen wiederholt nieder, z.B. die Siedlung Nipisat südlich von Sisimiut, die Dänen verwüsteten im Gegenzug holländische Stationen. Eines der größten Schiffsunglücke in der an derartigen Katastrophen so reichen Geschichte Kap Farvels beendete 1777 schließlich die große Zeit des Walfangs, als dort etwa 100 Walfängerschiffe ins Packeis gerieten und fast alle vom Eis zerdrückt oder in die Tiefe gezogen wurden.

Die Kolonisierung Grönlands

Noch während der Walfängerzeit begann Dänemark mit der Kolonisierung der Insel. Vater dieses Gedankens war der norwegische Missionar **Hans Egede** (1686 bis 1758), dem es in erster Linie darum ging, die normannischen Siedler zum rechten Glauben zurückzuführen. Hans Egede glaubte, dass noch immer einige Wikinger in Grönland lebten. Es gelang ihm, den dänisch-norwegischen König von dieser Idee zu überzeugen. Mit dessen Unterstützung gründete Egede die "Bergen-Kompagnie", die das Unternehmen durch den Handel mit Grönland-Produkten finanzieren sollte.

1721 kam Egede mit seiner Familie, einem Arzt und einigen Handwerkern in Grönland an und ließ sich auf Håbets Ø nieder, einer kleinen Insel in der Nähe der heutigen Hauptstadt Nuuk. Normannen fand er nicht, auch nicht, als er mit dem Schiff die grönländische Küste bis hinunter in den Süden absuchte. Deshalb konzentrierte Egede seinen Missionseifer auf die Eskimobevölkerung der Insel, der er - teilweise mit Stock und Peitsche - das Christentum lehren wollte. Aber zunächst liefen die Dinge schlecht: Der Handel stagnierte, es herrschten Not und Krankheiten, und die Grönländer ließen sich auch nicht recht bekehren - ihr Verhältnis zum Christentum schien eher ein taktisches zu sein, motiviert durch Egedes Stock. Das ganze Projekt schien wenig Erfolg zu versprechen und so rief der König 1731 die gesamte Mannschaft zurück.

Egede, der mittlerweile an die Stelle der heutigen grönländischen Hauptstadt Nuuk übergesiedelt war, beschloss, auf eigene Faust dazubleiben und bekam immerhin zur Unterstützung vom König drei deutsche Missionare der **Herrnhuter Brüdergemeinde** geschickt. Die Herrnhuter mit ihrem auf Spiritualität und Emotionalität ausgerichteten Christentum kamen viel besser bei den Einheimischen an als der trockene Lutheraner Egede. Sie übernahmen die Missionierung von Südgrönland, während sich die Aktivität der dänischen Kirche fortan auf den Norden des Landes beschränkte.

Schon 1734 wurde ein weiterer Versuch unternommen, den Grönlandhandel in Schwung zu bringen, indem man ihn privatisierte und dem dänischen Großkaufmann **Jacob Severin** übertrug. Danach ging es etwas bergauf, aber sonderlich rentabel schien die Angelegenheit nach wie vor nicht zu sein. Dennoch wurde im weiteren Verlauf des 18. Jh. eine ganze Reihe von Handelsposten an der Westküste errichtet. 1774 übernahm wieder der Staat über die Gesellschaft **KGH** ("Den Kongelige Grønlandske Handel") das Handelsmonopol, und es wurden Verwaltungsinspekteure auf die Insel geschickt. Damit war der Status Grönlands als dänische Kolonie fixiert.

Zunächst spielte sich allerdings alles noch in einem äußerst bescheidenen Rahmen ab: Das kleine Gemeinwesen bestand lediglich aus etwa 8.000 Menschen, davon nur eine Hand voll Missionare und Kolonialbeamte, die sich in den

Handels- und Missionsstationen konzentrierten, während das Gros der Bevölkerung an sehr weit voneinander entfernten Wohnplätzen über die ganze Küste verstreut lebte. Daher taten sich die Dänen lange Zeit schwer damit, ihre Kolonie zu kontrollieren.

Aber im Laufe des 19. Jh. lockte der Tauschhandel doch mehr und mehr Grönländer in die Nähe der dänischen Niederlassungen, Handelsposten wurden allmählich zu Siedlungen und später - im 20. Jh. - zu Städten.

Jeder koloniale Handelsposten hatte einen Verwalter. Dazu gab es zwei Inspekteure, einen für Süd- und einen für Nordgrönland, die die Staatsgewalt auf der Insel repräsentierten. Sie übten sowohl Polizei- als auch Gerichtshoheit aus.

Lange Zeit erstreckte sich die dänische Kolonialherrschaft nur über Süd- und Westgrönland. Der Rest des Landes war weitgehend unbekannt und unerforscht. Erst 1894 entdeckte man durch Gustav Holms **"Frauenbootexpedition"**, dass auch an der Ostküste bei Ammassalik Menschen lebten. Die Expedition hieß so, weil dafür als Verkehrsmittel Umiaks benutzt wurden, die traditionellen Frauenboote der Grönländer. Was die Expeditionsteilnehmer in Ostgrönland vorfanden, war nur ein kleiner Stamm mit etwa 350 Angehörigen, die sich ethnisch, sprachlich und kulturell von den Westgrönländern unterschieden und durch Hungersnöte und Naturkatastrophen akut vom Aussterben bedroht waren.

Auch dieses Gebiet wurde wenige Jahre später der Kolonialverwaltung unterstellt, aber wegen seiner - nach europäischen Maßstäben - extremen Rückständigkeit behielt es bis weit ins 20. Jh. hinein einen Sonderstatus.

Grönland als dänische Kolonie

Die dänische Kolonialherrschaft über Grönland stützte sich auf zwei Pfeiler: **Christianisierung** und **Tauschhandel**. Beides bedeutete einen gravierenden Eingriff in die grönländische Lebensweise.

Die Werte, die die christlichen Missionare bei den Grönländern durchsetzen wollten, standen in scharfem Kontrast zu vielen kulturellen Praktiken der traditionellen grönländischen Gemeinschaft. Beispielsweise wurden von der Kirche Polygamie und sexuelle Freizügigkeit als unsittlich gebrandmarkt und verboten. Genauso bekämpfte man die Blutrache, das Aussetzen weiblicher Neugeborener und das Misshandeln und Töten von alten Frauen als Hexen, was gelegentlich vorgekommen war.

Ihre härtesten Gegner sahen die Missionare in den Schamanen. Sicher nicht zu Unrecht, denn um das Christentum in den Köpfen und Herzen der Grönländer zu verankern, mussten sie zunächst die Macht der bisherigen spirituellen Führer der Gemeinschaft brechen. Dies gelang den christlichen Geistlichen nach einigen Mühen schließlich auch - von Hans Egede wird berichtet, dass er sogar mit körperlicher Gewalt gegen die Schamanen vorging -, aber wohl nicht zuletzt, weil ihnen mit den begehrten dänischen **Importwaren** ein wirkungsvolles Lock- und Druckmittel zur Verfügung stand.

Allerdings verlief der Prozess der Christianisierung der Grönländer keineswegs bruchlos und einheitlich: In abgelegenen Gegenden, wo die christlichen Missionare nur selten hin kamen, hielt sich der Schamanismus noch sehr lange. Auch in zentraler gelegenen Gebieten kam es zwischenzeitlich immer wieder zur Wiederbelebung des Schamanismus.

Die Missionare engagierten sich darüber hinaus auch in kulturellen und Erziehungsangelegenheiten: Dänische und deutsche Geistliche waren es, die überhaupt erst die **grönländische Schriftsprache** schufen. Auch die erste **Grammatik** der grönländischen Sprache wurde Mitte des 19. Jh. von einem Missionar der Herrnhuter Brüdergemeinde verfasst, dem Deutschen **Samuel Kleinschmidt**.

Weiterhin waren die Missionare bereits in der ersten Hälfte des 19. Jh. um Alphabetisierung der grönländischen Bevölkerung bemüht, und es wurde, wenn auch in sehr bescheidenem Ausmaß, so etwas wie ein Schulwesen eingeführt.

Nicht weniger einschneidend waren die Veränderungen in den grönländischen Gemeinschaften, die die Einführung des Tauschhandels mit sich brachte. Dadurch wurde die Lebensweise der Grönländer in zweierlei Hinsicht beeinflusst:

War es vorher üblich gewesen, so viel zu jagen oder zu fangen, wie es dem eigenen Bedarf entsprach, auch dem an Vorratshaltung, geriet dieses Gleichgewicht durch den Handel aus den Fugen. Um an die begehrten Güter wie z.B. Kaffee oder Tabak zu kommen, tauschten die Grönländer mehr ein, als sie entbehren konnten und litten dann Hunger und Not.

Abgesehen davon veränderten sich die Jagdgewohnheiten der Bevölkerung dadurch, dass die Dänen **Feuerwaffen** einführten. Fortan gingen auch die Grönländer mit dem Gewehr auf die Jagd und wurden so abhängig von Pulver und Blei. Die traditionellen Jagdmethoden, die den Grönländern geringere Beute, aber immerhin eine gewisse Autarkie sicherten, gerieten dagegen mehr und mehr in Vergessenheit.

All das hatte zur Folge, dass weite Teile der grönländischen Bevölkerung im 19. Jh. und noch bis weit ins 20. Jh. hinein in bedrückender **Armut** lebten. Hinzu kamen **Krankheiten** und **Epidemien** wie Tuberkulose oder Pocken, die bis zum Ende des vorigen Jahrhunderts einen nicht unbeträchtlichen Bevölkerungsrückgang verursachten. Alles in allem beschreiben viele zeitgenössische Beobachter ein deprimierendes Bild von einer verelendeten, apathischen und von mangelndem Verantwortungsgefühl für die gemeinschaftlichen Belange gekennzeichneten Bevölkerung.

Dieser Zustand stieß bei einer Reihe von Kolonialbeamten, die die Verhältnisse vor Ort genau kannten, auf harte Kritik. Einige von ihnen forderten schon ab Mitte des 19. Jh. Reformen, die auf größere Beteiligung der Grönländer an öffentlichen Angelegenheiten abzielten, um deren Gefühl für Würde und Eigenverantwortung wieder zu stärken. Von Hinrich Rink, Inspekteur für Südgrönland und Direktor des KGH, stammte beispielsweise der Vorschlag, auf lokaler Ebene sogenannte "Vorsteherschaften" einzurichten, eine Art Gemeinderat, in dem neben den dänischen Beamten auch Grönländer sitzen sollten. Nach längerem Widerstand aus Kopenhagen wurde dieses Konzept schließlich 1862/63 in die Tat umgesetzt. Und wenn die damit erzielte Verbesserung auch kaum mehr war als ein Tropfen auf den heißen Stein, so wurde damit doch der Grundstein für die Herausbildung einer, wenn auch kleinen, politisch bewussten, engagierten grönländischen Führungsschicht gelegt.

Grönland im Zweiten Weltkrieg

Am 9. April 1940 wurde Dänemark von deutschen Truppen besetzt. Damit riss die Verbindung Grönlands zum Mutterland ab. Da bisher alle Lebensmittel und sonstige Bedarfsartikel aus Dänemark importiert worden waren, drohte der Insel eine **Versorgungskrise**. In dieser Situation wandten sich die beiden Inspekteure bzw. Landesvögte, wie sie seit 1925 hießen, und der dänische Botschafter in Washington an die US-Regierung mit der Bitte um Schutz und Versorgung der Insel. Dazu erklärten sich die USA bereit, verlangten im Gegenzug jedoch das Recht zur Errichtung von Militärstützpunkten in Grönland. Dies wurde schließlich in einem Abkommen schriftlich fixiert.

Sofort begannen die Amerikaner damit, eine Reihe von **Luftwaffenstützpunkten** zu bauen, von denen aus sie Großbritannien mit Kriegsmaterial versorgen wollten. Grönland lag dafür strategisch günstig auf halber Strecke zwischen

Europa und den USA. Die beiden wichtigsten Airbases waren das mittelgrönländische Søndre Strømfjord sowie Narsarsuaq in Südgrönland. Hier waren zeitweise mehrere tausend Soldaten stationiert. Beide Stützpunkte behielten die USA auch nach Kriegsende bei, da sie auch für die Zwecke des Kalten Krieges strategisch günstig lagen. Von dort aus wurden die Radarstationen des "Distant Early Warning Systems" betrieben. Der Stützpunkt in Søndre Strømfjord wurde sogar erst 1992 aufgegeben.

Heute existiert nur noch ein US-Luftwaffenstützpunkt in Grönland: **Thule-Airbase** in Nordgrönland, der aber erst nach dem Krieg errichtet wurde. Ansonsten endete das amerikanische Engagement mit der Niederlage der Deutschen im Zweiten Weltkrieg im Mai 1945: Bereits einen Tag, nachdem die Meldung über die Befreiung Dänemarks eingetroffen war, verkündete Eske Brun, einer der beiden Landesvögte, dass Grönland nun wieder zu Dänemark gehöre.

Grönland nach dem Zweiten Weltkrieg

Wenige Jahre nach Kriegsende beschlossen Regierung und Parlament in Kopenhagen, Grönland einer umfassenden **Modernisierung** zu unterziehen. In möglichst kurzer Zeit sollte die Insel aus ihrer Isolation herausgeholt und auf den gleichen Entwicklungsstand wie Dänemark gebracht werden.

Auslöser für diese neue Politik waren einerseits die aufgebrachten Reaktionen einer liberalen dänischen Öffentlichkeit, die durch Zeitungsberichte über die Zustände in der halbverwahrlosten Kolonie aufgeschreckt worden war. Damals ging es den Grönländern zwar längst nicht mehr so schlecht wie im 19. Jh., aber Rückständigkeit, Armut und Tuberkulose, die gerade wieder einmal epidemische Ausmaße annahm, waren nach wie vor vorhanden und wurden als äußerst beschämend und skandalös empfunden. Auch die kleine grönländische Führungsschicht, die sich allmählich herausgebildet hatte, forderte energisch **Reformen** ein.

Darauf hin wurde 1953 eine neue dänische Verfassung verabschiedet, wonach Grönland fortan nicht länger den Status einer Kolonie haben sollte, sondern zur **gleichberechtigten dänischen Provinz** mit zwei Sitzen im nationalen Parlament wurde. Außerdem entwarf man große Pläne für eine durchgreifende Modernisierung des Landes: Ein Erziehungs- und Gesundheitswesen sollte aufgebaut werden, die Infrastruktur verbessert und die industrielle Entwicklung Grönlands gefördert werden. Zur Durchführung der Maßnahmen wurden viele Dänen auf die Insel geschickt, vom Bauarbeiter bis zum Konzernmanager. Fischfabriken, Krankenhäuser, Schulen und Mietshäuser, die modernen Hygienestandards genügten, wurden gebaut, ein Gerichtswesen etabliert und das dänische System der öffentlichen Wohlfahrt eingeführt.

Diese Entwicklung konzentrierte sich auf die Städte, deren Bevölkerungszahl in der Folge geradezu explosionsartig anstieg: Zählte z.B. die grönländische Hauptstadt Nuuk 1938 gerade einmal 700 Einwohner, waren es 1960 bereits 3.200, 1970 knapp 5.000, eine Zahl, die sich bis heute wiederum fast verdreifacht hat (2000: ca. 13.500 Einwohner).

Bald zeigte die Modernisierungspolitik erste Wirkung: Man bekam die Tuberkulose und andere gefährliche Infektionskrankheiten in den Griff, die Lebenserwartung stieg von etwa 35 Jahren Ende der 40er Jahre auf heute rund 65 Jahre. Auch Lebensstandard, Ausbildung und Infrastruktur wurden verbessert.

Doch bei allem guten Willen, der hinter diesem ehrgeizigen Projekt stand, und bei allen unbestreitbaren Verbesserungen hatte die Modernisierungspolitik auch eine rabenschwarze Seite, indem sie einen großen Teil der grönländischen Bevölkerung **entfremdete** und **entwurzelte**. Der Übergang von der traditionellen und isolierten Jäger- und Fängergemeinschaft in eine moderne Industriegesellschaft war viel zu schnell und abrupt vor sich gegangen.

Besonders gravierend war die **Umsiedlungspolitik**, die die Regierung betrieb. Da der angestrebte Standard medizinischer und sonstiger Versorgung der Bevölkerung nur dann zu erreichen und vor allem zu finanzieren war, wenn man den Aufbau entsprechender Einrichtungen auf die größeren Städte beschränkte, wollte man die Menschen durch Schließung vieler kleiner Jäger- und Fängersiedlungen zum Umzug in die Stadt veranlassen. Dies geschah nicht durch offenen Zwang, aber man schloss Schulen und Geschäfte in den kleinen Orten und schuf auf diese Weise Sachzwänge, die den Bewohnern keine andere Wahl ließen, als in die riesigen, aus dem Boden gestampften Mietskasernen der größeren Städte zu ziehen. Dieser abrupte Bruch in den Lebensumständen führte zu massiven sozialen Problemen wie Apathie, Selbstmord, Alkoholismus und Gewaltkriminalität.

Unmut machte sich außerdem über die zunehmende **"Dänisierung"** des Landes breit: Der Schulunterricht wurde auf Dänisch abgehalten, alle höheren Positionen in Wirtschaft und Verwaltung waren von Dänen besetzt, und Dänen erhielten bei gleicher Arbeit mehr Lohn als gebürtige Grönländer.

So formierte sich in der zweiten Hälfte der 60er Jahre vor allem unter jungen, gut ausgebildeten Menschen eine **Protestbewegung**, die zunächst nur die Gleichstellung mit den Dänen verlangte, später aber einen deutlich antidänischen, antikolonialen Kurs einschlug. Diese antidänische Haltung griff bald auf weite Kreise der grönländischen Bevölkerung über. Zeitweise waren die Spannungen zwischen beiden Gruppen erheblich. Aber auch gemäßigte grönländische Politiker drängten auf eine Reform und forderten immer nachdrücklicher **Selbstverwaltung** für die Insel. So wurde 1975 vom dänischen Parlament eine paritätisch mit Dänen und Grönländern besetzte Kommission eingesetzt, die einen Gesetzesvorschlag über Bedingungen und Modalitäten einer grönländischen Selbstverwaltung ausarbeiten sollte.

1978 wurden die Ergebnisse der Arbeit der Kommission dem dänischen Parlament vorgelegt, das dem Vorschlag mehrheitlich zustimmte. Auch bei einer Volksabstimmung fand das Konzept einer grönländischen Selbstverwaltung eine Mehrheit, so dass am 1. Mai 1979 das Gesetz über die grönländische Selbstverwaltung in Kraft treten konnte. Danach ist Grönland zwar immer noch Teil der dänischen Reichsgemeinschaft (der neben Dänemark noch die Färöer-Inseln angehören), hat aber weitgehende Befugnisse zur Regelung seiner Angelegenheiten.

Nach dem Selbstverwaltungsgesetz verbleiben lediglich Verteidigung, Außenpolitik und Justiz dauerhaft im Kompetenzbereich der Reichsregierung. Alle anderen Ressorts wurden der grönländischen Selbstverwaltung übertragen.

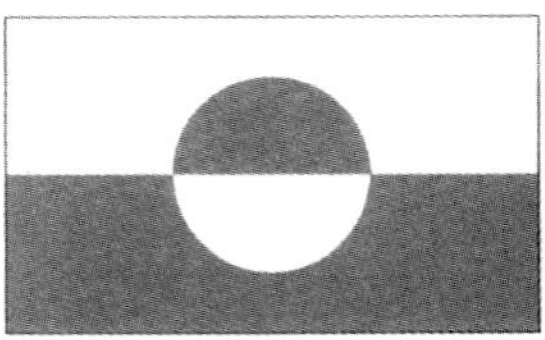

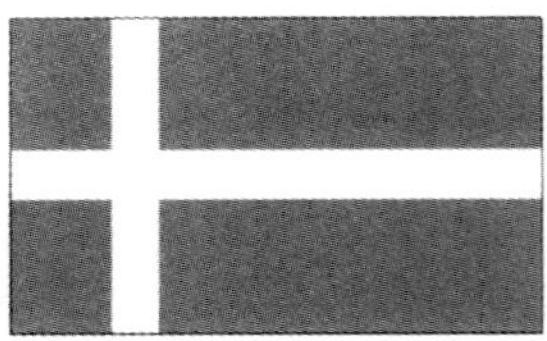

Grönland seit 1979

Mit der Einführung der Selbstverwaltung wählte Grönland 1979 erstmals ein eigenes Parlament (Landsting) und eine eigene Regierung (Landsstyre). In den Jahren zuvor hatten sich bereits drei Parteien gegründet, die auch heute noch die wichtigsten Parteien des Landes sind: als erste die sozialdemokratische Partei "Siumut" ("Vorwärts"). Siumuts Führer stammten aus der gebildeten grönländischen Oberschicht und traten dafür ein, dass Grönland sich mittelfristig ganz vom

Mutterland Dänemark ablösen sollte. Den Vertretern des linken Parteiflügels ging das jedoch nicht weit genug. Sie spalteten sich ab und bildeten 1978 die radikale nationalistische und sozialistische Partei Inuit Ataqatigiit. Schon 1977 war eine weitere Partei, Atassut, gegründet worden, die als einzige für einen Verbleib Grönlands in der dänischen Reichsgemeinschaft war.

Siumut gewann die erste Landtagswahl im April 1979 und stellte mit dem Theologen **Jonathan Motzfeldt** den Regierungschef. Daran hat sich bis heute nicht viel geändert: Aus allen bisherigen Wahlen ging Siumut als Regierungspartei hervor. Seit 2002 ist Hans Enoksen (Siumut) grönländischer Regierungschef. Gegenwärtig bilden Siumut und Inuit Ataqatigiit eine Koalitionsregierung. Der kleinere Koalitionspartner ist inzwischen zur zweitstärksten Partei des Landes avanciert. Vom einst radikalen Sozialismus ist zwar nicht mehr viel übrig geblieben, aber Inuit Ataqatigiit beschwört nach wie vor einen ethnisch-kulturell begründeten Nationalismus und möchte lieber heute als morgen die Brücken zu Dänemark abbrechen.

Allerdings ist den Politikern aller Parteien klar, dass das bis auf weiteres nicht möglich ist. Die wichtigste Voraussetzung für die Unabhängigkeit erfüllt Grönland nicht und wird sie vermutlich auch in absehbarer Zeit nicht erfüllen: aus eigener Kraft wirtschaftlich und finanziell überlebensfähig zu sein. Ungefähr die Hälfte des grönländischen Haushalts besteht aus dänischen Zuschüssen. Das Land kann nach wie vor nicht auf dänische Fachleute in Schlüsselpositionen in Wirtschaft und Verwaltung verzichten, obwohl alle grönländischen Regierungen seit 1979 "Grönlandisierung" auf ihre Fahnen geschrieben haben, d.h. grönländische Bewerber sollen bei Stellenausschreibungen bevorzugt werden und der Gebrauch der grönländischen Sprache gefördert werden.

Grönland regelt und verwaltet seine inneren Angelegenheiten inzwischen zwar vorwiegend selbst, aber so lange dem Land keine eigene Außenpolitik erlaubt ist, haben viele Schritte in Richtung Unabhängigkeit vor allem symbolische Bedeutung, wie zum Beispiel die eigene Flagge und der eigene Nationalfeiertag. Beides hat Grönland seit 1985. In einem Punkt allerdings ist es Grönland gelungen, ein deutliches Zeichen seiner Selbständigkeit zu setzen: Nach einem Referendum trat Grönland zum 1. Februar 1985 aus der EG aus, der es gemeinsam mit Dänemark seit 1972 angehört hatte.

Bevölkerung

Die größte Insel der Welt ist gleichzeitig eine der bevölkerungsärmsten. Nur etwa 56.000 Menschen leben hier, 7.000 davon sind gebürtige Dänen.

Die Modernisierungspolitik, die seit den 50er Jahren betrieben wurde, hat Früchte getragen. Grönland ist inzwischen (beinahe) eine moderne Gesellschaft: Die durchschnittliche **Lebenserwartung** unterscheidet sich mit etwa 65 Jahren nicht mehr allzu sehr von der durchschnittlichen Lebenserwartung bei uns.

Auch die **Siedlungsstruktur** ist längst nicht mehr die gleiche wie früher: Lebte in der Vergangenheit die Inuit-Bevölkerung über das Land verstreut in kleinen und kleinsten Siedlungen, so wohnen mittlerweile über 80% der Grönländer in den Städten. Es gibt Gymnasien, Fachhochschulen und seit einigen Jahren sogar eine kleine Universität in der Hauptstadt Nuuk.

Außerdem verfügt das Land über ein gut ausgebautes Gesundheitswesen, das Telekommunikationsnetz ist eines der modernsten weltweit, und es gibt in mittlerweile 11 Städten Flughäfen, weitere werden wohl in den nächsten Jahren folgen. Fortbewegungsmittel ist nicht mehr der Kajak, sondern das Speedboot. In fast jedem grönländischen Haushalt gibt es Fernseher, Videorecorder und Stereoanlage.

Auch die Arbeitsmarktstruktur entspricht längst nicht mehr der einer traditionellen Gesellschaft. Der größte Teil der grönländischen Arbeitnehmer sind Angestellte im öffentlichen Dienst, entweder in der Verwaltung oder in einem der meist staatseigenen Betriebe. Allein bei der grönländischen Selbstverwaltung und bei den Kommunen sind etwa 10.000 Menschen angestellt. Größter Arbeitgeber bei den staatseigenen Betrieben ist die Transport- und Versorgungsgesellschaft KNI mit etwa 2.200 Beschäftigten, gefolgt vom Fischereiunternehmen Royal Greenland mit 1.900 Mitarbeitern. Aber immerhin noch 2.700 Personen sind als berufsmäßige Jäger und Fänger gemeldet, wenngleich die meisten auf zusätzliche Einkünfte angewiesen sind, um ihren Lebensunterhalt bestreiten zu können.

Dennoch ist Grönland nur beinahe eine moderne Gesellschaft. In entlegeneren Gebieten, besonders in Nord- und Ostgrönland, behalten trotz Satellitenfernsehen und Schneemobil **traditionelle** Lebens- und Arbeitsweisen die Oberhand. Hier hat die **Jagd** noch entscheidende Bedeutung als Ernährungs- und

Erwerbsquelle der meisten Familien. Aber auch jenseits von Nord- und Ostgrönland sind Robbenjagd und Fischerei sehr präsent im Straßenbild: In jeder grönländischen Stadt gibt es einen Fisch- und Fleischmarkt, den sogenannten **"braedt"**, auf dem die Fänger ihre Beute verkaufen, und selbst in den schmucken, modernen Städten des Südens kann man immer wieder das Schauspiel beobachten, dass eine Gruppe von Männern mit einer erlegten Robbe von der Jagd zurückkehrt und diese gleich am Hafen zerlegt.

Daneben ist Jagen eine äußerst verbreitete Freizeitbeschäftigung, die mit einer Selbstverständlichkeit betrieben wird wie bei uns etwa das Tennisspiel. Auch viele Menschen in modernen Dienstleistungsberufen gehen diesem Hobby nach.

Nördlich des Polarkreises hat sich nach dem Boot der **Hundeschlitten** als wichtigstes Verkehrsmittel erhalten, was kaum zu überhören ist: Die 28.000 Schlittenhunde, die auf der Insel gehalten werden, legen mit ihrem Heulen und Bellen so manche grönländische Stadt unter eine permanente Lärmglocke.

Erhalten hat sich in gewissem Umfang auch die grönländische Tradition, den Sommer an einem anderen "Wohnplatz" zu verbringen als den Winter: Nach wie vor zieht eine ganze Reihe von Familien dann in die guten Fanggebiete außerhalb der Städte und Siedlungen und lebt im Zelt, um Vorräte für den Winter zu fangen und zu jagen. Dies gilt nicht nur für die Familien hauptberuflicher Jäger, sondern betrifft auch Personen, die eigentlich in einem abhängigen Beschäftigungsverhältnis stehen, etwa in der Fischindustrie, und die dann in dieser Zeit nicht zur Arbeit gehen. Auch nach "Zahltagen" stellt sich das Phänomen ein, dass ein Teil, allerdings ein immer kleiner werdender Teil der Belegschaft für ein paar Tage nicht am Arbeitsplatz erscheint.

Für die Betriebe stellt dieses Fehlen einer "modernen" Arbeitseinstellung natürlich ein Problem dar, dem man aber mit großer Gelassenheit begegnet: Es brauche eben seine Zeit, bis sich in einer Gesellschaft, die vor fünfzig Jahren noch völlig isoliert und traditionell gelebt hat, eine industrielle Arbeitseinstellung durchsetze. Und wenn man das bedenkt, hat Grönland in den letzten Jahrzehnten einen geradezu unglaublichen Sprung nach vorne gemacht.

Dennoch ist Grönland eine Gesellschaft voller Paradoxe, bei der sich Tradition und Moderne in einem ständigen Spannungsverhältnis zueinander befinden - eine Übergangsgesellschaft mit allen dazugehörenden Problemen. Traurige Berühmtheit hat Grönlands **Selbstmordrate** erlangt, die die höchste in der ganzen

Welt ist. Betroffen sind vor allem junge Männer, was darauf hindeutet, dass die hohe Selbstmordrate ebenfalls als Umbruchphänomen zu interpretieren ist: Traditionell war die grönländische Gesellschaft eine Männergesellschaft, in der die Jäger- und Fängerexistenz mit all den klassisch männlichen Tugenden, die ihr zugeschrieben wurden, allerhöchstes Ansehen genoss. Doch in einer modernen Gesellschaft gelten weder der Jäger und Fänger noch die mit dieser Rolle assoziierten Eigenschaften sonderlich viel. Insofern haben gerade die heutigen jüngeren Männer, die in ihrer Kindheit häufig noch das Gefühl vermittelt bekamen, etwas Besonderes zu sein und deren erste erfolgreiche Robbenjagd Anlass für große Familienfeiern war, plötzlich mit ihrem vermeintlichen Wertverlust zu kämpfen, wenn plötzlich die Frau oder Freundin, die im Supermarkt oder in der Kommunalverwaltung arbeitet, zur eigentlichen Ernährerin der Familie wird.

Probleme beim Übergang von der traditionellen zur modernen Gesellschaft werden auch an zwei weiteren Phänomenen deutlich: **Alkoholismus** und **Gewaltkriminalität**. Ende der 80er/Anfang der 90er Jahre war die Gewaltkriminalitätsrate in Grönland allenfalls mit der Washingtons zu vergleichen, setzt man sie in Relation zur jeweiligen Bevölkerungszahl, und selbst in der bundesdeutschen Presse geriet das Land mit Überschriften wie "Leere Bierflaschen sind das größte Exportgut" in die Schlagzeilen. Beide Probleme hängen eng miteinander zusammen: Die meisten Gewaltverbrechen in Grönland werden unter starker Alkoholeinwirkung verübt. Alkoholmissbrauch und Gewalt sind auch heute durchaus noch drängende Probleme der grönländischen Gesellschaft, aber sehr vieles hat sich in den letzten Jahren verbessert. Der Alkoholkonsum ist zurückgegangen; einer neuen Untersuchung zufolge haben die Grönländer mittlerweile keinen höheren Alkoholkonsum mehr als das ehemalige Mutterland Dänemark. Genauso hat sich die Anzahl der Morde in den letzten Jahren reduziert.

Von all dem bekommt man als Tourist wenig mit: Gefahr, in Grönland Opfer eines Gewaltverbrechens zu werden, läuft man als Besucher sowieso nicht, da sich Gewaltkriminalität in 99% der Fälle innerhalb der Familie oder des Freundeskreises abspielt. Auch das Trinkverhalten der Grönländer ist in klarere Bahnen gelenkt: Man sieht dort gewöhnlich nicht mehr alkoholisierte Menschen auf der Straße als bei uns. (Allerdings ist ein Freitagabend in einer grönländischen Kneipe immer noch ein Erlebnis der ganz besonderen Art ...)

Heute präsentiert sich das Land dem Besucher in weiten Teilen sehr schmuck und adrett, auch die früher von Reisenden viel beklagten Müllberge, die sich überall in den Ortschaften auftürmen, findet man so gut wie nirgends mehr.

Die Menschen sind auf eine zurückhaltende Art sehr freundlich. Es ist üblich, dass man einander auf der Straße grüßt, auch wenn man einem Fremden begegnet. Allerdings wird man, wenn man nicht wenigstens Dänisch spricht, nicht mit allzu vielen Grönländern ins Gespräch kommen, da im Allgemeinen nur der jüngere und besser ausgebildete Teil der Bevölkerung über gute Englischkenntnisse verfügt.

Kultur

Es ist nicht nur Grönlands einzigartige Natur, die jedes Jahr viele Reisende aus aller Welt anlockt. Auch die Kultur des Landes übt einen starken Reiz aus. Was viele Europäer dort suchen, sind "Authentizität" und Spuren der ursprünglichen Lebensweise eines Naturvolks.

Das weiß vor allem die Tourismusindustrie und stellt sich entsprechend darauf ein. Doch natürlich ist auch in Grönland die Zeit nicht stehen geblieben, und das "Traditionelle" ist in den wenigsten Fällen ungebrochen traditionell. Was z.B. als "traditionelle grönländische Küche" angeboten wird, hat ungefähr so viel mit traditioneller grönländischer Küche zu tun wie ein Essen in einem chinesischen Restaurant in Frankfurt oder München mit original chinesischer Küche. "Echt traditionelle" grönländische Küche würden die meisten Europäer nicht mögen, da das Essen sehr fett und kaum gewürzt ist, wenn überhaupt.

Wie alle Nationalbewegungen hat sich auch die grönländische Nationalbewegung ihre eigenen Mythen und Legenden erschaffen. Einiges von dem, was Ewigkeitswert beansprucht, ist in Wahrheit recht neu. Die grönländische Nationaltracht ist beispielsweise von Dänen inspiriert, die Sprache voller Lehnwörter aus dem Dänischen, die Religion zu 100 Prozent ein europäischer Import. Die grönländische Nationalflagge hat ein Künstler erst vor etwa 25 Jahren entworfen.

Grönländische Kunst und Kultur ist heute weniger "traditionell" als eine äußerst reizvolle Mischung aus alt und neu. Ob Maler, Schriftsteller oder Musiker, zeitgenössische grönländische Künstler experimentieren originell und kreativ mit alten und neuen Formen. Ihr Hauptthema ist häufig allerdings wirklich die Vergangenheit, die Geschichte der Inuit, ihre Mythen und Sagen. Insofern kann man die Traditionsfixiertheit der grönländischen Kultur auch nicht als bloßen Geschäftstrick cleverer Reiseveranstalter abtun, um Touristen das Geld aus der Tasche zu locken. Vieles deutet darauf hin, dass sie bei vielen Grönländern einem echten Bedürfnis nach Selbstvergewisserung entspricht. Nur ist es nicht als Ausdruck von Kontinuität in der kulturellen Entwicklung zu verstehen, wenn immer wieder die Tradition beschworen wird, sondern eher als Indiz dafür, dass viele Grönländer die Brüche vor allem in der jüngeren Geschichte des Landes nach wie vor als schmerzhaft empfinden.

Traditionelle Kultur

Das traditionelle Leben der **Inuit** stand ganz im Zeichen des Überlebens unter den schwierigen klimatischen Bedingungen der Arktis. Für Kunst und Kultur als eigenständige Größe blieb da wenig Raum. Bis zur Ankunft der Christen war Kultur in Grönland stets Alltagskultur, Kunst fast immer Kunsthandwerk. Ausgewiesene, "berufsmäßige" Künstler gab es nicht. Ob Musik, Tanz, Schnitzereien, Märchen und Sagen – Kultur diente rituellen und religiösen Zwecken oder dazu, den inneren Zusammenhalt der kleinen Gemeinschaft zu festigen, die einen Wohnplatz miteinander teilte.

Wie bei anderen Inuitvölkern entwickelte sich in Grönland eine ausgeprägte Maskenkultur: Masken wurden aus Treibholz oder Tierhäuten hergestellt und zu verschiedenen Zwecken verwendet: Manche Masken wurden bei Festen oder zum Tanz getragen, andere dienten als Schutzmasken gegen böse Geister. Zum Beispiel zog man kranken Kindern eine Maske aus Tierhaut über den Kopf, die sie vor bösen Einflüssen schützen und so ihre Genesung fördern sollte. Den christlichen Missionaren, die im 18. Jahrhundert damit begannen, Westgrönland zu christianisieren, gefielen solche heidnischen Bräuche selbstverständlich nicht und sie bekämpften sie, wo sie nur konnten. Die Maskenkultur wurde unterdrückt und fast vollständig ausgerottet. Heute ist nur eine einzige westgrönländische Maske aus vorchristlicher Zeit erhalten: ein überlebensgroßes, freundliches Gesicht, aus einem Stück Treibholz geschnitzt. Dagegen ist der Ausdruck ostgrönländischer Masken meist düster und drohend. In Ostgrönland blieb die Maskenkunst noch länger lebendig, da dort das Christentum erst im 20. Jahrhundert Einzug hielt.

Ebenfalls besonders in Ostgrönland verbreitet waren **Tupilaks**, kleine Figuren aus Walrosszahn, Fell und Federn, die meist Ungeheuer, Geister oder Mischwesen aus Mensch und Tier darstellten. Nur Zauberkundige konnten einen echten Tupilak herstellen, mit dem man Unglück über eine andere Person bringen konnte. Ein Zauber wurde über die Figur gesprochen und sie dann an einem Wasserlauf ausgesetzt. So würde sie ihren Weg zu demjenigen finden, dem sie Unheil bringen sollte. Dagegen dienten **Amulette** als Glücksbringer. Amulette waren aus unterschiedlichen Materialien hergestellt und stellten verschiedene Wesen dar, Menschen oder häufig auch Tiere. Ein Amulett in Form eines Raben beispielsweise sollte Jagdglück bringen und vor dem Raub der eigenen Seele schützen.

Traditionelle Musik in Grönland ist gleichbedeutend mit Trommeltanz. Andere Instrumente kannten die Inuit vor dem ersten Kontakt mit Europäern nicht. Die grönländische Trommel bestand aus einem runden oder ovalen Knochen, der mit Tierhaut bespannt war. Ihr Klang war flach und nicht sehr voluminös. Anders als in anderen arktischen Regionen gab es keine Ensembles aus mehreren Trommlern. Meist trat ein einzelner Trommelspieler auf, und dazu wurde gesungen. Anfang des 20. Jahrhunderts konnten Anthropologen noch solche alten Gesänge auf Band aufzeichnen. Die grönländische Plattenfirma ULO hat einige davon vor ein paar Jahren auf CD herausgebracht (Traditional Greenlandic Music).

Anlässe für Trommeltanz und Gesang gab es in der traditionellen grönländischen Gesellschaft reichlich: Einerseits wurden einfach zur Unterhaltung und Zerstreuung zum Beispiel bei Festen Jagd- oder Liebeslieder vorgetragen, oder man sang Schlaflieder für die Kinder. Andererseits praktizierten auch die Angakkut, die Schamanen, Trommeltanz zur Beschwörung von Jagdglück oder von Geistern. Schließlich war Trommeltanz ein fester Bestandteil ritualisierter Konfliktlösung in der Gemeinschaft: Es gab regelrechte Gesangsduelle, bei denen sich zwei Gegner zum Klang der Trommel gegenseitig lächerlich machten, und das zuhörende Dorf gab durch Beifallsbekundungen einem der Kontrahenten recht. Berichten zufolge musste der Verlierer eines solchen Kampfes unter Umständen den Wohnort verlassen, um sein Gesicht zu wahren.

Ebenfalls unter Begleitung der Trommel erzählten sich die Bewohner eines Wohnplatzes an den langen, dunklen Winterabenden die zahlreichen **Sagen** und **Mythen**, die von Generation zu Generation mündlich weitergegeben wurden. Eine Schriftsprache hatten die Grönländer nicht. Erst Missionare und Kolonialbeamte haben diese Geschichten aufgezeichnet und sie so auf Dauer für die Nachwelt erhalten. Am berühmtesten sind wohl die Sammlungen des dänischen Südgrönland-Inspekteurs **Hinrich Rink** (1819 bis 1893), der 1866 das Buch **"Eskimoiske Eventyr og Sagn"** herausgab, und die Ergebnisse von **Knud Rasmussens "Literarischer Grönland-Expedition"**.

Grönländische Sagen und Märchen behandeln in großer Zahl Schöpfungsmythen. Sie erzählen von Tieren und Menschen und ihrem Verhältnis zur Natur. Auch Themen wie Mord, Blutrache, Frauentausch oder Geschwisterliebe tauchen immer wieder auf. Auf Deutsch gibt es ebenfalls eine schöne Sammlung von Eskimo-Märchen, herausgegeben von Heinz Barüske.

Grönländische Kultur in der Kolonialzeit

War der Einfluss der Normannen auf die Inuit-Kultur über die Jahrhunderte sehr gering, hinterließen die Walfänger schon deutlichere Spuren: Sie führten **neue Werkstoffe** ein, z.B. Metall sowie größere Mengen von Holz, das es zuvor nur als Treibholz gab. Außerdem kam mit ihnen europäische Musik ins Land, neue Tänze und neue Musikinstrumente wie Akkordeon und Violine. Noch heute haben viele grönländische Tänze Namen, die an ihre holländische Herkunft erinnern. Diese häufig von Akkordeon begleitete Musik ist außerdem stark von den schottischen Reels und der Polka beeinflusst.

Am stärksten haben Kolonisierung und Christianisierung die grönländische Kultur geprägt. Die Missionare unterdrückten nicht nur die Maskenkunst, sondern duldeten in ihrem Einflussbereich auch keinen Trommeltanz. Statt dessen brachten sie christliches Liedgut nach Grönland. Missionare übersetzten die Bibel und Gesangbücher ins Grönländische. Im 19. Jahrhundert begann die Kirche damit, Grönländer zu Katecheten, d.h. Hilfspastoren, auszubilden. Andere neue Berufsfelder ergaben sich für Grönländer in den Handelsstationen. Und in dem Maße, wie Grönländer vermehrt "bürgerliche" Berufe hatten, entwickelte sich auch seit dem 19. Jahrhundert in einem langsamen, über 100 Jahre dauernden Prozess eine selbständige Kunst heraus, die von grönländischen Künstlern getragen wurde.

Einer der ersten dieser neuen Künstler ist etwa Rasmus Berthelsen, (1827-1901), der Lehrer am Seminar in Nuuk war, außerdem Oberkatechet für den Kirchendistrikt. Rasmus Berthelsen schrieb das bekannteste grönländische Weihnachtslied "Guuterput" und arbeitete später als Redakteur der Zeitung "Atuagagdliutit", die der Inspekteur der Kolonialverwaltung für Südgrönland, Hinrich Rink, 1861 gegründet hatte. Die Zeitung existiert noch heute, erscheint zweimal wöchentlich zweisprachig dänisch-grönländisch.

Ebenfalls eine "Entdeckung" Hinrich Rinks ist **Aron von Kangeq**, der als der **Vater der grönländischen Malerei** gilt. Aron von Kangeq (1822-1869) lebte ursprünglich als Jäger und Robbenfänger in der Nähe von Nuuk. Als 30jähriger musste er diesen Beruf wegen Tuberkulose jedoch aufgeben und begann zu zeichnen und zu malen. Rink wurde auf den Künstler aufmerksam, er versorgte ihn mit Malutensilien und spornte ihn zum Weitermachen an. Über 300 sehr sehenswerte Aquarelle, Zeichnungen und Holzschnitte sind in den folgenden 16 Jahren bis zu Arons Tod entstanden. Viele seiner Werke behandeln die Sagenwelt der Inuit und ihre Geschichte. Sie wurden in der Zeitung "Atagagdliutit" abgedruckt und illustrieren Rinks Sammlung grönländischer Sagen. So kamen sie auch über Grönland hinaus zu einiger Berühmtheit. Aron von Kangeqs Zeichnungen hängen heute im dänischen Nationalmuseum in Kopenhagen. Sie werden aber häufig in Grönland ausgestellt, wo sich auch die Platten der Holzschnitte befinden.

Obwohl sich auch ein Kolonialbeamter wie Rink sehr um die grönländische Kunst verdient gemacht hat, war doch insgesamt die Kirche die wichtigste Keimzelle für künstlerische Aktivität - bis weit ins 20. Jahrhundert hinein. Zahlreiche grönländische Künstler, seien es Schriftsteller, Bildhauer, Maler oder Musiker, hatten eine kirchliche Ausbildung absolviert. Sie waren Pastoren oder Pastorenkinder. Ein Beispiel dafür sind die Künstler der **Familie Rosing**. 1914 ging der westgrönländische Lehrer und Katechet Kristian Rosing als Pfarrer ins ostgrönländische Ammassalik. Er bekehrte dort nicht nur die letzten Heiden, sondern zeichnete und malte. Auch seine beiden Söhne Otto und Peter sowie sein Enkel Jens sind als Maler bekannt geworden und waren darüber hinaus auch Schriftsteller.

Vor allem durch die Einführung der Vorsteherschaften, einer Art Gemeinderäte, an denen Grönländer beteiligt waren, war seit dem Ende des 19. Jahrhunderts eine kleine grönländische Mittelschicht entstanden, die zum Träger eines Nationalbewusstseins wurde. Dieses neue Bewusstsein hatte auch Auswirkungen auf die Kunst: Anfang des 20. Jahrhunderts löste sie sich thematisch von der Kirche, wenngleich weiterhin das Gros der Künstler aus Pfarrersfamilien stammte. Doch plötzlich dominierten naturalistische Landschaftsbilder die Malerei. Sie zeigten

Fjorde und Berge und ließen die Schönheit der grönländischen Natur in gleißendem Licht erscheinen. Es entstand eine grönländische Prosaliteratur, die sich z.T. in utopischen Romanen mit der grönländischen Nation auseinander setzte, und Henrik Lund (1875-1948) aus Narsaq komponierte die grönländische Nationalhymne "Nunarput" (Unser Land). Diese Phase erstreckt sich über die ersten Jahrzehnte des 20. Jahrhunderts und gilt als **grönländische Nationalromantik**.

Ein wenig später begann der vielleicht bedeutendste Künstler, den Grönland bisher hervorgebracht hat, zu malen, zu dichten und zu schreiben: **Hans Lynge** (1906 bis 1988), Pfarrerssohn aus Nuuk, war ein Universaltalent. In Kopenhagen wurde er zum Bildhauer ausgebildet, aber auch als Maler, Dramatiker, Schriftsteller, Dichter und nicht zuletzt als Politiker hat er sich einen Namen gemacht. Hans Lynge beschäftigte sich in vielen seiner Werke mit der grönländischen Mythologie und Geschichte und setzte sich stark dafür ein, die Macht der dänischen Kolonialverwalter einzuschränken und das soziale Elend der Bevölkerung zu lindern. In der Kommunalverwaltung von Nuuk ist sein bekanntestes Bild zu sehen: ein riesiger Wandteppich mit dem Titel "Der letzte Trommeltanz". Lynge wird als der "Altmeister" der neueren Kunst des Landes bezeichnet und unterrichtete und inspirierte viele zeitgenössische Künstler.

Grönländische Kultur heute

Die gravierenden Umwälzungen in der grönländischen Gesellschaft, die die dänische Modernisierungspolitik seit den späten 50er Jahren mit sich brachte, waren nicht nur ein Motor für die Unabhängigkeitsbewegung, sie sind auch an der Kunst nicht spurlos vorbei gegangen: Wenn die Politiker Maßnahmen zur Zentralisierung ergriffen, beschworen Schriftsteller in Romanen die alte Siedlungsstruktur, und wenn die dänische Sprache zur Pflichtsprache im Schulunterricht erklärt wurde, sangen die grönländischen Musiker ihre Lieder erst recht auf Grönländisch.

Zu allen Zeiten hat die Geschichte der Inuit, ihre Mythen- und Sagenwelt eine große Rolle für ihre künstlerische Tätigkeit gespielt. Doch vielleicht am vehementesten wurde diese Vergangenheit in dem Moment beschworen, wo der größte Bruch in den tatsächlichen Lebensbedingungen stattfand. Sich auf eine ursprüngliche grönländische Kultur zu berufen, wurde zur Waffe im Kampf gegen die Modernisierungspolitik der Dänen und für die Unabhängigkeit der Insel. Spätestens seit den 60er Jahren hat sich die grönländische Kunst völlig von der Kirche gelöst und häufig kritisch gegen sie gewandt.

Der Auseinandersetzung mit Dänemark und der Kritik am modernen, europäischen Lebensstil ist in den letzten Jahren allerdings die Schärfe abhanden gekommen. Die Kämpfer für die Unabhängigkeit sitzen jetzt teilweise in der Regierung und müssen Strategien entwickeln, wie die notwendige und gewünschte Modernisierung mit den alten Lebens- und Kulturformen zu vereinbaren ist. Die Themen, mit denen sich Künstler beschäftigen, sind allerdings häufig die gleichen geblieben: Nach wie vor dreht sich sehr viel um die Vergangenheit und eine ursprüngliche Identität. Doch die Formen und Ausdrucksmittel haben sich in den letzten Jahrzehnten sehr gewandelt. Zwar greifen viele Künstler demonstrativ auf traditionelle Werkstoffe und Elemente zurück, verbinden sie aber mit neuen kreativen Formen wie Performances oder Installationen. Vor allem in der Musik entstehen auf diese Weise oft sehr eigenwillige, reizvolle Mischungen, wenn beispielsweise HipHop mit Elementen traditionellen Trommeltanzes kombiniert wird.

Vor allem das Musizieren hat - gemessen an der kleinen Bevölkerung – heutzutage eine erstaunliche Verbreitung in Grönland, schwerpunktmäßig die Popmusik. Kaum eine Siedlung, in der es keine Band gibt, die nicht schon einmal eine CD produziert hätte. Das ist in erster Linie das Verdienst der grönländischen Plattenfirma ULO, die das ausdrückliche Ziel verfolgt, einerseits traditionelle Musik, also Trommeltanz, am Leben zu halten bzw. wieder zu beleben. Andererseits möchte ULO auch die neuere Musikentwicklung des Landes dokumentieren. Deren Spektrum reicht vom Schlager über Hardrock bis zum HipHop. Manche CD verkauft sich bis zu 5.000mal im Land, das ist, als würde eine CD in Deutschland 8 Millionen mal gekauft. In Grönland kann man in jedem Tante-Emma-Laden CDs kaufen. Andere Verbreitungsmöglichkeiten gibt es kaum, da die großen Entfernungen und das ungeheuer kostspielige Reisen die Entwicklung einer echten, überregionalen Konzertkultur, abgesehen von einigen Musikfestivals, verhindern. Zu der Popmusik, die von den jüngeren Leuten gehört und produziert wird, gibt es auch zahlreiche Chöre und Menschen, die sich innerhalb der Kirchenmusik engagieren.

Anfang der 90er Jahre gründeten sich in einigen Orten Grönlands Kajakklubs. Ein eigentlich schon fast vergessenes Phänomen der Alltagskultur erfreute sich plötzlich großer Beliebtheit bei Jugendlichen. Die Jugendlichen fahren nicht nur Kajak, sie bauen die Boote auch häufig selbst. Der grönländischen Kajaktradition entsprechend wird ein Kajak eigens für den Fahrer angefertigt und ihm genau auf den Leib geschnitten. Ein Kajak kann deshalb auch nur von einer Person benutzt werden. Wenn einige Touristeninformationen "Kajakausflüge in traditionellen Booten" anbieten, ist dies insofern nicht ganz richtig. Allerdings nutzten die Jugendlichen ihre Kajaks nicht mehr für die Jagd - das erledigt heute auch der traditionsbewussteste Grönländer mit dem Motorboot -, sondern als Sportgerät. Ob es sich dabei lediglich um eine vorübergehende Modeerscheinung handelt oder ob mehr dahinter steckt, wird sich zeigen. Jedenfalls bietet sich so dem Betrachter an Sommerabenden in manchem grönländischen Hafen ein schönes Schauspiel, wenn junge Leute mit ihren Kajaks ausfahren oder Manöver wie die berühmte Eskimorolle üben.

Schließlich gibt es heute in Grönland ein blühendes Kunsthandwerk. Auf etwa 1.000 Personen schätzt man die Gruppe, die **Schnitzereien** aus **Speckstein**, **Walzahn** und **Geweihen** herstellt, wobei oft alte Motive und Techniken genutzt werden, und die sich durch den Verkauf ihrer Figuren an Touristen ein Zubrot verdient.

Regional konzentriert sich Grönlands Kunstszene heute schwerpunktmäßig in der Hauptstadt **Nuuk.** Hier gibt es eine Kunstschule, außerdem seit ein paar Jahren das Kulturzentrum "Katuaq". Hier finden Ausstellungen statt, es werden Theateraufführungen und Konzerte, gelegentlich auch klassische Konzerte, veranstaltet. Schließlich beherbergt das Katuaq Grönlands derzeit einziges Kino.

Im Katuaq hat auch die seit 1984 bestehende **Theatergruppe "Silamiut"** ihren Stammsitz. Silamiut ist die einzige professionelle Theatertruppe des Landes. Silamiut verbindet Experimentaltheater mit Trommeltanz, Maskenspiel mit Modernem Tanz. Sie machen Kabarett, Videoproduktionen und produzieren CDs. Silamiut ist eines der Aushängeschilder zeitgenössischer grönländischer Kultur und über die Landesgrenzen hinaus bekannt.

Religion

98% der Bevölkerung sind Mitglied der **evangelisch-lutherischen Kirche** (zur Geschichte der Missionierung ☞ Geschichte, Die Kolonisierung Grönlands).

Die grönländische Kirche ist formal ein Teil der protestantischen dänischen Volkskirche, von dieser jedoch weitgehend unabhängig. Das Bischofsamt kümmert sich um alle kirchlichen Angelegenheiten im engeren Sinne, während die Administration bei der Selbstverwaltung Grönlands liegt. Es gibt 17 Gemeinden, deren Einteilung der der Kommunen entspricht.

Jede Stadt hat eine eigene Kirche, die immer auch zu den Sehenswürdigkeiten gehört. Sollte man als Besucher vor verschlossenen Türen stehen, wendet man sich am besten an das örtliche Touristenbüro. Die Mitarbeiter verschaffen einem im Regelfall Einlass.

Eine andere Möglichkeit, sowohl eine Kirche von innen zu sehen als auch einen Eindruck von der Religiosität der Bevölkerung zu bekommen, ist der Besuch eines Gottesdienstes. Gottesdienste werden zumeist in grönländischer Sprache abgehalten. Daher wird den meisten Touristen wohl nicht die Stelle im Vaterunser auffallen, wo statt vom "täglich Brot" vom "täglich Fleisch" die Rede ist. Dennoch ist ein solcher Besuch interessant und sehr zu empfehlen.

Eines gilt es dabei allerdings zu beachten: Auch wenn die Versuchung groß ist, ein Foto von den Besuchern des Gottesdienstes zu machen, die zu diesem Anlass häufig die grönländische Nationaltracht tragen, sollte man es unbedingt unterlassen. Es wird verständlicherweise als Störung und Belästigung empfunden und ist deshalb genauso wie das Fotografieren bei anderen kirchlichen Handlungen verboten.

In den Siedlungen lässt sich nur gelegentlich eine richtige Kirche finden. Dort gibt es entweder kleine Kapellen oder es werden andere Veranstaltungsräume zur Feier des Gottesdienstes genutzt.

Sprache

Grönland ist heute de facto zweisprachig: Erste Landessprache ist Grönländisch, darüber hinaus lässt die Verfassung auch den Gebrauch des Dänischen zu. Vor allem in Verwaltung und Wirtschaft und teilweise auch im Bildungsbereich spielt Dänisch nach wie vor eine sehr große Rolle, schon allein deshalb, weil die höheren Positionen in diesen Sektoren in der Regel mit zugewanderten Dänen besetzt sind. Auch Fernsehen, Rundfunk und Presse sind meist zweisprachig dänisch – grönländisch, obwohl in den letzten Jahren die Forderung laut geworden ist, nur noch auf Grönländisch zu publizieren. Eine Tendenz, die die dänischsprachige Minderheit immer wieder heftig kritisiert, da nur wenige von ihnen ausreichende Grönländisch-Kenntnisse haben. Dagegen sprechen viele grönländische Muttersprachler zumindest einigermaßen Dänisch, das (noch) als erste Fremdsprache in der Schule gelehrt wird.

Grönländisch als 1. Sprache/kaum Dänischkenntnisse	36,0%
Grönländisch als 1. Sprache/gute Dänischkenntnisse	35,3%
zweisprachig	13%
Dänisch als 1. Sprache/kaum Grönländischkenntnisse	11,9%
Dänisch als 1. Sprache/gute Grönländischkenntnisse	3,7%
	Quelle: Greenland Statistics 1995

Mitte der 90er Jahre hat das Statistische Landesamt Grönlands die Sprachfertigkeiten und -gewohnheiten der Bürger in einer Untersuchung erfasst: Danach bezeichnen sich nur 13% der Bevölkerung als zweisprachig, bei den anderen dominieren die Kenntnisse in jeweils einer der beiden Landessprachen.

Oft ist in den letzten Jahren und Jahrzehnten kritisiert worden, dass die dänischsprachige Minderheit unzureichende Grönländisch-Kenntnisse hat. In bester Kolonialherrenmanier hätten viele Dänen, die auf die Insel gekommen seien, es nicht für nötig befunden, Grönländisch zu lernen. In der Tat fehlt es bei einigen Dänen an der nötigen Motivation, die Sprache zu lernen - besonders bei solchen, die als Fachkräfte nur für wenige Jahre ins Land geholt werden. Zumindest bei einigen, die sich dauerhaft in Grönland niederlassen wollen, ist die Bereitschaft, Grönländisch zu lernen, dagegen größer. Wenn viele trotzdem kaum jemals dieser Sprache mächtig werden, liegt das zum einen an dem begrenzten Angebot an Sprachkursen und dem Fehlen von brauchbaren Lehrmaterialien und zum anderen daran, dass Grönländisch für Europäer ungeheuer schwer zu lernen ist. Eine langjährige Grönländischlehrerin hat einmal geschätzt, dass 300-400 Stunden Intensivkurs nötig sind, um sich sprachlich auch nur einigermaßen im Alltag zurechtzufinden, die Zeit für Vor- und Nachbereitung des Unterrichts nicht eingerechnet. Voraussetzung, um Grönländisch als Arbeitssprache nutzen zu können, sind etwa 1.000 Unterrichtsstunden.

Was Grönländisch für Europäer so schwer erlernbar macht, ist, dass sich die Sprache von ihrer ganzen Struktur her fundamental von dem unterscheidet, was unsere europäischen Augen und Ohren gewöhnt sind. Von der Aussprache her ist Grönländisch zwar leichter als Dänisch, bei dessen Aussprache sich Deutsche in der Regel ziemlich schwer tun. Grönländisch scheint auf den ersten Blick vor allem aus gutturalen Lauten zu bestehen. Die Sprache klingt sehr hart, die Vokale sind meist kurz, Konsonanten werden äußerst prononciert gesprochen. Das sollte deutschen Muttersprachlern eigentlich entgegenkommen, nützt aber wenig, da auf allen anderen Ebenen die Schwierigkeiten mit dieser Sprache schier unüberwindlich sind. Als erstes muss man sich von der Vorstellung verabschieden, ein Satz bestünde immer aus einzelnen Satzgliedern wie Subjekt, Prädikat oder Objekt: Grönländisch ist eine polysynthetische, inkorporierende Sprache, d.h., an einen selbständigen Wortstamm werden mehrere Nachsilben und Endungen angehängt, zum Beispiel, wenn eine Tätigkeit ausgedrückt werden soll. Dabei entstehen wahre Wortungetüme, wovon man sich leicht überzeugen kann - ein Blick in eine grönländische Zeitung genügt.

Ein beliebtes Beispiel, um diese Eigenart der Sprache zu veranschaulichen, ist folgender Satz: "Da gebot er ihm, zu der Stelle zu gehen, wo das ziemlich große Haus gebaut werden sollte". Im Grönländischen genügt dafür ein einziges, wenn auch ziemlich langes Wort:
igdlorssuatsiarliorfigssaliarqugamiuk.

Grönländisch ist eine von mehreren sogenannten **Eskimosprachen**, die rund um den Polarkreis - von Sibirien über Alaska und Kanada bis nach Grönland - von insgesamt etwa 85.000 **Inuit** gesprochen werden. Obwohl diese Sprachen nicht identisch sind, kann man sich mit etwas Geduld miteinander verständigen, da sowohl die Sprache, die an der grönländischen Westküste gesprochen wird, als auch die Sprachen der Inuit aus Kanada und Alaska zum Inuit-Inupiaq gehören.

Innerhalb des Grönländischen gibt es drei Untergruppen: **Westgrönländisch** ist die **"offizielle" Sprache**. Sie wird überall im Land mit Ausnahme der Ostküste und des äußersten Nordens gesprochen. Diese beiden Regionen haben ihre eigene Sprache: **Ostgrönländisch** und den **Thule-Dialekt**, beide sind nicht ohne weiteres für Westgrönländer verständlich, vor allem Ostgrönländisch.

Als **Schriftsprache** ist das Grönländische erst gut 200 Jahre alt und vor allem ein Werk der Dänen: Hans Egede, der Begründer der dänischen Kolonialherrschaft über Grönland, hatte in der ersten Hälfte des 18. Jh. erste Versuche gemacht, diese Sprache zu kodifizieren, und 1750 erschien, herausgegeben von seinem Sohn Poul, ein **grönländisches Wörterbuch**. Die heute noch in den Grundzügen gültige **grönländische Grammatik** wurde 100 Jahre später von Samuel Kleinschmidt, einem deutschen Missionar, schriftlich fixiert.

Vom Wortschatz her ist Grönländisch eigentlich eine **Natursprache**, ganz auf die Bedürfnisse und die Lebensweise eines Jäger- und Fängervolkes zugeschnitten: Abstrakte und technische Begriffe fehlen völlig, es ist schwierig, unterschiedliche Zeiten auszudrücken, um nur ein paar Beispiele zu nennen. Zahlen gibt es nur von eins bis zwölf, alles was darüber hinausgeht, wurde früher mit "viele" bezeichnet. Insofern sind viele Wortneuschöpfungen und Lehnwörter aus dem Dänischen nötig, um die zahlreichen Dinge auszudrücken, die es im grönländischen Fängergemeinwesen nicht gab und für die demzufolge auch keine Wörter existierten.

Gleichwohl hat diese "unmoderne" Sprache eine enorme politische und kulturelle Bedeutung für die Identität der Bevölkerung dieser ehemaligen dänischen Kolonie: Viele Grönländer verknüpfen mit dem Erhalt der Sprache das Überleben bzw. die Wiederbelebung der eskimoisch-grönländischen Kultur. Wenn sie im täglichen Sprachgebrauch demonstrativ das Grönländische gegenüber dem in vielerlei Hinsicht praktischeren Dänisch bevorzugen, stellt das für sie ein wichtiges Element bei der Selbstvergewisserung einer eigenen, von Dänemark unabhängigen Identität dar.

So heißt es beispielsweise in einem Lied der grönländischen Hip-Hop-Band "Nuuk Posse":

Ich versuche meinen Weg zu finden,
müde und elend von Schildern und Plakaten an den Straßen,
geschrieben in einer Sprache,
die nicht die meine ist.
Ich möchte auf Grönländisch schreiben:
Sei stolz auf was du bist
und öffne dich.

Nach der Einführung der grönländischen Selbstverwaltung 1979 hat dieser sprachliche Nationalismus auch Eingang in die offizielle Politik gefunden. Fand zum Beispiel früher der Schulunterricht fast ausschließlich auf Dänisch statt, ist es heute umgekehrt: In den Volksschulen wird ausschließlich auf Grönländisch unterrichtet. Außer in der Hauptstadt, wo über 3.000 Dänen leben, sind dänischsprachige Klassen seit einigen Jahren abgeschafft. (An den Gymnasien dagegen ist nach wie vor Dänisch Unterrichtssprache, aus dem einfachen Grund, dass es so gut wie keine grönländischsprachigen Lehrer gibt, die die notwendige Universitätsausbildung haben.) Die starke Förderung des Grönländischen hat erste Früchte getragen: Die Existenz der Sprache sei gesichert, stellte eine Expertenkonferenz kürzlich zufrieden fest. Doch diese Entwicklung hatte ihren Preis: "Ihr habt eine ganze Generation auf dem Altar nationalistischer Sprachpolitik geopfert" hat eine grönländische Zeitung den Landespolitikern vor nicht allzu langer Zeit vorgeworfen, da es vor allem die unzureichenden Dänischkenntnisse seien, die heute vielen jungen Grönländern den Weg in eine weiterführende Ausbildung versperren. Das heißt: kein Abitur, kein Studium – und keine hochqualifizierten, akademisch gebildeten grönländischen Fachleute. Und genau die wünschen sich viele grönländische Politiker sehnlichst, damit endlich Einheimische die hochbezahlten dänischen "Gastarbeiter" ersetzen und dem Land weitere Unabhängigkeit gegenüber Dänemark sichern können. So paradox es klingen mag, sind doch viele Experten überzeugt: Grönlands Weg zur vollständigen Unabhängigkeit von Dänemark führt nur über fundierte Dänischkenntnisse in der Bevölkerung und die Ausbildung möglichst vieler Grönländer an dänischen Universitäten.

Allerdings sind sich auch grönländische Nationalisten durchaus bewusst, dass man allein mit einer Sprache, die weltweit von weniger als 100.000 Menschen gesprochen wird, nicht sehr weit kommt, aber sie wenden sich dagegen, dass diese zweite Sprache, die notwendig ist, ausgerechnet Dänisch sein muss. Insofern ist das Interesse an Englisch, der zweiten Fremdsprache, die an grönländischen Schulen zum Pflichtprogramm gehört, in den letzten Jahren stark gestiegen.

Davon profitieren auch Grönlandreisende, da es jedenfalls in den Städten im Allgemeinen problemlos möglich ist, sich zu verständigen, selbst wenn man weder Dänisch noch Grönländisch spricht, im Tourismussektor sowieso. Anders sieht es manchmal auf dem Land aus: Hier sprechen die Menschen oft nur Grönländisch und Dänisch, ältere Menschen mitunter nicht einmal Dänisch.

Ortsnamen

Dänisch	Grönländisch
Christianshåb	Qasigiannguit
Claushavn	Ilimanaq
Danmark	Qallunnaat Nunaat
Diskofjord	Kangerluk
Egedesminde	Aasiaat
Frederikshåb	Paamiut
Godhavn	Qeqertarsuaq
Godthåb	Nuuk
Grønland	Kalaallit Nunaat
Holsteinsborg	Sisimiut
Ivigtut	Ivittuut
Jakobshavn	Ilulissat
Julianehåb	Qaqortoq
Kangatsiaq	Kangaatsiaq
Nanortalik	Nanortalik
Narsaq	Narsaq
Proven	Kangersuatsiaq
Rodebay	Oqaatsut
Scoresbysund	Ittoqqortoormiit
Sletten	Ammassivik
Sukkertoppen	Maniitsoq
Sydprøven	Alluitsup Paa
Søndre Strømfjord	Kangerlussuaq
Thule	Qaanaaq
Umanak	Uummannaq
Upernavik	Upernavik

Grönländische Küche

Die traditionelle grönländische Küche ist sehr stark von den klimatischen und geografischen Verhältnissen des Landes und der Lebensweise der Inuit geprägt: Da so gut wie nichts in der arktischen Natur wächst, bestanden die Mahlzeiten früher nur aus dem, was Meer oder Land an Beute hergaben, also lediglich aus Fisch und Fleisch. Um sich Energiereserven gegen die Kälte zu schaffen, aß man zudem sehr fett. Gewürzt wurde so gut wie gar nicht.

Mit den Europäern kamen neue Lebensmittel ins Land, die auch Bestandteil der grönländischen Küche wurden: Reis, Kartoffeln, Gemüse, Gewürze u.a. Dennoch ist als Grundtendenz grönländischer Gerichte ihre **Fleischlastigkeit** erhalten geblieben.

Allerdings ist die grönländische Küche heutzutage nur noch eine von mehreren möglichen Arten, in Grönland zu essen: Dänische, überhaupt europäische Speisen sind längst zur Selbstverständlichkeit geworden. Die Regale der Supermärkte sind voll von entsprechenden Produkten und in jedem größeren Ort findet man mindestens eine "Grillbar", wo das komplette Repertoire an internationalem Fastfood angeboten wird.

Dennoch spielen Speisen aus einheimischen Zutaten immer noch eine große Rolle im Alltag grönländischer Familien.

Robbe, Wal, Ren, Moschusochse, Lamm, Fisch und Meeresfrüchte sind Spezialitäten des Landes, von denen man als Tourist zumindest einmal gekostet haben sollte. Die meisten Hotels und Restaurants haben diese Gerichte auf der Speisekarte, bereiten sie aber "europäisch" zu, d.h. weniger fett und stärker gewürzt.

Ausgesprochen wohlschmeckend sind **Wal, Ren** und **Lamm:** Gutes Walfleisch erinnert von Geschmack und Konsistenz an ein zartes Rindersteak, auch das Fleisch von Ren und Lamm ist sehr zart. Auch **Robbenfleisch** ist keinesfalls zäh, schmeckt aber etwas streng.

Fisch gibt es in vielen Varianten: Am bekanntesten sind grönländischer **Dorsch**, **Lachs**, **Forelle** und **Heilbutt**, die auf unterschiedliche Art zubereitet werden können: geräuchert, gebraten oder gekocht. Unter Grönländern wird auch viel **Dörrfisch** gegessen: Überall, selbst auf den Balkons der großen Mietskasernen in den Städten, kann man Trockengestelle sehen, die mit Fischen behangen sind.

Zwei Dinge werden immer wieder als besondere Spezialitäten der traditionellen grönländischen Küche genannt: Die eine ist rohe **Robbenleber**, die in früheren Tagen eine äußerst wichtige Funktion als Vitaminlieferant hatte und auch heute noch von den Fängern gern verzehrt wird.

Häufig geschieht dies bereits an Ort und Stelle, wenn sie mit der erlegten Robbe zurückkommen und sie zerteilen. Die zweite Spezialität ist **Mattak**, Walhaut mit einer dicken Schicht Speck, die normalerweise in kleine Würfel geschnitten roh gegessen wird: Mattak ist manchmal recht zäh und man muss eine Weile darauf herumkauen, bis sich allmählich ein nussartiger Geschmack entwickelt.

Rohe Robbenleber wird für Touristenmägen im Allgemeinen nicht sehr bekömmlich sein, aber Mattak sollte man ruhig einmal probieren.

Wirtschaft

Für 2002 weist die Landesstatistik 2.800 registrierte Vollerwerbsjäger, also Personen, die ihren Lebensunterhalt hauptsächlich durch Jagen und Fischen bestreiten, und fast 10.000 Personen, die über eine Lizenz als "Freizeit-" oder "Teilzeitjäger" verfügen, aus. Dabei spielt vor allem der Fischfang, der seit den 20er Jahren dieses Jahrhunderts ständig an Bedeutung gewann und in den 60ern zu einer modernen Industrie ausgebaut wurde, eine große Rolle.

Der Robbenfang, in der traditionellen Inuit-Kultur die Hauptquelle für Nahrung, Kleidung und andere Materialien des täglichen Lebens, wird nach wie vor von vielen betrieben und ist aus dem Alltag kaum wegzudenken. So wurden 1998 über 160.000 Robben gefangen. Der Fang der Tiere stellt aber nur noch für sehr wenige eine wirkliche Existenzgrundlage dar und ist häufig eher ein Zubrot zum eigentlichen Erwerb - zum Beispiel der Shrimp-Fischerei, die eine der wenigen Möglichkeiten ist, in Grönland zu einem ansehnlichen Vermögen zu kommen. Dies gilt erst recht, seitdem der internationale Markt für Robbenfelle als ein Ergebnis der Greenpeace-Kampagne gegen das Robbenbabyschlachten in Neufundland Ende der 70er Jahre zusammengebrochen ist.

Die grönländischen Robbenfänger sind nicht sehr gut auf die internationalen Tierschützer von Greenpeace zu sprechen. Sie leiden bis heute unter der Kampagne gegen das Abschlachten der Robbenbabys auf Neufundland und Jan Mayen, obwohl sie nichts mit den kritisierten Praktiken zu tun hatten. In Grönland wurden und werden nur ausgewachsene Robben gejagt. Dies ist auch kaum anders möglich, da die begehrten Sattelrobben und Klappmützen ihre Jungen nicht in grönländischen Gewässern zur Welt bringen, sondern in den besagten Regionen, und nur eine Zeit des Jahres hier verbringen.

Das nachfolgende Zugeständnis seitens Greenpeace, mit einer undifferenzierenden Kampagne auch dort Schaden angerichtet zu haben, wo es nicht beabsichtigt war, hat den grönländischen Fängern nicht geholfen. Bis heute ist es z.B. verboten, Robbenfellprodukte in die USA einzuführen. Um den Beruf des Fängers überhaupt zu erhalten, kauft die staatliche Pelzhandels- und Pelzverarbeitungsfirma "Great Greenland" nach wie vor Felle zu Preisen ab, die weit über dem Marktpreis liegen. So wurde der Robbenfang allein 1999 mit 44 Mio. dkr subventioniert, denn der Berufsstand hat in Grönland nicht nur eine ökonomische Bedeutung. Aus einer Erklärung des grönländischen Landsting:

"Heutzutage haben wir viele verschiedene Berufe in Grönland. Dazu sind wir gezwungen, um zu überleben. Aber der Fängerberuf ist der Hintergrund unseres gesamten Gemeinwesens. Er ist unsere Geschichte und unsere Kultur."

Das moderne grönländische Gemeinwesen hängt im Wesentlichen von zwei Geldquellen ab: Die Einkünfte aus der Fischereiindustrie und die jährlichen Zuschüsse aus Dänemark. Sie stellen die Haupteinkommensquellen dar, mit denen der aufwendige und kostspielige Import quasi jeden Gutes finanziert wird. Mit diesen Geldern wird auch der große öffentliche Sektor unterhalten und die Subventionierung anderer Wirtschaftsbereiche geleistet.

In Grönland kursiert der Witz, dass es auf der Welt nur noch zwei sozialistische Länder gibt: Kuba und Grönland!

Es gibt kein größeres Unternehmen, das nicht wenigstens teilweise vom Staat kontrolliert wird. Dass dies so ist, liegt nicht an politischen Vorgaben seitens der Regierung, sondern vielmehr daran, dass Grönland ein für Privatunternehmen unattraktives Land ist. Die geringe Bevölkerungszahl, die großen Distanzen zwischen den Städten und Siedlungen, die rauen klimatischen Bedingungen und vieles mehr machen Grönland als Produktionsort und weite Teile des Landes auch als Absatzmarkt unrentabel.

Seit Einführung der grönländischen Selbstverwaltung ist die Politik sehr darauf bedacht, alle kleinen Siedlungen zu erhalten und nicht die Fehler der dänischen Zentralisierungspolitik zu wiederholen. Um unter diesen Bedingungen einen modernen Lebensstandard in Grönland aufrechtzuerhalten, um Arbeitsplätze zu schaffen und eine Versorgung mit Gütern zu gewährleisten, muss der Staat an vielen Stellen einspringen, wo in anderen Ländern private Unternehmen aktiv sind.

In den letzten Jahren wurden allerdings erhebliche Anstrengungen unternommen, die grönländische Wirtschaft zu entflechten. Zuvor waren einige wenige Unternehmen, allen voran KNI, für zahllose verschiedene Aufgaben zuständig. Dies schuf vor allem eine schwerfällige Bürokratie und machte eine wirkliche Berechnung von Kosten und Gewinnen in den jeweiligen Sparten schwierig. Zwar ist bei den größeren Unternehmen die grönländische Selbstverwaltung auch heute meist noch einziger Aktionär, doch die Firmen beschränken sich inzwischen auf die Aufgaben, die sie wirklich leisten können. Sie müssen mit eigenen Kalkulationen und quasi unter "Marktbedingungen" arbeiten. Das langfristige Ziel ist eine wirkliche Privatisierung, das heißt, dass Firmenanteile an andere Unternehmen oder Privatpersonen verkauft werden sollen. Wirklich profitabel arbeiten bisher allerdings die wenigsten grönländischen Firmen, so dass dies noch eine Weile dauern dürfte.

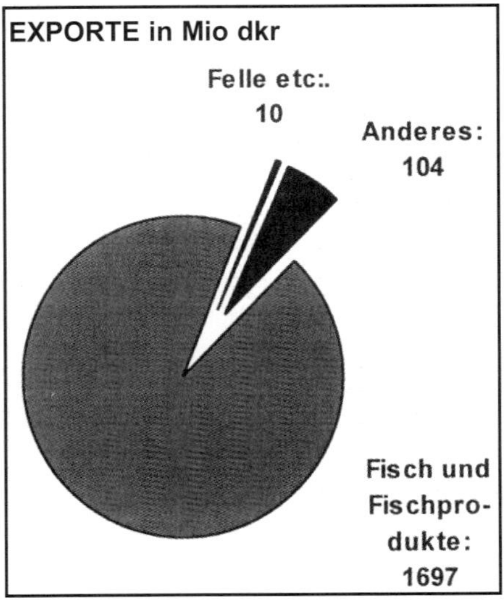

Das mit Abstand wichtigste Unternehmen Grönlands ist der Fischereikonzern Royal Greenland mit seinen beiden Hauptprodukten Shrimps und Heilbutt. Einziger Aktionär ist die grönländische Selbstverwaltung. Royal Greenland betreibt in 13 grönländischen Städten Fabriken, hinzu kommen viele kleinere Anlagen in den Siedlungen, in denen die Produkte meist nicht verarbeitetet, sondern lediglich gekühlt, verpackt oder gelagert und zur weiteren Verwertung verschickt werden.

Diese kleinen Fabriken sind zumeist Zuschussgeschäfte für den Konzern. Profitabel sind vor allem die großen Trawler, die schwimmenden Fischfabriken, die vor Grönland und in internationalen Gewässern kreuzen. Sie tragen zusammen mit den Fabriken, die die Firma im Ausland besitzt, wesentlich zum Profit des Unternehmens bei. Im Geschäftsjahr 2002/2003 betrug der Gewinn vor Steuern: 101,8 Mio. dänische Kronen.

Royal Greenland hat in den letzten Jahren Personal abgebaut und beschäftigt in Grönland derzeit gut 1.000 Mitarbeiter. Dazu kommen noch die selbständigen Fischer, die ihren Fang an die örtlichen Fischfabriken verkaufen und die, sofern es sich nicht um Nebenerwerbsfischer handelt, von Royal Greenland abhängig sind. Insgesamt leben in Grönland knapp 6.500 Menschen vom Fischfang, d.h. dass

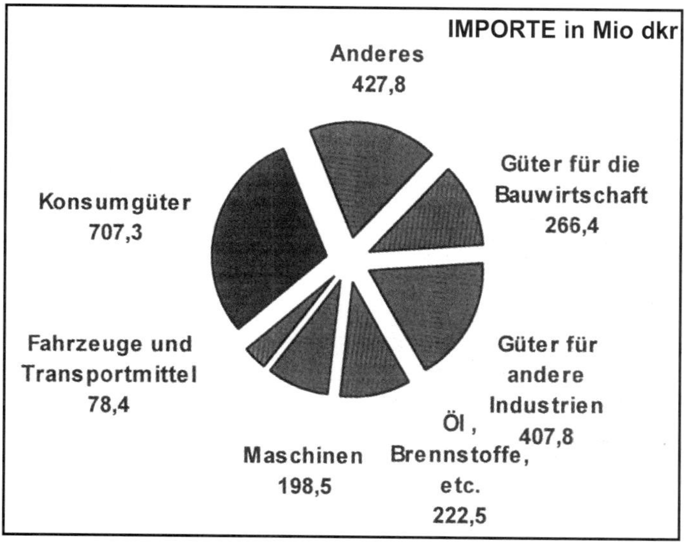

etwa ein Viertel der grönländischen Erwerbsbevölkerung ökonomisch auf Royal Greenland angewiesen ist.

Royal Greenland investiert seit Jahren intensiv im Ausland. So gibt es Niederlassungen in Dänemark, USA, Großbritannien, Frankreich, Italien und Japan. Auch in Deutschland betreibt das Unternehmen zwei Fabriken. Royal Greenland Germany sitzt in Bremen und Royal Greenland Seafood in Wilhelmshaven.

Derzeit hofft man in Grönland, dass der bis in die 80er Jahre wichtigste Fangfisch, der Dorsch, zurückkommt. Er war nach der leichten Erwärmung der Gewässer für lange Zeit aus der Region verschwunden (☞ Flora und Fauna).

Anzeichen für eine Rückkehr gibt es, denn auf den Faröer Inseln wird bereits wieder Dorsch gefischt.

Neben der Fischerei gibt es keinen Wirtschaftszweig, der durch Export nennenswerten Profit macht und für die in einem importabhängigen Land wie Grönland so wichtigen Devisen sorgen könnte.

Von gewisser Bedeutung ist allenfalls noch die Schafzucht, die optisch den Süden dominiert. Allerdings leben nur etwa 70 Familien von der Schafzucht, und die Fleischproduktion reicht zumindest bisher nicht einmal annähernd aus, den einheimischen Bedarf zu decken.

Fast alle anderen grönländischen Unternehmen sind im Bereich Handel, Transport und Service tätig. Geradezu allgegenwärtig ist "Kalaalliit Niuerfiat" (KNI), die Nachfolgerin der einst allmächtigen KGH (Königlich-Grönländische Handelsgesellschaft), die Mitte der 80er Jahre von der grönländischen Selbstverwaltung übernommen wurde. 1992 wurde das Unternehmen in zwei Aktiengesellschaften aufgeteilt. Alleinaktionär ist die grönländische Selbstverwaltung.

Eine Gesellschaft, "KNI Pilersuisoq", ist für die generelle Versorgung der abseits liegenden Siedlungen zuständig. Darüber hinaus liefert das Unternehmen im ganzen Land Benzin, Gas und andere Brennstoffe aus. Dazu gehören auch das Dynamit, das bei Bauprojekten in der felsigen grönländischen Landschaft benötigt wird und so exotische Produkte wie Granaten für Sprengharpunen. KNI Pilersuisoq hat Vereinbarungen mit vielen anderen Unternehmen und übernimmt in den ganz kleinen Siedlungen auch die Post- und Bankgeschäfte, den Fellhandel und den Verkauf von Schiffstickets. Bis 1997 war das Untenehmen auch für die Passagierschifffahrt zuständig. Dies Sparte wurde jedoch im Rahmen der generellen Entflechtung der grönländischen Untenehmen ausgegliedert. Heute ist die Arctic Umiaq Line für den Passagierverkehr entlang der Küste zuständig.

Die zweite Aktiengesellschaft unter dem Dach von KNI ist "KNI Pisiffik". KNI Pisiffik ist mit 37 Filialen der Groß- und Einzelhändler in Grönland. In jeder Stadt und in vielen Siedlungen sind die Supermärkte und Kioske mit dem stilisierten Seehund als Firmenlogo zu finden.

Für die Bewohner in den abgelegenen Siedlungen ist von Vorteil, dass fast der gesamte Handel von einem staatlichen Unternehmen betrieben wird, und dass sie dort alle Produkte zu Preisen erwerben können, die unter den durch den Transport verursachten Kosten liegen. Für die Bewohner der leichter zugänglichen Orte, wie z.B. Nuuk, das einen ganzjährig eisfreien Hafen hat, heißt das jedoch, dass sie mit Preisen, die höher sind, als sie sein müssten, den Transport in die anderen Orte subventionieren.

Die KNI-Preise sind, egal ob in Thule, Ittoqqotoormit oder Narsaq, dieselben. Zumindest theoretisch, denn dieses Prinzip wird langsam aufgeweicht. KNI muss sich in einigen "größeren" Orten mit privater Konkurrenz, wie z.B. den "Brugsen-Märkten" auseinandersetzen. Die Brugsen-Kette kann, weil sie nicht an politische Vorgaben gebunden ist, Waren teilweise billiger anbieten und KNI muss nachziehen. Als Arbeitgeber hat das Untenehmen durch die Entflechtung an Bedeutung verloren. KNI Pilersuisoq und KNI Pisiffik beschäftigen heute zusammen gut 1.600 Menschen.

Bedeutendster Arbeitgeber des Landes ist die öffentliche Verwaltung. Rechnet man die Beschäftigten der Selbstverwaltung und der Kommunen zusammen, ergibt das ca. 8.000 Personen. Dieser Sektor wird, genauso wie viele Unternehmen der grönländischen Wirtschaft, mit Hilfe der "Bloktilskuddet" (engl. "block-grants") aus Dänemark finanziert. Diese "Blockzuschüsse" werden regelmäßig mit der dänischen Regierung ausgehandelt. Da im Laufe der Zeit immer mehr Zuständigkeiten in grönländische Verwaltung übergingen, stiegen diese Zahlungen seit Einführung der Selbstverwaltung kontinuierlich an. 1998 betrugen die "Blockzuschüsse" gut dkr 2,5 Milliarden. Dazu kommen noch die Ausgaben für die Aktivitäten dänischer Einrichtungen in Grönland.

Diese Zahlungen ermöglichen der grönländischen Regierung die Subventionierung zahlreicher Unternehmen, die Schaffung von Arbeitsplätzen und die Erbringung der hohen, am skandinavischen Standard orientierten Sozialleistungen. Der zwischen Gewerkschaft und der Selbstverwaltung ausgehandelte Mindestlohn für einen ungelernten Arbeiter betrug im April 2000 dkr. 62,90.

2001 lag das grönländische Durchschnittseinkommen (vor Steuer) bei dkr. 139.000, wobei in Nuuk am meisten verdient wurde (dkr. 141.000) und in Nanortalik am wenigsten (dkr. 73.000)

Die **Arbeitslosigkeit** in Grönland ist in den letzen Jahren deutlich zurückgegangen. Schwankten die Zahlen Mitte der 90er Jahre je noch Saison noch zwischen 11% und 18%, so waren es 2002 im Jahredurchschnitt nur noch 7% (1715 Personen). Allerdings sind immer noch 10% der erwerbsfähigen Bevölkerung (2494 Personen) im Laufe eines Jahres zumindest kurzfristig von Arbeitslosigkeit betroffen. Der wichtigste Grund für den Rückgang der Arbeitslosigkeit sind umfangreiche Arbeitsbeschaffungs- und Qualifikationsmaßnahmen der Kommunen. Es werden jedoch auch immer mehr Aufgaben, die zuvor in dänischer Hand waren, an die grönländische Selbstverwaltung übertragen, was ebenfalls Arbeitsplätze im Land schafft.

Trotz der Arbeitslosigkeit unter den Grönländern werden allerdings nach wie vor Arbeitskräfte aus Dänemark "importiert". Rund 4.000 Personen, die in Dänemark geboren wurden, sind derzeit in Grönland beschäftigt. Die Unterscheidung in Personen, die in Dänemark geboren wurden, und Personen, die in Grönland geboren wurden, lässt sich in zahlreichen Statistiken und offiziellen Verlautbarungen finden. Sie ist der Versuch, zwischen Inuit und Dänen zu unterscheiden, ohne ethnische Kriterien einzuführen, denn die Bezeichnung "Grönländer" ist nicht auf die Bewohner eskimoischer Herkunft beschränkt. Gemeint ist jedoch genau diese Unterscheidung.

Sie zu machen ist auch insofern sinnvoll, als es einige signifikante Unterschiede zwischen beiden Bevölkerungsgruppen gibt. In ökonomischer Hinsicht ist vor allem die Tatsache von Bedeutung, dass es unter den Grönländern dänischer Herkunft oder Abstammung ein deutlich höheres Bildungs- und Ausbildungsniveau gibt. 95% der Dänen in Grönland verfügen über eine Berufsausbildung, dem stehen 46% der in Grönland geborenen Personen gegenüber. Wenn man von den gewählten Amtsinhabern in der Regierung, im Parlament und in den Kommunen einmal absieht, sind fast alle höheren Posten von "importierten" Arbeitskräften aus Dänemark besetzt. Das auch im Alltag auffällige Phänomen, dass mit der Höhe der Position der Anteil der Dänen zunimmt, erklärt sich vor allem durch die unterschiedliche Qualifikation. Der gelegentlich erhobene Vorwurf, diese Erscheinungen seien Überreste der alten Kolonialpolitik, läuft zumindest insofern ins Leere, als dass im Grunde alle Unternehmen unter Kontrolle der grönländischen Regierung stehen und dort eine Personalpolitik betrieben wird, die bei gleicher Qualifikation grundsätzlich Personen bevorzugt, die in Grönland geboren wurden.

Für die Zukunft erhofft sich die grönländische Selbstverwaltung steigende Einnahmen sowie neue Arbeitsplätze vor allem im Bereich Tourismus und in der Ausbeutung von Bodenschätzen.

Geologen haben in Grönland **Mineralvorkommen** an Zink, Graphit, Molybdän, Chrom, Eisen, Gold und anderem entdeckt. Diese abzubauen ist jedoch aufgrund der schwierigen Umweltbedingungen nur sehr schwer möglich. Zudem befindet man sich in vielen Gebieten noch in der Phase der Erkundung.

Erfolg versprechender sind allerdings die Öl- und Gasvorkommen vor der grönländischen Küste. Hier werden bereits Bohrungen vorgenommen. Die Hälfte der möglichen Einnahmen aus diesen Funden muss allerdings an Dänemark abgeführt werden. Dies ist einer der wichtigen Punkte, die in den Verhandlungen um die grönländische Selbstverwaltung festgelegt wurden und in denen Grönland die volle Souveränität verweigert wurde. Kritiker der Grönlandpolitik Dänemarks sehen in der Erwartung von Einnahmen aus Mineralvorkommen auch den Hauptgrund für das dänische Engagement heute und bewerten dies entsprechend als einen Akt kolonialer Willkür. Zumindest sorgt seitdem eine grönländisch-dänische Kommission für die Organisation und Finanzierung des Abbaus von Mineralvorkommen. Ob Grönland davon ähnlich profitieren kann wie das gelegentlich zum Vergleich herangezogene Norwegen von seinen Öl- und Gasfunden, wird sich erst in sehr langer Frist zeigen. Nach der anfänglichen Euphorie über die Funde ist inzwischen wieder Nüchternheit eingekehrt. In frühestens 10 Jahren rechnet man in Grönland jetzt mit den ersten Petrodollars.

Tourismus

Am 5. August 1960 landete eine Chartermaschine der Fluggesellschaft "Icelandair" auf dem Flughafen Narsarsuaq, an Bord eine kleine Gruppe Reisender aus Island. Dies war die Geburtsstunde des Tourismus in Grönland. Davor war die Insel für Touristen praktisch gesperrt, denn zur Einreise brauchte man eine besondere Genehmigung der dänischen Behörden. Damals gab es so gut wie keine Hotels oder sonstige Übernachtungsmöglichkeiten und die Verkehrsverbindungen nach und innerhalb Grönlands waren außerordentlich schlecht.

Auch nach der Öffnung des Landes entwickelte sich das Geschäft mit dem Tourismus lange Zeit nur sehr zögerlich, erst in den letzten Jahren ist Grönland zum beliebten Reiseziel geworden: Kamen bis Anfang der 90er Jahre selten mehr als 3.000 Besucher pro Jahr, steigt ihre Zahl seit 1992 kontinuierlich an. Wie hoch die Steigerung gerade in jüngster Zeit tatsächlich ist, ist nicht genau einzuschätzen, da sich die Erhebungsgrundlage seit 1999 geändert hat. Mittlerweile fallen auch Geschäfts- oder Studienreisende in die Tourismusstatistik. Insgesamt besuchten 2003 61.000 Menschen Grönland, wovon wahrscheinlich zwischen einem Drittel und der Hälfte Touristen waren. Der größte Teil der Reisenden besucht Grönland im Sommer, meist im Juli oder August. In den Monaten von Oktober bis Februar ist dagegen generell wenig los. Beliebtestes Reiseziel innerhalb Grönlands ist mit weitem Abstand Ilulissat, gefolgt von Mittelgrönland. Erst auf Platz drei folgt der Süden. Die meisten Grönlandreisenden sind **Dänen**. Ihr Anteil macht je nach Jahr und Jahreszeit zwischen 75 und 90 Prozent aus. An zweiter Stelle steht die Gruppe der Touristen aus **Deutschland**. Seit 1994 eine direkte Flugverbindung von Grönland nach Kanada eingerichtet wurde, nimmt auch die Zahl der Reisenden aus **Nordamerika** ständig zu.

Der Beginn des Grönland-Booms fiel zusammen mit verstärkten Bemühungen der grönländischen Regierung, die Tourismusentwicklung im Lande zu fördern. Damals, am Übergang von den 80er zu den 90er Jahren, befand sich Grönland in einer desolaten wirtschaftlichen Lage.

Der **Dorsch**, bis dahin Hauptexportgut und -einnahmequelle, zog sich fast vollständig aus grönländischen Gewässern zurück. Die Arbeitslosenzahlen kletterten in beängstigende Höhen. Zudem musste man einsehen, dass es kurzfristig nicht möglich sein würde, die Rohstoffvorkommen der Insel auszubeuten - Grönlands große Hoffnung auf Reichtum. Angesichts dieser Situation schien den Verantwortlichen des Landes der Ausweg aus der Krise in der Förderung des Tourismus zu liegen. Zeitweilig war sogar die Rede davon, Tourismus solle zur Haupteinnahmequelle für die grönländische Wirtschaft werden.

Auch wenn dieses hoch gesteckte Ziel erreicht werden sollte - Massentourismus, so wie man ihn aus einigen südlichen Ländern kennt, wird es in Grönland nicht geben: 61.000 Besucher scheinen zwar im Verhältnis zur Bevölkerungszahl des Landes sehr viel zu sein, aber im Vergleich zu den rund 50 Mio. Besuchern, die beispielsweise jedes Jahr nach Italien kommen, ist diese Zahl verschwindend gering. In jedem Fall stehen allein schon die horrenden Kosten, die mit einer Grönlandreise verbunden sind, einer Entwicklung zum Massentourismus im Wege. Nicht umsonst ist einer Studie zufolge der **durchschnittliche Grönlandreisende** über 50 Jahre alt, hat bereits viel von der Welt gesehen und verfügt über ein überdurchschnittlich hohes Einkommen. Daneben besuchen aber auch jedes Jahr mehrere tausend **Rucksacktouristen**, die im eigenen Zelt oder in Jugendherbergen schlafen, die Insel.

Die Organisation und Koordinierung der zur touristischen Erschließung des Landes notwendigen Maßnahmen liegt in den Händen der 1991 gegründeten Agentur **"Greenland Tourism"**. Und so, wie in Grönland beinahe alle Initiativen unter staatlicher Kontrolle stehen, ist auch bei "Greenland Tourism" die grönländische Selbstverwaltung hundertprozentige Anteilseignerin. Sie arbeitet Konzepte für die weitere Entwicklung aus, sie vermarktet das Urlaubsziel Grönland im Ausland, unterhält die meisten Touristenbüros und bildet Touristenführer, sog. **"Greenland Outfitter"**, aus.

Die Früchte dieser Arbeit sind bereits zu spüren - vieles hat sich in den letzten Jahren verbessert: Es wurde eine ganze Reihe neuer Hotels gebaut, die Verkehrsverbindungen wurden erweitert und somit mehr an touristische Bedürfnisse angepasst. Auch das Angebot an Informations- und Serviceeinrichtungen wurde stark erweitert. Mittlerweile gibt es in fast jeder grönländischen Stadt ein **Touristenbüro**, das Exkursionen und Ausflüge veranstaltet, Unterkünfte vermittelt und auch bei allen sonstigen Fragen und Problemen die Adresse ist, an die man sich wenden kann.

Dennoch ist Grönland nach wie vor **kein leicht zu bereisendes Land**: Es gibt im Sommer zu wenige Hotelbetten, Flüge und Schiffsverbindungen, man muss Monate im voraus buchen, wenn man sicher sein will, einen Platz zu bekommen. Es kommt immer wieder vor, dass Flüge wetterbedingt ausfallen oder verschoben werden müssen, so dass das ganze Programm durcheinander gerät. Es ist schwer, sich auf eigene Faust im Land fortzubewegen, da viele interessante Ausflugsziele nicht mit öffentlichen Verkehrsmitteln zu erreichen sind. Man hat in solchen Fällen keine andere Wahl, als auf das Exkursionsprogramm der örtlichen Touristenbüros zurückzugreifen. Das Angebot ist zwar gut und die Fahrten sind in der Regel hervorragend organisiert, aber die Preise sind gesalzen.

Bei schlechtem Wetter ist es für Touristen oft schwierig, sich zu beschäftigen, da die meisten Aktivitäten, die in Grönland möglich sind, mit der Natur zusammenhängen.

Man kann damit rechnen, dass in den nächsten Jahren in einigen Bereichen weitere Verbesserungen stattfinden werden: Vor allem soll die Hotelbettenkapazität des Landes erweitert werden. Lange war auch im Gespräch, die Flüge nach und innerhalb Grönlands billiger zu machen, doch leider ist das Gegenteil eingetreten. Zwar sind die Flugpreise weitgehend konstant geblieben, aber die Flughafengebühr, die jeder Passagier zahlen muss, wurde 2001 dermaßen erhöht, dass Tourismusorganisationen wie Einheimische gleichermaßen dagegen Sturm gelaufen sind - bisher erfolglos.

Mit anderen Unannehmlichkeiten in Grönland dagegen kann man sich nur abfinden - sie liegen in den besonderen klimatischen und geografischen Verhältnissen des Landes begründet, die ja umgekehrt auch seinen Reiz ausmachen.

Reise-Infos von A bis Z

An- und Abreise

Grönland ist für Touristen im Allgemeinen nur mit dem **Flugzeug** zu erreichen. Eine **Schiffsreise** nach Grönland ist nur in Verbindung mit einer Kreuzfahrt möglich. Solche Fahrten werden von verschiedenen Reiseveranstaltern in Deutschland mehrmals jährlich angeboten.

Direkte **Flugverbindungen** von Deutschland nach Grönland gibt es nicht, sondern man muss über **Dänemark** (Kopenhagen) oder **Island** (Keflavik) fliegen. Wenn man nicht zusätzlich einen Islandaufenthalt plant, ist der Weg über Kopenhagen der günstigere: Diese Strecke wird in der Sommersaison fast täglich **Greenlandair** beflogen. Die Flugverbindung über Island ist teurer und es verkehren weniger Maschinen.

In Grönland selbst gibt es fünf internationale Flughäfen, vier davon sind ehemalige US-Luftwaffenstützpunkte. Der wichtigste ist nach wie vor Kangerlussuaq (Søndre Strømfjord) in Mittelgrönland, über den der Löwenanteil des Flugverkehrs nach und innerhalb Grönlands abgewickelt wird. Es gibt das ganze Jahr über mehrere wöchentliche Direktverbindungen mit Kopenhagen, außerdem ein bis zwei Flüge in der Woche nach Island und dem kanadischen Iqaluit.

Direktflüge nach Kopenhagen und Island gibt es auch vom südgrönländischen Narsarsuaq aus, im Sommer bis zu viermal wöchentlich. Die beiden ostgrönländischen Flughäfen Kulusuk bei Ammassalik und Nerlerit Inaat (Konstabel Pynt) in der Nähe von Ittoqqortoormiit werden von Keflavik in Island aus angeflogen. In den Sommermonaten bietet The great Canadian Travel Company zwei mal wöchentlich einen Direktflug von Kanada nach Asiaat an der grönlandischen Westküste.

Es ist auf jeden Fall ratsam, rechtzeitig einen Anschlussflug zu buchen, da der Weitertransport innerhalb Grönlands in der Regel per Flugzeug oder Helikopter erfolgt und es im Sommer im innergrönländischen Flugverkehr häufig zu Engpässen kommt. Allerdings verkehren sowohl in Kangerlussuaq als auch in Narsarsuaq Linienschiffe der Arctic Umiaq Line, so dass man auch mit dem Küstenschiff weiterreisen kann. In Ostgrönland besteht diese Möglichkeit nicht.

Die Preise für Flüge von und nach Grönland sind in den letzten Jahren gesunken. Bei frühzeitiger Buchung kann man inzwischen für ca. 550 Euro von Kopenhagen nach Kangerlussuaq und wieder zurück fliegen. Greenlandair bietet zusammen mit der Schiffsgesellschaft Arctic Umiaq Line im Sommer außerdem Vergünstigungen bei kombinierten Flug-/Schiffstickets an. Auch über Reiseveranstalter kann man gelegentlich verbilligte Flüge buchen.

<www.airgreenland.gl>

Ausrüstung

Unabhängig von der Jahreszeit empfiehlt es sich, **robuste, strapazierfähige Kleidung** mitzunehmen, außerdem **wind- und wasserdichte Überbekleidung**. Wichtig ist auch **solides Schuhwerk**: Da es in Grönland kaum befestigte Wanderwege gibt und man häufig steiniges oder geröllhaltiges Gelände passiert, sind **Wander- oder Trekkingschuhe** mit stabiler, rutschfester Sohle, am besten wasserfest, ratsam. Die Sonneneinstrahlung ist vor allem wegen der Reflexion durch Wasser und Eis sehr stark, insofern sollte man weder **Sonnenbrille** noch **Sonnenschutzcreme** mit hohem Lichtschutzfaktor vergessen.

Wer im **Sommer** nach Süd- oder Mittelgrönland reist, braucht, wenn er nicht zelten oder Fahrten mit dem Hundeschlitten machen will, in der Regel keine Spezialbekleidung gegen Kälte (Thermo-Unterwäsche o.ä.). Gewöhnliche Kleidung reicht völlig aus, da die Temperaturen sich hier normalerweise zwischen 5° und 15° bewegen. Dennoch sollte man **Handschuhe, Mütze** und **Schal** einpacken Gerade auf dem Wasser ist es auch im Sommer sehr kalt, und abends wird es ebenfalls recht kühl. Außerordentlich wichtig ist ein **Mückenschutz - Moskitonetz** oder **Insektenspray** -, ansonsten ist es im Inneren der Fjorde wegen der vielen Stechmücken kaum auszuhalten.

In Grönland wechselt das Wetter sehr rasch. Auch im Sommer, wo es in der Mittagssonne manchmal so warm wird, dass man sich nur mit einem T-Shirt bekleidet draußen aufhalten kann, können durch **plötzliche Wetterumschwünge** die Temperaturen innerhalb kurzer Zeit beträchtlich sinken. Insofern empfiehlt es sich, bei Wanderungen immer warme Kleidung und **Regenschutz** einzupacken, auch wenn man bei Sonnenschein und blauem Himmel aufbricht.

Bei **Winterreisen** muss man auf eine extreme Kälte vorbereitet sein: Hier sind lange, wollene oder besser **Thermo-Unterwäsche**, sonstige **warme Oberbekleidung**, **Handschuhe**, **Mütze**, **Schal und warme Stiefel** ein absolutes Muss.

Spezielle Fellbekleidung für Hundeschlittenfahrten kann bei den Veranstaltern solcher Touren ausgeliehen werden.

Auch im Winter sollte man einen **Sonnenschutz** mitbringen: Bereits im Februar sind in den meisten Gegenden Grönlands die Tage wieder so lang wie in Mitteleuropa und durch Eis und Schnee ist die Sonneneinstrahlung sehr intensiv.

Wer in Grönland **zelten** möchte, sollte keinesfalls auf **warme Unterwäsche** und **sonstige warme Bekleidung** verzichten: Es wird abends sehr schnell sehr kalt, und ohne die entsprechende Bekleidung ist es außerordentlich ungemütlich, sich draußen aufzuhalten. Besonders wichtig ist eine gute Isomatte .

Sowohl **Daunen-** als auch **Schlafsäcke aus Kunstfaser** können verwendet werden, beide haben ihre Vor- und Nachteile: Daunenschlafsäcke sind sehr leicht und wärmen am besten, sind auf der anderen Seite aber sehr empfindlich gegenüber Feuchtigkeit. Dann verkleben und verklumpen die Daunen und die Wärmewirkung lässt erheblich nach. Kunstfaserschlafsäcke dagegen sind meist schwerer und voluminöser, dafür robuster und weniger empfindlich gegenüber Wasser. In jedem Fall sollte der Schlafsack auch bei Minusgraden noch komfortable Wärme bieten, wieviel genau, hängt nicht zuletzt vom subjektiven Kälteempfinden ab: Im Allgemeinen ist ein Komfortbereich von -5 bis -10° empfehlenswert. Verwendet man einen älteren Schlafsack, der bereits mehrmals gewaschen wurde, ist allerdings zu beachten, dass mit jeder Reinigung die **Kältetauglichkeit** des Schlafsacks um ein paar Grade nachlässt, so dass die ursprünglichen Herstellerangaben nur noch eingeschränkt gelten.

Wichtig bei der Auswahl des geeigneten Zeltes ist vor allem, dass es wasserdicht und stabil genug ist, um starkem Wind standzuhalten. Am besten sind in der Regel robuste **Tunnel- oder Kuppelzelte**. Sinnvoll ist es auch, Ersatzheringe dabeizuhaben, da derartige Spezialartikel in Grönland schwer zu bekommen sind.

Benzinkocher sind für eine Grönlandreise wohl am geeignetsten. Sie sind zwar relativ schwer, aber es gibt dafür keine Probleme Brennstoff zu kaufen. Gaskartuschen oder Spiritus sind manchmal schwierig zu bekommen. Man kann sie bei einigen Touristeninformationen kaufen, allerdings zu recht hohen Preisen.

Da Natur und Klima in Grönland stets unberechenbar sind und sich sehr von dem unterscheiden, was man in unseren Breiten gewohnt ist, sollte man auch zu seiner **Sicherheit** einiges an Ausrüstung dabeihaben: Will man längere Wanderungen in den Bergen machen, sollte man auf jeden Fall einen **Kompass** mitnehmen. Gerade in Südgrönland kommt es häufig vor, dass plötzliche Nebel eine Orientierung erschweren.

Eine **Erste-Hilfe-Ausrüstung** ist bei längeren Wanderungen auf jeden Fall ratsam. In Grönland selbst kann man das sogenannte **ANNA-Notpaket** kaufen, das speziell für größere Bergtouren entwickelt wurde. In diesem 560 g schweren Paket sind Trillerpfeife, Kompass, Signalraketen u.ä. enthalten. Sollte ein schwerer Unfall während einer solchen Tour passieren, kann man so auf sich aufmerksam machen. Das ANNA-Notpaket kostet etwa 60 Euro und ist in KNI-Geschäften erhältlich.

📖 Ausrüstung 1 - von Kopf bis Fuß, Basiswissen für draußen - OutdoorHandbuch Band 100, Deutschmann & Schinabeck, 155 Seiten, 34 Abbildungen, Conrad Stein Verlag. ISBN 3-89392-500-7, € 7,90.

CD Diplomatische Vertretungen

Da Grönland formal nach wie vor Teil des dänischen Königreiches ist, wird man weder ausländische Vertretungen in Grönland noch grönländische Vertretungen im Ausland finden.

Zuständig sind die jeweiligen dänischen Botschaften und Konsulate. Folgende diplomatische Vertretungen des Königreichs Dänemark gibt es in Deutschland, Österreich und der Schweiz:

Deutschland

- Königlich Dänische Botschaft, Rauchstr. 1, 10787 Berlin, ☏ 030/50502000 (Mo-Fr 9:00-16:00), FAX 030/50502050 ✉ <berlin@daenemark.org>, 💻 <www.daenemark.org>
- Königlich Dänisches Generalkonsulat, Heimhuderstr. 77, 20148 Hamburg, ☏ 040/4140050, FAX 040/4104057, ✉ <hamgkl@um.dk>, 💻 <www.dk-hamburg.com>
- Königlich Dänisches Generalkonsulat, Nordergraben 19, 24931 Flensburg, ☏ 0461/144000, FAX 0461/17928, ✉ <gkl-flensborg@foni.net>

- ▷ Königlich Dänisches Generalkonsulat, Benrather Str. 8, 40213 Düsseldorf, ☎ 0211/8289300, FAX 0211/82893010, <info@dan-konsulat-dus.dk>, <www.dan-konsulat-dus.dk>
- ▷ Königlich Dänisches Generalkonsulat, Am Leonhardsbrunn 20, 60487 Frankfurt/M., ☎ 069/9709000, FAX 069/7071876, <info@gkl-frankfurt.org>, <www.gkl-frankfurt.org>
- ▷ Königlich Dänisches Generalkonsulat, Sendlinger Tor Platz 10/IV, 80336 München, ☎ 089/5458540, FAX 089/597815, <dk-muenchen@t-online.de>, <www.daenemark.org/muenchen>

Österreich

- ▷ Königlich Dänische Botschaft, Führichgasse 6, 1015 Wien, ☎ 01/5127904, FAX 01/5138120, <vieamb@um.dk>

Schweiz

- ▷ Königlich Dänische Botschaft, Thunstr. 95, 3006 Bern, ☎ 031/350-5454, FAX 031/350-5464, <embassy@denmark.ch>, <www.denmark.ch>

Einkaufen

Die Einkaufsmöglichkeiten sind, was Artikel des täglichen Bedarfs angeht, recht gut. Im großen und ganzen entspricht das Warenangebot in den Supermärkten dem bei uns, obwohl es weniger Auswahl gibt. Da sämtliche Lebensmittel aus Dänemark (neuerdings auch aus Kanada) importiert werden, findet man in den Geschäften sogar erstaunlich viele bekannte Produkte. Selbst frisches Obst und Gemüse sind im Allgemeinen zu bekommen. Auch Alkohol und Tabakwaren werden in Grönland, anders als in einigen skandinavischen Ländern, in jedem Supermarkt frei verkauft.

Das Angebot in den Geschäften ist vor allem in Nord- und Ostgrönland auch von der Jahreszeit abhängig: Da alles per Schiff nach Grönland gebracht wird und die nord- und ostgrönländischen Häfen nur in den kurzen Sommermonaten angelaufen werden können, kommt es gelegentlich gegen Ende des Winters bei einigen Produkten zu Engpässen.

Man sollte allerdings beim Lebensmittelkauf immer auf das **Mindesthaltbarkeitsdatum** der Waren achten, das gerade in Geschäften in entlegeneren Ortschaften nicht selten bereits überschritten ist - angeblich, weil schon die dänischen Importeure keine frischen Waren nach Grönland liefern.

Zwar bekommt man in Grönland im Wesentlichen das Gleiche zu kaufen wie hier, aber nicht zum gleichen Preis: Mit Ausnahme von Milchprodukten sind die **Preise** für Lebensmittel **außerordentlich hoch**. Besonders kostspielig sind Obst und Gemüse, Alkohol und Zigaretten (☞ Preise).

Geschäfte findet man in jedem Ort, selbst in den kleinen Siedlungen gibt es mindestens einen kleinen **"Supermarkt"** der staatlichen Versorgungsgesellschaft KNI. Allerdings unterscheidet sich das Warenangebot dort beträchtlich von dem in den größeren Ortschaften - man wird in der Regel nur das zum Leben Notwendigste bekommen. In den Städten dagegen findet man im Allgemeinen mehrere Supermärkte sowie kleinere, privat betriebene Geschäfte, die sog. **Kioske**. Außerdem gibt es in jeder Stadt einen **Markt**, auf dem die Fänger Fisch und Fleisch verkaufen. Die **Öffnungszeiten** der Geschäfte sind nicht immer einheitlich, da das dänische Ladenschlussgesetz in Grönland nicht gilt: in den Städten ist es in der Regel möglich, bis spät abends einkaufen zu gehen, auch am Sonntag sind viele Supermärkte geöffnet. Lediglich die Supermärkte der staatlichen Versorgungsgesellschaft KNI schließen montags bis freitags schon zwischen 17:30 und 19:00, samstags um 13:00 . In den kleinen Siedlungen ist dagegen häufig schon um 16:00 Geschäftsschluss, samstags 13:00.

Einreise

Für Bürger der Bundesrepublik Deutschland genügt zur Einreise der **Personalausweis**. **Sonderregelungen** bestehen allerdings bei Reisen nach Thule im äußersten Norden des Landes oder in unbesiedelte Gebiete: Die Gegend um Thule ist wegen des dortigen US-Luftwaffenstützpunkts militärisches Sperrgebiet. Wer hier einreisen möchte, muss vorher eine **Genehmigung** beim dänischen Außenministerium oder bei der dänischen Botschaft im jeweiligen Heimatland beantragen (☞ Diplomatische Vertretungen). Das gleiche gilt für Besucher des grönländischen **Nationalparks** im Nordosten des Landes. Auch hier ist eine Sondergenehmigung erforderlich, die beim Dansk Polarcenter in Kopenhagen beantragt werden muss:

- **Dansk Polarcenter**, Strandgade 100 H, DK-1401 Kopenhagen K, ☎ 45/32880100, FAX 45/32880101, 🖳 <www.dpc.dk>

In beiden Fällen sollten die Anträge **frühzeitig** vor Antritt der Reise gestellt werden, da die Bearbeitung meist einige Zeit in Anspruch nimmt.

Elektrizität

Mittlerweile ist so gut wie jeder Ort ans Stromnetz angeschlossen. Lediglich in sehr abgeschiedenen Gebieten, z.B. auf entlegenen Schaffarmen, gibt es in seltenen Fällen keine Elektrizität. Die Spannung beträgt 220 V.

Entfernungen

(Luftlinie in km) Beispiel: Nuuk-Ilulissat 570 km

	Qaanaaq											
Upernavik	670	**Upernavik**										
Uummannaq	880	270	**Uummammaq**									
Ilulissat	1070	435	170	**Ilulissat**								
Aasiaat	1091	465	225	95	**Aasiaat**							
Sisimiut	1270	660	430	280	205	**Sisimiut**						
Maniitsoq	1440	825	595	440	370	170	**Maniitsoq**					
Nuuk	1650	970	740	570	515	320	150	**Nuuk**				
Paamiut	1850	1225	990	820	775	585	420	265	**Paamiut**			
Narsaq	2015	1375	1140	965	940	775	620	475	235	**Narsaq**		
Qaqortoq	2030	1410	1165	990	965	795	640	485	245	25	**Qaqortoq**	
Nanortalik	2100	1470	1245	1065	1040	875	720	575	325	100	75	**Nanortalik**

Ferien

Die grönländischen Ferien gehen etwa von Mitte Juni bis Ende Juli. Für diesen Zeitraum ist es im Allgemeinen sehr schwierig, Tickets für Schiffe und Flugzeuge (besonders Inlandflüge) zu bekommen, da auch die Einheimischen viel unterwegs sind. Man sollte also schon frühzeitig buchen, wenn man vorhat, in dieser Zeit nach Grönland zu reisen.

Feste und Feiertage

Offizielle Feiertage sind der 1. Januar (Neujahr), der 6. Januar (Dreikönigstag), Gründonnerstag und Karfreitag, Ostermontag, Pfingsten, Christi Himmelfahrt, Buß- und Bettag, der 24. bis 26. Dezember sowie Silvester. Grönländischer **Nationalfeiertag** ist der 21. Juni, auf grönländisch **"ullotuneq"** (der längste Tag). Dieser Tag wird in Grönland mit kulturellen Veranstaltungen, Vorführungen, Reden und Festen feierlich begangen. Daneben gibt es noch eine Reihe von Gedenktagen, an denen aber nicht arbeitsfrei ist. So feiert man z.B. die Geburtstage der Mitglieder des dänischen Königshauses oder am 3. Juli den **"Hans-Egede-Tag"**, benannt nach dem Begründer der dänischen Kolonialherrschaft in Grönland im 18. Jh.

In Nordgrönland wird außerdem im Winter die **Wiederkehr der Sonne** nach der Polarnacht gefeiert. In Ilulissat etwa findet dieses Fest immer am 13. Januar statt: Dazu besteigt die Bevölkerung einen Berg in der Nähe der Stadt und begrüßt von dort oben die Sonne. In einigen nordgrönländischen Städten werden in der Osterzeit Hundeschlittenrennen veranstaltet.

Foto und Film

Wegen der starken Sonneneinstrahlung sollte man in Grönland beim Fotografieren in der Regel **UV- und Skylightfilter** sowie eine **Gegenlichtblende** verwenden.

Bei Aufnahmen im Tageslicht sollten die Filme nicht empfindlicher als 100 ASA sein. Beim Fotografieren von Eisbergen, Eislandschaften oder ähnlichem ist es außerdem empfehlenswert, stets etwas überzubelichten, damit diese Motive auf dem Foto später auch wirklich weiß erscheinen.

Im Winter ist wegen der extremen Kälte darauf zu achten, dass man immer Ersatzbatterien für die Kamera dabei hat und diese am besten an einem warmen Platz in der Hosentasche aufbewahrt.

Die gängigsten Filme sowie Batterien für Fotoapparate kann man in Grönland kaufen, in den größeren Städten in Elektronikgeschäften, ansonsten in Hotels oder bei einigen Touristeninformationen; allerdings sind sie meist wesentlich teurer als bei uns. In einigen Städten, z.B. in Nuuk oder Ilulissat, ist es auch möglich, Filme entwickeln zu lassen.

Fotografiert werden darf in Grönland eigentlich alles, nur Aufnahmen in Kirchen während des Gottesdienstes sind nicht gestattet.

Frauen unterwegs

Für Frauen ist Reisen in Grönland unproblematisch. Man hat normalerweise nicht mit Belästigungen durch Einheimische zu rechnen, die äußerst zurückhaltend sind - Ausnahme: manche Dorfkneipe spätabends, wenn die Gäste betrunken sind.

Geld

Es gibt keine eigene grönländische Währung, gültiges Zahlungsmittel ist die **dänische Krone**. Für Bargeld bestehen keine Ein- und Ausfuhrbeschränkungen.

Derzeit ist eine dänische Krone etwa 13 Eurocent wert, d.h. 1 Euro = 7, 44 dkr. Frei konvertierbare Währungen können bei allen **Banken** und **Postämtern** sowie in den meisten **Hotels** eingetauscht werden. Bei Banken und Postämtern beträgt die Wechselgebühr pauschal dkr 30, in den Hotels im Allgemeinen mehr.

Die Banken haben häufig **ec-Geldautomaten**, wo man mit der entsprechenden Karte Bargeld bekommt. Außerdem können dort Euro- und Reiseschecks eingelöst werden, auf Postämtern Postschecks.

Es gibt in fast allen Städten mindestens eine Bank und in jeder Siedlung ein Postamt. Die **Öffnungszeiten** sind nicht immer einheitlich, man kann aber auf jeden Fall montags bis freitags zwischen 10:00 und 15:00 damit rechnen, geöffnete Banken und Postämter vorzufinden.

Kreditkarten sind nicht unbedingt das günstigste Zahlungsmittel in Grönland: Sie werden im Allgemeinen nur in den größeren Städten, am Flughafen, bei Touristeninformationen sowie in Hotels akzeptiert.

Gesundheit

Spezielle Impfungen sind für eine Grönlandreise nicht erforderlich. Es gibt dort keine anderen Krankheiten als in Mitteleuropa.

Auch das Wasser aus Flüssen und Bächen ist in der Regel sauber und kann ohne weiteres getrunken werden.

Haustiere

Die Einfuhr von lebenden Tieren nach Grönland ist grundsätzlich verboten. Eine Ausnahme stellen lediglich Blindenhunde dar.

Information

In fast allen grönländischen Städten gibt es **Touristeninformationsbüros**, die im Sommer täglich geöffnet haben. Bei diesen Stellen erhält man Auskunft über Unterbringungs- und Erlebnismöglichkeiten in der betreffenden Stadt, außerdem werden in der Regel Wanderkarten, Literatur und Videos über Grönland sowie Souvenirs verkauft. Es ist dort auf jeden Fall möglich, sich auf Englisch zu verständigen, häufig wird auch Deutsch gesprochen.

Alle Touristenbüros bieten selbst ein mehr oder weniger umfangreiches **Ausflugs- und Unterhaltungsprogramm** an, das vom Stadtrundgang mit Führung, längeren Exkursionen wie Hundeschlittentouren oder Walsafaris bis zu Kulturveranstaltungen, z.B. sogenannten "Grönländischen Abenden" mit Chorgesang u.ä. reicht. Darüber hinaus erfüllen die Touristeninformationsbüros einige weitere wichtige **Servicefunktionen**:

Will man in einem Wandererheim oder in einer Heimvolkshochschule übernachten, kann man dies beim örtlichen Touristenbüro buchen, auch schon von zu Hause aus. In den meisten Fällen ist die Buchung zwar auch direkt bei dem betreffenden Wandererheim oder der betreffenden Schule möglich, allerdings ist es dort manchmal sehr schwierig, jemanden zu finden, der Englisch spricht. Einige Touristeninformationen sind darüber hinaus in der Lage, auch kurzfristig Unterkünfte, z.B. bei Privatpersonen, zu vermitteln.

Das Gleiche gilt bei **Transportproblemen**. Wer entlegenere Siedlungen besuchen möchte, die nicht oder nur selten von den offiziellen KNI-Schiffen angelaufen werden, sollte sich ans Touristenbüro wenden. Dort kann häufig ein Transport mit einem Ausflugs- oder Privatboot arrangiert werden. Diese Art der Fortbewegung ist zwar im Allgemeinen recht teuer, aber unter Umständen die einzig mögliche.

Die meisten Touristenbüros sind Ableger der staatlichen grönländischen Tourismusorganisation "Greenland Tourism". Es gibt an einigen Orten darüber hinaus noch privat betriebene Touristeninformationen, die aber eng mit den offiziellen zusammenarbeiten. "Greenland Tourism" verfügt zusätzlich zu den lokalen Büros und der Zentrale in Nuuk noch über ein Büro in Kopenhagen - eine sehr nützliche Adresse für Vorabinformationen für Grönlandreisende. Hier kann man telefonisch oder schriftlich Informationsmaterial, Prospekte, Fahrpläne u.ä. anfordern.

i Greenland Tourism - Marketing & Agent Service, P.O. Box 1139
Strandgade 91, 1010 København K, Denmark, ☏ 45 32 83 38 80
FAX 45 32 83 38 89, ✉ <info@greenland.com>,
💻 <http://www.greenland.com>

Eine Fülle von Grönland-Informationen bietet auch das Internet. Die meisten Kommunen, viele Touristenbüros und Hotels sind mit eigenen Homepages dort vertreten (Adressen siehe bei den jeweiligen Orten). Diese Sites sind meist in englischer Sprache. Für Informationen über Grönland, die über das touristisch Relevante hinaus gehen, sind Dänischkenntnisse allerdings von Vorteil.

Erste und oft hinreichende Adresse für Grönlandreisende, die sich im Internet informieren wollen, ist der sehr umfasssende Internetauftritt von Greenland Tourism unter 💻 <www.greenland.com> (englisch, ein Teil auch auf Deutsch). Hier findet man fast alles, und wenn es nicht selbst dort steht, dann bestimmt der passende Link.

Über die Homepage von Danmarks Meteorolgiske Institut kann man täglich grönländische Wetterdaten abfragen, allerdings auf Dänisch 💻 <www.dmi.dk>

Bücher über Grönland befinden sich im Online-Angebot der Verlagsbuchhandlung atuagkat in Nuuk, 💻 <www.atuagkat.gl>. Die meisten Bücher sind auf Dänisch/Grönländisch, aber es sind auch einige Bücher auf Englisch und sogar ein paar auf Deutsch dabei.

Wer in Grönland in abgeschiedene Gebiete reisen möchte und/oder sich für Natur(wissenschaft) interessiert, für den ist die Webseite des Dänischen Polarcenters eine nützliche Adresse: neben Allgemeinen Hinweisen über Einreisebedingungen u.ä., sind dort Forschungsprojekte aufgelistet und beschrieben, die derzeit in Grönland stattfinden, 💻 <www.dpc.dk>

🕮 Karten

Mittlerweile sind von Grönland eine ganze Reihe von Land- und Wanderkarten in unterschiedlichen Maßstäben herausgegeben worden:

- Amtliche **Übersichtskarte**, Maßstab 1:2,5.Mio,.
- Amtliche Karte über die **Küsten** (außer Nordküste), Maßstab 1:250.000.
- **Saga Maps**: Hauptsächlich über die West- und Südküste, Ostküste sporadisch, Maßstab 1:250.000 Diese Karten werden im Allgemeinen praktischen Anforderungen gut gerecht - Höhenlinien im Abstand von 50 m, Städte und Siedlungen, Ruinen und Sehenswürdigkeiten.
- Saga-Maps hat auch **historische Führer** über vier Regionen mit dem entsprechenden Kartenmaterial im Maßstab 1:250.000, herausgegeben: Einer dieser Führer informiert über Nuuk und die Normannenzeit, ein anderer über Ammassalik und traditionelle grönländische Kultur, einer über die Diskobucht mit Schwerpunkt Kolonialzeit, und schließlich gibt es einen Führer über die Region Sisimiut/Kangerlussuaq mit den Themen Walfang und amerikanische Präsenz in Søndre Strømfjord (Kangerlussuaq).
- Amtliche **Ortofotomaps** über die Nordküste, Maßstab 1:100.000.
- Historische Führer für ganz Grönland: World Aeronautical Chart (14 Blätter), Maßstab 1:1.000.000.
- **Wanderkarten** von Greenland Tourism, Maßstab 1:100.000. Die Höhenliniendistanz ist 25 m. Auf ihnen sind alle Wanderrouten, nach vier Schwierigkeitsstufen unterschieden, verzeichnet.

Man erhält Karten bei uns in geografischen Buchhandlungen, vor Ort in den Touristenbüros oder den Hotels oder man kann sie bestellen bei:

- Aree Greul, Am Goldsteinpark 28, 60529 Frankfurt/M, ☏ + FAX 069/6661817.

- Nordis Versand, Frohnkamp 18, 40789 Monheim, ☏ 02173/50095.
- Nordland-Versand, Postfach 5, 49585 Neuenkirchen, ☏ 0800-6673526.
- Bestelladresse für den Buchhandel: GeoCenter-ILH, Schockenriedstr. 44, 70565 Stuttgart, ☏ 0711/7819460, FAX 0711/78194655, <GeoCenterILH@t-online.de>
- Sehr gut sortiert für Nordeuropa ist auch die Geo-Buchhandlung in Kiel, ☏ 431/91002, FAX 0431/94249, <www.geobuchhandlung.de>

Klima

Grönland zeichnet sich klimatisch vor allem durch kurze Sommer, das fast völlige Fehlen der Zwischenjahreszeiten Frühjahr und Herbst sowie lange und, besonders in Nord- und Mittelgrönland, sehr kalte Winter aus.

Nördlich des Polarkreises ist im Sommer die **Mitternachtssonne** zu beobachten, im Winter herrscht dafür **Polarnacht**, d.h. die Sonne geht eine Zeitlang überhaupt nicht auf. Je weiter man nach Norden kommt, desto ausgeprägter sind diese Phänomene: So ist etwa in Qaanaaq, der nördlichsten Siedlung der Welt von Mitte April bis Ende August die Sonne 24 Stunden am Tag zu sehen, während es von Ende Oktober bis Mitte Februar durchgängig dunkel bleibt.

In der Diskobucht dagegen, der südlichsten Region, in der man die Mitternachtssonne sehen kann, ist es nur zwei Monate, von Ende Mai bis Ende Juli, 24 Stunden am Tag hell und "nur" etwa sechs Wochen, von Ende November bis Mitte Januar, gibt es gar keine Sonne.

Generell herrscht in Grönland **arktisches Klima**, d.h. die Durchschnittstemperatur des wärmsten Monats übersteigt 10° nicht und die Jahresdurchschnittstemperatur liegt um den Gefrierpunkt oder darunter. Dennoch empfindet man das Klima in Grönland im Allgemeinen als sehr angenehm. Dies liegt vor allem an der fast überall extrem niedrigen Luftfeuchtigkeit, die dazu führt, dass selbst niedrige Temperaturen subjektiv wesentlich wärmer wahrgenommen werden als vergleichbare Temperaturen in mitteleuropäischen Breiten.

Allerdings bestehen erhebliche **klimatische Unterschiede** innerhalb Grönlands, was bei einer Insel dieser Größe auch nicht verwunderlich ist. Im Norden und in der Diskobucht liegen die Temperaturen die meiste Zeit des Jahres deutlich unter denen Südgrönlands. Da der Süden klimatisch durch vergleichswei-

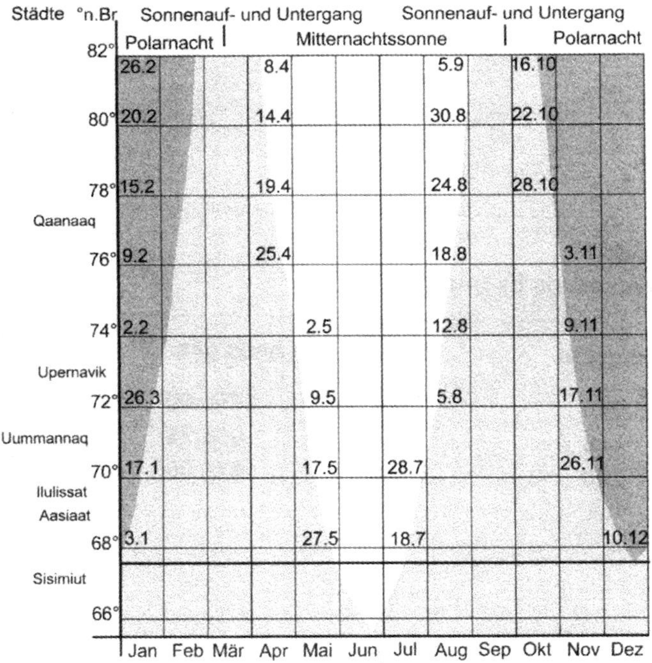

se milde Winter einerseits und relativ laue Sommer andererseits gekennzeichnet ist, sind diese regionalen Temperaturunterschiede innerhalb Grönlands vor allem im Winter zu spüren: Während z.B. die Durchschnittstemperatur im Januar in Uummannaq durchaus bei -20° und niedriger liegen kann, beträgt die Durchschnittstemperatur in Südgrönland im gleichen Monat im Allgemeinen nicht weniger als -10°. Im Sommer dagegen sind die Temperaturunterschiede deutlich geringer: Die Durchschnittstemperaturen liegen überall zwischen 5° und 10°. Im Juli, dem wärmsten Monat, ist es in der Diskobucht sogar wärmer als in Südgrönland. Beträchtliche Unterschiede zwischen Nord und Süd bestehen auch, was die **Niederschlagsmenge** angeht. Während im Norden sehr wenig Niederschlag fällt und die Luft sehr trocken ist, regnet es in Süd- und Mittelgrönland erheblich mehr.

Klimaunterschiede gibt es darüber hinaus auch zwischen Küstenregionen und den (wenigen) Orten, die relativ weit im Landesinneren liegen - dadurch, dass sie sich am Ende eines langen Fjordes befinden, wie z.B. Kangerlussuaq. Während an der Küste das Klima durch den See-Einfluss feuchter und vergleichsweise weniger durch extreme Temperaturschwankungen gekennzeichnet ist, ist es in der Nähe des Inlandeises sehr trocken mit warmen Sommern und eisigen Wintern. Nicht umsonst ist Kangerlussuaq gleichzeitig einer der wärmsten und (mit Ausnahme von Qaanaaq vielleicht) der kälteste Ort Grönlands: Im Sommer sind hier Temperaturen um 15° keine Seltenheit, durchschnittlich liegen sie im wärmsten Monat bei 10°. Hier wurde auch mit 25,5° im Juli 1990 die höchste Temperatur überhaupt in Grönland seit 1958 gemessen. Im Winter kann das Thermometer in Kangerlussuaq dagegen durchaus unter die -30°-Marke fallen.

Eine weitere klimatische Besonderheit in Grönland ist der **Wind**: An der Westküste ist der Föhn ein bekanntes Phänomen. Manchmal wird er durch linsenförmige Wolken am Himmel angekündigt. Er kann heftige Sturmstärken (mehr als 50 m/sec) erreichen und wird von schwül-warmen Temperaturen begleitet. Ein Föhnsturm dauert in der Regel nicht länger als 72 Stunden und ihm folgt häufig Regen. An der Ostküste stürmt von Zeit zu Zeit der Pateraq, ein kalter, katabatischer Wind, der vom Inlandeis kommt. Mit bisher maximal 72 m/sec erreicht er ebenfalls Sturmstärke und hat in Ammassalik schon einige Verwüstungen angerichtet. Detailliertere Informationen über das grönländische Klima sind bei folgenden Stellen zu erhalten:

- **Danmarks Meteorologiske Institut**, Lyngbyvej 100, DK-2100 Kopenhagen Ø, ☏ 45/391575 00, FAX 45/39271080.
- ♦ **Greenland Field Investigations**, PO Box 1044, DK-3900 Nuuk, ☏ 299/24466, FAX 299/24111.

Zu welcher Jahreszeit man am besten nach Grönland reisen sollte, hängt vor allem davon ab, was man dort vorhat. In erster Linie sind wohl als beste Reisezeit die **Sommermonate** Juni, Juli und August zu empfehlen: Allerdings hat eine Reise in der Hochsaison den Nachteil, dass Schiffe, Flugzeuge und Unterkünfte häufig ausgebucht sind. So muss man einerseits sehr frühzeitig planen und organisieren, andererseits ist es so gut wie niemals möglich, spontan seine Route zu ändern.

Wenn Sie beabsichtigen, **Hundeschlittenfahrten** zu machen, sollten Sie Ihren Grönlandaufenthalt auf die Zeit zwischen **März** und **Mai** legen. Diese Zeit ist in Grönland "Hundeschlittensaison". Lediglich auf der Insel Disko besteht auch im Sommer die Möglichkeit zu Hundeschlittentouren.

		Jan	Feb	März	April	Mai	Jun	Jul	Aug	Sep	Okt	Nov	Dez
Qaqortoq	max	-2,0	-1,3	-0,5	3,2	7,5	9,8	11,7	11,6	8,5	4,2	1,1	-1,2
	min	-9,0	-8,4	-7,9	-4,0	0,0	1,7	3,7	4,1	2,2	-1,4	-4,8	-7,7
Paamiut	max	-3,1	-2,6	-2,0	1,2	4,7	7,0	9,2	8,7	6,7	3,3	0,6	-1,9
	min	-10,0	-9,9	-9,4	-5,3	-0,9	1,3	3,1	3,0	1,1	-2,4	-5,9	-8,8
Nuuk	max	-4,4	-4,5	-4,8	-0,8	3,5	7,7	1,6	9,9	6,3	1,7	-1,0	-3,3
	min	-10,1	-10,6	-10,6	-6,1	-1,5	1,3	3,8	3,8	1,6	-2,5	-5,8	-8,7
Sisimiut	max	-8,9	-9,6	-9,6	-3,0	3,5	7,6	10,5	9,8	6,3	1,0	-2,9	-6,5
	min	-16,2	-17,5	-17,6	-10,6	-3,0	1,0	3,6	3,5	1,0	-4,1	-8,6	-13,2
Kangerlussuaq	max	-14,7	-15,5	-11,2	-2,5	7,9	14,0	16,5	14,2	7,9	-1,5	-7,5	-12,1
	min	-24,4	-25,6	-22,1	-12,9	-1,7	3,9	5,7	2,0	-0,5	-9,4	-16,3	-21,8
Aasiaat	max	-9,9	-11,8	-12,2	-5,8	1,1	5,6	8,9	8,1	4,6	-0,1	-3,6	-6,9
	min	-16,7	-19,1	-19,6	-13,0	-4,3	0,4	3,3	3,2	0,7	-4,1	-8,6	-12,7
Ilulissat	max	-10,0	-11,1	-11,2	-4,4	3,1	8,2	11,2	10,0	5,3	-1,0	-5,1	-8,1
	min	-16,8	-18,5	-19,0	12,2	-3,0	2,2	4,9	3,9	-0,3	6,4	-10,8	-14,5
Upernavik	max	-14,5	-16,6	-16,4	-9,5	-0,9	4,3	8,2	7,7	3,0	-2,3	-6,6	-11,5
	min	-20,1	-22,6	-23,1	-16,2	-6,1	-0,5	2,8	2,9	-0,8	-5,7	-10,6	-16,1
Pituffik	max	-19,0	-20,6	-20,1	-12,8	-2,6	4,2	7,4	6,2	0,6	-6,7	-12,9	-17,8
	min	-27,0	-28,4	-27,8	-21,0	-8,6	-0,7	2,1	1,6	-4,0	-12,8	-20,1	-25,0
Tasiliilaq	max	-3,9	-3,9	-3,9	0,4	4,6	8,2	10,9	10,3	6,6	2,0	-1,7	-3,8
	min	-11,1	-11,5	-11,9	-7,5	-2,3	1,0	2,8	2,8	0,4	-3,3	-7,8	-10,8
Ittoqortoormiit	max	-12,0	-12,7	-12,2	-7,1	-0,4	3,7	6,5	6,5	2,0	-3,9	-9,2	-11,0
	min	-20,5	-21,7	-21,0	-15,6	-6,7	-1,1	0,8	1,0	-2,4	-8,6	-15,3	-18,5

Durchschnittliche Tageshöchst- und Niedrigsttemperaturen (1991-1990). Quelle: Danmarks Meteorologiske Institut
Da es sich um Durchschnittswerte handelt, sind Abweichungen in beide Richtungen möglich.

Heilbäder

Kur- und Heilbäder im eigentlichen Sinne gibt es nicht, aber immerhin in Südgrönland eine **warme Quelle** mit einer Temperatur von 40°, wo man baden kann und die angeblich auch heilende Kräfte besitzen soll. Die Quelle befindet sich auf der Insel Uunartoq, die der grönländischen Südküste bei Alluitsup Paa vorgelagert ist. Man gelangt am besten von Qaqortoq oder Nanortalik aus dorthin, die dortigen Fremdenverkehrsbüros veranstalten im Sommer Bootsausflüge zu dieser Quelle.

Medien

Die grönländische Medienlandschaft ist alles andere als vielfältig und in weiten Teilen auch nur dem zugänglich, der eine der beiden Landessprachen Dänisch und Grönländisch beherrscht.

Englisch- geschweige denn deutschsprachige **Zeitungen** zu bekommen, ist so gut wie unmöglich - allenfalls im Flugzeug darf man auf ein Exemplar von "Time" oder "Newsweek" hoffen.

Es gibt zwei grönländische Zeitungen, "Atuagagdliutit/Grönlandsposten" (AG) und "Sermitsiak", beide sind zweisprachig (dänisch/grönländisch). Die AG erscheint zweimal wöchentlich und ist mit ihren über 130 Jahren ein sehr traditionsreiches Blatt. Wer hofft, darin etwas von der Welt außerhalb Grönlands zu erfahren, wird allerdings enttäuscht. Die Zeitung beschäftigt sich lediglich mit innergrönländischen Angelegenheiten und tut dies auf eine ziemlich brave und biedere Art. Auch bei der wöchentlich erscheinenden "Sermitsiak" sucht man vergebens nach Nachrichten aus der übrigen Welt.

Ein eigenes grönländisches **Fernsehen** gibt es im Grunde nicht. Zwar ist der staatliche Sender KNR (Kallaallit Nunaata Radioa) auch Fernsehsender, das Programm entspricht aber bis auf ein paar grönländische "Fenster" am Tag dem ersten dänischen Fernsehprogramm. Dies ist auch das einzige Programm, das über Antenne zu sehen ist. Größer wird die Programmvielfalt, wenn man über Satellit empfangen kann. In einigen Hotels besteht diese Möglichkeit. Dann hat man eine ganze Reihe von ausländischen Programmen zur Auswahl, vorwiegend amerikanische.

Ebenfalls zweisprachig (dänisch/grönländisch) sendet die einzige überregionale **Radiostation**, der staatliche Sender KNR. Das Programm zeichnet sich vor allem dadurch aus, dass viel gesprochen und wenig Musik gespielt wird - also kaum zu genießen für den, der weder Dänisch noch Grönländisch spricht.

Medizinische Versorgung

Grönland verfügt über ein recht gut ausgebautes Gesundheitswesen. In allen Städten gibt es ein **Krankenhaus** und in den größeren Siedlungen immerhin eine **Station** mit einer **Krankenschwester**.

In den kleineren Siedlungen kann im Notfall medizinische Hilfe per Helikopter angefordert werden. Hubschrauber werden auch eingesetzt, um Patienten, die vor Ort nicht behandelt werden können, ins nächste Krankenhaus zu bringen.

Die medizinische Versorgung ist in Grönland grundsätzlich **kostenlos**, auch für Touristen. Dennoch ist es sinnvoll, eine Auslandskrankenversicherung abzuschließen, da man für bestimmte Dinge wie z.B. den Einsatz eines Rettungsteams unter Umständen bezahlen muss (☞ Versicherungen).

Apotheken gibt es nicht. Rezeptfreie Medikamente wie Kopfschmerztabletten o.ä. werden in den KNI-Supermärkten verkauft, in der Regel an einem besonderen Schalter, wo auch Spirituosen und Tabakwaren zu erhalten sind.

Ansonsten bekommt man Medikamente in den Krankenhäusern bzw. Schwesternstationen. Wer regelmäßig Medikamente einnehmen muss, sollte allerdings darauf achten, eine ausreichende Menge davon nach Grönland mitzunehmen, da spezielle Produkte nicht immer beschafft werden können.

Missweisung

Aufgrund der nördlichen Lage des Landes wirkt sich die Differenz zwischen magnetischem und geografischem Nordpol sehr stark aus. Auf grönländischen Karten kann man deshalb immer zwei Gitternetze sehen. Das eine zeigt die Längen- und Breitengrade in ihrer Ausrichtung auf den geografischen Pol an und das zweite schrägliegende den magnetischen Verlauf zu einem bestimmten Zeitpunkt.

Da der magnetische Pol derzeit jedes Jahr ca. 10 km nordwestlich wandert, werden wenigstens alle fünf Jahre umfassende neue Messungen vorgenommen. Wer längere Touren nach Kompass unternehmen will, sollte sich, sofern das benutzte Kartenmaterial älteren Datums ist und keine aktuellen Daten zum Grad der Abweichung ausweist, nach dem derzeitigen Stand erkundigen.

⌘ Museen und Ausstellungen

Die Museen, in vielen Städten Grönlands gibt es zumindest ein kleines Heimatmuseum, sind von ihrer Qualität her sehr unterschiedlich: Einige erscheinen lediglich als willkürlich mit mehr oder weniger alten Gegenständen vollgestopfte Räume, andere dagegen sind konzeptionell besser gestaltet und geben einen guten und interessanten Einblick in das Leben Grönlands vergangener Tage. Ganz ausgezeichnet ist z.B. das Museum in Nanortalik, das sehr umfangreich und anschaulich über die Geschichte der Region berichtet.

Lohnenswert ist auf jeden Fall ein Besuch im grönländischen **Nationalmuseum** in Nuuk: Hier sind neben einer kulturhistorisch hochinteressanten Ausstellung über die Entwicklungsgeschichte Grönlands seit der Zeit der ersten Besiedlung vor etwa 4.000 Jahren u.a. auch die weltberühmten Mumien von Qilakitsoq bei Uummannaq zu sehen. Die über 500 Jahre alten Leichen von acht Grönländern, vom Säugling bis zur Fünfzigjährigen, lagen jahrhundertelang in einer offenen Grotte begraben und sind durch günstige klimatische Umstände außerordentlich gut erhalten.

Einen gewissen Nachteil haben Besucher von Museen, wenn sie weder Dänisch noch Grönländisch verstehen, da die Texte zu den Ausstellungsstücken häufig nur in diesen beiden Sprachen verfasst sind. Manchmal besteht allerdings die Möglichkeit, die englischen oder deutschen Übersetzungen in Form einer Broschüre auszuleihen, so dass dieser Nachteil nicht ins Gewicht fällt.

Nicht alle Museen haben ganzjährig geöffnet, aber auf jeden Fall in den Sommermonaten täglich oder doch zumindest fast täglich. (Einzelheiten zu den jeweiligen Öffnungszeiten ☞ entsprechende Rubrik bei den Orten). Der Besuch von Museen ist häufig kostenlos; wenn überhaupt Eintritt verlangt wird, dann nur ein geringer Betrag.

Kunstausstellungen sind in Grönland relativ rar. Einige Museen bieten von Zeit zu Zeit Sonderausstellungen grönländischer Künstler, auch das Nationalmuseum in Nuuk zeigt grönländische Kunst.

Seit 1997 das grönländische Kulturzentrum "Katuaq" in Nuuk eröffnet wurde sind auch dort regelmäßig Kunstausstellungen zu sehen.

✆ Notrufe

Eine landesweit einheitliche Notfallnummer hat weder die Polizei noch der Notdienst der Krankenhäuser. Die Polizei ist jedoch immer unter der dreistelligen Kennnummer des Ortsnetzes plus 222 zu erreichen und das Krankenhaus unter 211. Da alle grönländischen Städte sehr klein sind, ist es nie weit bis zum nächsten Krankenhaus. In den größeren Siedlungen gibt es zumeist eine Krankenschwester, die eine erste Versorgung vornehmen und alles weitere einleiten kann.

Papiere

Außer den Reisedokumenten (Pass oder Personalausweis) - ein Visum wird gemeinhin nicht benötigt - kann man alle anderen Papiere getrost zu Hause lassen. Da keine grönländische Stadt mit einer anderen durch eine Straße verbunden ist, gibt es für den Führerschein wenig Verwendung. Auf Studenten- und Jugendherbergsausweise (auch internationale) gibt es keinerlei Ermäßigungen.

Post und Telekommunikation ✆

- ▷ Jede grönländische Stadt hat ein Post- und Fernmeldeamt. In den kleinen Siedlungen ist es meistens möglich, vom lokalen KNI-Markt aus zu telefonieren. Dort sind meist Supermarkt, Postschalter und Ticketverkauf für die Schiffe im selben Gebäude untergebracht.
- ▷ In den Städten sind die Postämter werktags von 9:00 bis 16:00 geöffnet.
- ▷ Münzfernsprecher lassen sich auch in den meisten Supermärkten finden. Sie können mit 1-, 5- und 10-Kronenstücken benutzt werden. Ein

Ortsgespräch kostet mindestens 2 und ein Ferngespräch mindestens 10 Kronen (in Hotels und Seemannsheimen mehr). Zimmertelefon gehört in allen Hotels und in den Seemannsheimen zum Standard.

▷ Die Vorwahl von Grönland nach Deutschland ist 0049, nach Österreich 0043, in die Schweiz 0041 und von D, A und CH nach Grönland 00299.

Preise

Grönland ist ein **extrem teures** Land. Außer dem, was sich aus dem Meer fischen oder fangen lässt, müssen alle Produkte und Materialien mit dem Schiff transportiert werden - in arktischen Gewässern eine extra kostspielige Angelegenheit.

Durchschnittlich liegen die grönländischen Preise 30% über den bereits recht hohen dänischen Preisen. Im Bereich Lebensmittel, Getränke und Tabak sind es sogar um die 50%. Hier schlagen sich jedoch auch die enormen Preise für Alkohol und Tabak in der Statistik nieder.

Einige Preisbeispiele

ein frisches Brötchen	dkr 5
ein Liter Orangensaft	dkr 15
eine Salatgurke	dkr 20
eine Flasche Bier (Leichtbier 3,6%) im Supermarkt	dkr 15
... im Restaurant oder in der Bar	dkr 40
eine Schachtel Zigaretten	bis zu dkr 60

Da die Preise für Unterkunft und Transport ebenfalls sehr hoch sind (☞ entsprechende Kapitel), ist ein Grönlandaufenthalt, zumindest für Hoteltouristen, eine kostspielige Sache. Ein 14-tägiger Aufenthalt dürfte, zumindest wenn man nicht nur an einem Ort bleiben und an der einen oder anderen Exkursion teilnehmen will, kaum mit weniger als 2.500 Euro zu bestreiten sein.

Ein 14-tägiger Wanderaufenthalt mit Übernachtung im Zelt und Selbstverpflegung ist dagegen schon für die Hälfte möglich. Diese Einschätzung basiert allerdings auf der Voraussetzung, dass man einen "günstigen" Flug über einen Reiseveranstalter buchen konnte.

Reiseveranstalter

Es gibt immer mehr Spezialreiseveranstalter, die Grönlandreisen im Programm haben:

- Inter Air Voss Reisen, Triftstr. 28-30, 60528 Frankfurt, ☎ 069/967670, FAX 069/96767100.
- Kodiak Reisen, Frankstr. 1, 58135 Hagen, ☎ 02331/904810, FAX 02331/904811.
- Nordwind Reisen, Maximilianstr. 17, 87700 Memmingen, ☎ 08331/87073, FAX 08331/47624.
- Kontiki-Saga Reisen, Wettingerstr. 23, CH - 5400 Baden, ☎ 056/2036688, FAX 056/2036640.
- terra polaris - Fachagentur Andreas Umbreit für Polarreisen, Am Boxberg 140, 99880 Leina, ☎ 03622/901633, FAX 901634.
- Wikinger Reisen, Kölner Str. 20, 58135 Hagen, ☎ 03221/904750, FAX 02331/904740.

Sicherheit

Grönlands Kriminalstatistik kann sich bei Gewaltverbrechen mit der amerikanischer Großstädte messen. Dennoch ist Grönland ein sicheres Reiseland, da Gewaltkriminalität sich fast immer innerhalb der Familie oder im Bekanntenkreis abspielt, meist in Zusammenhang mit übermäßigem Alkoholkonsum.

Auch um seine Wertsachen muss man sich weniger Sorgen machen als anderswo. Taschendiebstahl oder Raub sind eher selten. Trotzdem sollte man natürlich auch in Grönland nicht leichtsinnig sein: Wertgegenstände wie Fotoausrüstung oder Geld einfach unbewacht im Zelt zurückzulassen ist eine Einladung für Diebe!

Souvenirs

In jeder Touristeninformation, jedem Hotel und auch in vielen Supermärkten kann man Produkte grönländischer Handwerkskunst erwerben.

Am verbreitetsten sind hierbei **Menschen- und Tierfiguren** aus landestypischen Materialien wie Narwalzahn, Rentiergeweih oder Speckstein sowie besonders die **Tupilaks**, die ursprünglich nur in Ostgrönland hergestellt wurden. Dabei handelt es sich um kleine, detailliert ausgestaltete Figuren, die, halb Mensch halb Tier, wie Dämonen oder Monster aussehen. Ihnen wurde magische unheilvolle Wirkung auf andere nachgesagt und sie konnten, wenn sie mit einem Zauber belegt wurden, auch dabei helfen, eine unliebsame Person ins Jenseits zu befördern. Heute stellen sie vor allem einen Exportartikel dar.

Seitdem Walzähne durch die Washingtoner Konvention zum Schutz bedrohter Tiere nicht mehr aus Grönland ex-, besonders aber in andere Länder nicht mehr importiert werden dürfen, gibt es immer weniger Figuren aus diesem Material. Die meisten sind heute aus Rentiergeweih gefertigt.

Neben den Figuren kann man auch kleine **Modelle** von **Kajaks** oder dem **"umiak"**, dem Frauenboot, erwerben. Verschiedene Mineralien und geschliffene oder ungeschliffene grönländische **Halbedelsteine** sind in den etwas größeren Geschäften zu haben.

Ein weiteres beliebtes Souvenir sind **Produkte aus Robbenfell**. Vom Schlüsselanhänger über die Schultasche bis zum großen Mantel oder den **Kamikken**, den traditionellen grönländischen Stiefeln, kann man alles, was sich aus Fell nähen lässt, kaufen. Die Preise für größere Stücke sind, da alles in reiner Handarbeit gefertigt worden ist, gesalzen, doch im Vergleich zu dem, was so etwas zu Hause kosten würde, wiederum sehr niedrig.

Sport und Hobby

Angeln

Grönland ist ein ideales Land für Sportangler. In ganz Grönland gibt es die Möglichkeit, sowohl in den Seen, Bächen und Flüssen im Inland als auch im Meer zu angeln.

Der verbreitetste Süßwasserfisch ist die **Bergforelle**. Von ihr gibt es zwei Arten in Grönland. Die "Stand-Bergforelle", die nur im Süßwasser lebt, und die "Meeresbergforelle", die im Sommer für zwei, drei Monate ins Meer zieht.

Während der Wanderungszeiten im Frühjahr und Herbst ist sie in fast allen Flüssen und Bächen zu sehen und ein begehrtes und sicheres Fangobjekt. In den Sommermonaten, während sie sich im Meer aufhält, ist sie am besten in 10 bis 15 km Entfernung von der Mündung eines Forellengewässers zu fangen. Da die Forelle von den örtlichen Fischern auch mit Netzen gefangen wird, nimmt ihr Bestand mit der Entfernung vom nächsten Ort zu.

Die wichtigsten Salzwasserfische sind der **Dorsch**, der **Heilbutt**, der **Seewolf** und der **Rotbarsch**. Das Hochseeangeln in Grönland wird bisher kaum organisiert betrieben. Generell müssen Boote selbst gechartert werden. Die örtlichen Touristenbüros sind dabei behilflich. Sie helfen den Ortsunkundigen auch bei der Suche nach geeigneten Plätzen.

Jede Person, die über 18 Jahre alt ist und in grönländischen Gewässern angeln möchte, braucht dazu eine Genehmigung. Sie ist in den Touristenbüros, in manchen Hotels und bei der Polizei zu bekommen.

▷ Angelschein der Klasse A

Er kostet dkr 200 und berechtigt zum Angeln mit Rute oder Schnur. Geräte der Massenfischerei (Reuse, Stellnetz, Netz) sind nicht erlaubt. Die Gültigskeitsdauer des A-Scheins beträgt einen Monat.

▷ Angelschein der Klasse B

Er berechtigt den Inhaber für einen Monat zum Angeln. Die generellen Bedingungen sind die gleichen wie beim A-Schein. Preis: dkr 500, Tageskarte: dkr 75, Wochenkarte: dkr 200.

Jagd

Grundsätzlich ist das Jagen in Grönland auch für Besucher möglich. Die Genehmigung dafür gibt es bei Greenland Tourism oder der örtlichen Polizei. Es gibt drei Kategorien von Jagdscheinen:

▷ Jagd- und Angelschein C

Gestattet das Angeln unter den Bedingungen von Angelschein A. Erlaubt ist zusätzlich die Jagd auf Hasen, Füchse, Ringelrobben, Sattelrobben, Klappmützen und Vögel. Das Einsammeln von Eiern ist streng verboten. Gültigkeitsdauer: Drei Monate.

▷ **Jagd- und Angelschein D**

Erlaubt Angeln und Jagen wie unter A und C beschrieben und gestattet zusätzlich die Jagd auf ein Rentier. Dabei darf es sich um keinen erwachsenen Bock handeln. Drei Monate gültig.

▷ **Jagd- und Angelschein E**

Erlaubt Angeln und Jagen wie unter A und C. Mit dem Jagd- und Angelschein E darf man zusätzlich einen erwachsenen Rentierbock jagen.

Generell dürfen keine voll- und halbautomatischen Schusswaffen verwendet werden. Ebenfalls verboten ist es, vom Flugzeug aus zu jagen oder Kraftfahrzeuge aller Art (inklusive Schneescooter) zu benutzen. Die Jagd auf Moschusochsen und Eisbären ist nicht möglich.

Hundeschlittenfahrten

Eine Hundeschlittenfahrt über einen vereisten Fjord, entlang der Küste oder ins Landesinnere gehört für die meisten Besucher zu **den** Erlebnissen einer Grönlandreise überhaupt.

In allen Städten nördlich des Polarkreises (und nur dort) ist es im Frühjahr möglich, Ausflüge mit dem Hundeschlitten zu unternehmen. Die Wintermonate eignen sich weniger dazu, da es in dieser Zeit kaum hell wird und die Temperaturen extrem niedrig sind.

Vom vier- bis fünfstündigen Ausflug bis zur mehrtägigen Exkursion bieten die Touristeninformationen alle möglichen Unternehmungen an. Ein billiges Vergnügen ist so eine Fahrt allerdings nicht. Eine achtstündige Schlittenfahrt ist im günstigsten Fall ab dkr 800 zu bekommen. Informationen bei den Touristenbüros.

📖 Mushing - Hundeschlittenfahren, Basiswissen für draußen, OutdoorHandbuch Bd 35, M. Wlecke, Conrad Stein Verlag. ISBN 3-89392-135-4, € 7,80.

Kajak- und Kanufahren

In den Fjord- und Schärenlandschaften Grönlands gibt es, vor allem bei Aasiaat, ideale Bedingungen zum Kajak- und Kanufahren. Ein echtes grönländisches Kajak ist auf den Körper des Fahrers zugeschnitten und damit auch nur von ihm benutzbar. Touristen müssen also auf das Vergnügen, ein "Original-Kajak" aus Seehundhaut und Holz zu fahren, verzichten. Statt dessen stehen aber an immer mehr Orten moderne Kanus aus Kunststoff zur Verfügung. In Ammassalik, Nanortalik,

Qaqortoq und Aasiaat gibt es schon seit längerem die Möglichkeit, Kajaks auszuleihen. In Kangaatsiaq, Nuuk, Kangerlussuaq und den Orten der Diskobucht ist auch geplant, demnächst Boote zu verleihen. Informationen geben die jeweiligen Touristenbüros (☞ entsprechende Rubrik der jeweiligen Orte).

Obwohl die See in den Fjorden sehr ruhig ist und die rauheren Wellen nur die äußeren Schären erreichen, benötigt man für längere Touren viel Erfahrung. Das Wetter schlägt sehr schnell um. Starke Winde (z.B. Föhnsturm) können eine Gefahr für das unstabile Fahrzeug darstellen. Auch auf plötzlich auftretenden starken Nebel sollte man gefasst sein. Der sichere Umgang mit Karte, Kompass und ggf. dem elektronischen Navigationssystem GPS ist in diesen Situationen wichtig.

In einigen Regionen Südgrönlands ist man unter Umständen mit **Packeis** konfrontiert und in einigen Fjorden kalben Gletscher. Von **Eisbergen** sollte man sich grundsätzlich fernhalten, da dort immer die Gefahr besteht, dass sie kippen.

Da die Felsküste manchmal sehr steil ins Wasser abfällt, ist es nicht überall möglich, an Land zu gehen. Eine gute Adresse zum Anlegen auf Kajaktouren sind die alten **Wikingersiedlungen**, da sie grundsätzlich nur an leicht zugänglichen Gewässern gebaut wurden. Bei Übernachtungen ist zu beachten, dass man direkt auf dem Gebiet von Ruinen nicht zelten darf.

Es empfiehlt sich, egal ob bei Tagesausflügen oder bei langen Touren, die Touristeninformation, bei der man auch die Kajaks leiht, von seinem Vorhaben zu informieren und um Rat zu fragen.

Skilaufen

Im Winter gibt es in ganz Grönland die Möglichkeit, Ski zu laufen, da überall genug Schnee liegt. Im Norden ist es zu dieser Zeit aber noch sehr dunkel und zum Skifahren zu kalt. Hier beginnt die Saison deshalb erst im März und endet im Mai.

Grönland bietet landesweit ideale Bedingungen für den **Skilanglauf**. Die meisten nord- und mittelgrönländischen Orte haben Skiclubs, die Loipen ziehen und Strecken für Freistilläufer präparieren. Informationen bei den jeweiligen Touristenbüros (Adressen ☞ entsprechende Rubrik).

Auch für **alpines Skifahren** gibt es in Grönland zahlreiche Möglichkeiten. Dem Vergleich mit Skigebieten in den Alpen können diese Anlagen aber kaum standhalten. Die größte befindet sich in Nuuk. In Sisimiut, Qasigiannguit, Maniitsoq, Aasiaat, Narsaq und Ammassalik gibt es ebenfalls Lifte.

Sommerski ist im Apussuit Skicenter, in der Nähe von Maniitsoq möglich. 150 km^2 Gletscher bieten gute natürliche Voraussetzungen. Man muss allerdings einräumen, dass Service und Einrichtungen nicht internationalem Standard entsprechen. Weitere Möglichkeiten für Sommerski gibt es im Kobbefjord Ski- und Freizeitcenter (bei Nuuk) und in der Nähe von Qeqertarsuaq auf der Insel Disko.

Andere Freizeitmöglichkeiten

Ein echtes Freizeit- und Sportangebot, wie man es aus anderen Urlaubsländern kennt, gibt es nur in Kangerlussuaq. Dies erklärt sich einerseits dadurch, dass die US-Army, die den Stützpunkt 1992 aufgab, einige Einrichtungen hinterließ, und andererseits durch die Notwendigkeit, den Fluggästen, die wegen der manchmal schlechten Wetterbedingungen festsitzen, Unterhaltung zu bieten.

In Kangerlussuaq gibt es den nördlichsten Golfplatz der Welt (18 Loch), einen Ruderclub, einen Taucherclub, einen Schützenverein, ein Schwimmbad, eine Sauna, ein Solarium, einen Gymnastiksaal und eine Bowlinghalle. Informationen und Ausrüstung gibt es bei der Touristeninformation.

Transport

Keine grönländische Stadt ist mit einer anderen durch eine Straße verbunden. Deshalb ist der innergrönländische Verkehr auf Schiffe, Flugzeuge und Hubschrauber angewiesen.

Die Schiffe der staatlichen Arctic Umiaq Line verkehren an der grönländischen Westküste zwischen **Upernavik** und **Nanortalik**. Im Sommer sind drei große Schiffe im überregionalen Verkehr im Einsatz, die die Routen **Upernavik-Nuuk** und **Ilulissat-Qaqortoq** befahren. Innerhalb Südgrönlands und der Diskobucht verkehren zusätzlich Distriktschiffe.

Im **Winter** ist auf den großen Strecken nur ein Schiff im Einsatz. Es verkehrt zwischen **Sisimiut**, dem nördlichsten eisfreien Hafen, und **Nanortalik** ganz im Süden. Eine **Reservierung** lange im voraus ist **dringend** zu empfehlen, da die Schiffe oft ausgebucht sind.

Es ist zwar manchmal auch möglich, kurzfristig einen Platz bekommen (wenn die Kontingente der großen Reiseveranstalter nicht ausgefüllt werden), man sollte

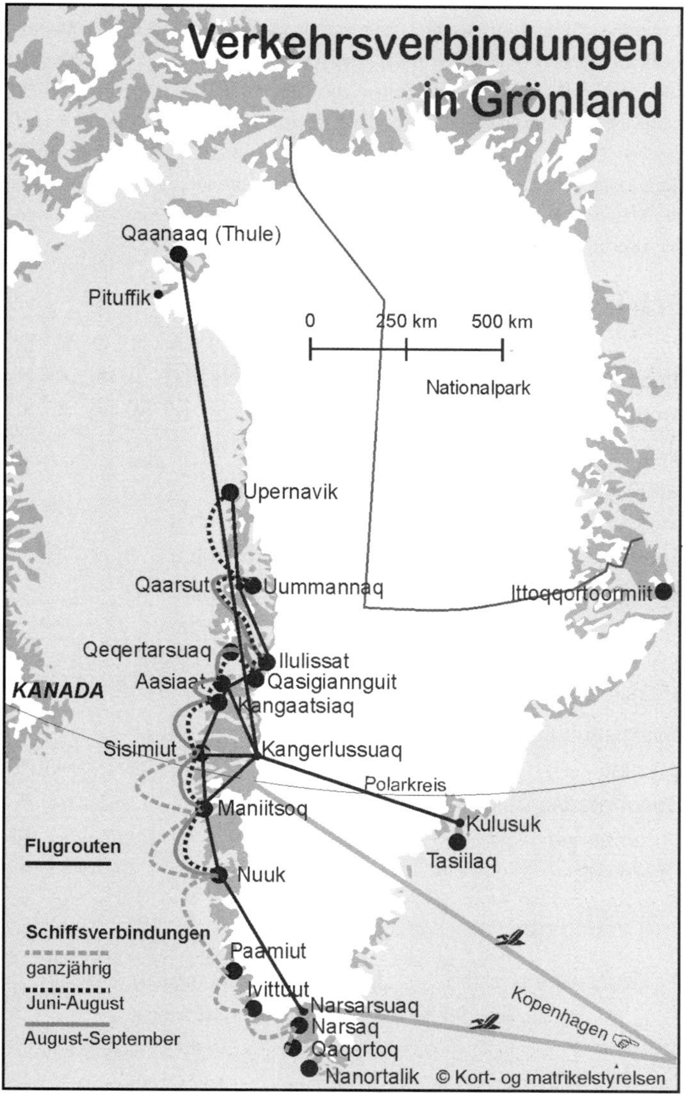
Verkehrsverbindungen in Grönland
Qaanaaq (Thule)
Pituffik
0
250 km
500 km
Nationalpark
Upernavik
Qaarsut
Uummannaq
Ittoqqortoormiit
Qeqertarsuaq
Ilulissat
Aasiaat
Qasigiannguit
KANADA
Kangaatsiaq
Sisimiut
Kangerlussuaq
Polarkreis
Maniitsoq
Kulusuk
Tasiilaq
Flugrouten
Nuuk
Schiffsverbindungen
ganzjährig
Paamiut
Juni-August
Ivittuut
Narsarsuaq
Kopenhagen
August-September
Narsaq
Qaqortoq
Nanortalik
© Kort- og matrikelstyrelsen

darauf jedoch nicht spekulieren. Wenn man in einem Ort hängenbleibt, kann es unter Umständen lange dauern, bis man wieder wegkommt, da die Flugzeuge oder Hubschrauber in diesen Zeiten ebenfalls oft ausgebucht sind. Aktuelle Fahrplaninformationen sind bei Greenland Tourism in Kopenhagen und oft bei heimischen Reiseveranstaltern zu bekommen. Reservierungen können bei der Arctic Umiaq Line gemacht werden. Wenn man kein Dänisch kann, sollte sich entweder an die dänische Dependance von "Grønlands Rejsebureau" in Kopenhagen wenden oder über einen nationalen Veranstalter buchen.

Schiffsverkehr und Eissituation

	J	F	M	A	M	J	J	A	S	O	N	D
Ittoqqortoormiit	✗	✗	✗	✗	✗	✗	☑	☑	/	✗	✗	✗
Ammassalik	✗	✗	✗	✗	✗	/	☑	☑	☑	☑	✗	✗
Nanortalik			☑	☑	☑	☑	☑					
Qaqortoq			☑	☑	☑	☑	☑					
Ivituut	ganzjährig erreichbar											
Paamiut	ganzjährig erreichbar											
Nuuk	ganzjährig erreichbar											
Maniitsoq	ganzjährig erreichbar											
Sisimiut		✓	✓									
Aasiat	✗	✗	✗	/								✗
Qasigiannguit	✗	✗	✗	/								✗
Ilulissat	✗	✗	✗	/								✗
Qeqertarsuaq	✗	✗	✗	/								✗
Uummannaq	✗	✗	✗	✗	✗							✗
Upernavik	✗	✗	✗	✗								✗
Qaanaaq	✗	✗	✗	✗	✗	✓	✓	✓		✗	✗	✗

✗ = nicht befahrbar ☑ = besonders verstärke Eisschiffe

✓ = eistaugliche Schiffe / = bis/ab Mitte Monat

In den Monaten ohne Markierung sind die Orte mit jedem Schiff erreichbar.

Alle Städte Grönlands und einige Siedlungen werden von **Grønlandsfly** angeflogen. Flughäfen, die von den viermotorigen Dash-7-Maschinen angeflogen werden können, befinden sich in Nuuk, Ilulissat, Aasiaat, Maniitsoq, Uummannaq, Upernavik und Sisimiut. Dazu kommen die internationalen Flughäfen Kangerlussuaq, Narsarsuaq, Kulusuk und Nerlerit Inaat.

Alle anderen Orte können nur mit Hubschraubern angeflogen werden. In der Sisko Bucht hat seit kurzem die private Fluggesellschaft Air Alpha den Helikopterverkehr übernommen.

Wegen des wechselhaften Wetters kommt es immer wieder zu Verspätungen und Flugabsagen. Sollte man davon betroffen sein, übernimmt Grønlandsfly die entstehenden Kosten für Übernachtungen am Ort. Dies gilt jedoch nur, wenn man eine Reservierung hat. Buchungen nehmen die meisten Reiseveranstalter entgegen.

Trinkgeld

Trinkgeld zu geben ist in grönländischen Restaurants und Cafés grundsätzlich nicht üblich. Wenn man dennoch einen besonderen Service damit honorieren möchte, wird die Geste aber durchaus verstanden.

Unterhaltung und Nachtleben

Ein abendliches Unterhaltungsangebot gibt es selbst in den größeren Orten nur in sehr begrenztem Umfang. Die **Hotels** bieten gelegentlich **Konzerte** und **Tanzabende** an. Regelmäßige Veranstaltungen gibt es nur in Nuuk, etwa die einmal wöchentlich geöffnete **Diskothek** im Hotel "Hans Egede". In Nuuk gibt es auch das einzige **Kino** des Landes.

Die Touristeninformationen veranstalten gelegentlich **"Grönländische Abende"**, bei denen beispielsweise der örtliche Chor auftritt, grönländische Küche serviert wird und die traditionellen Trachten präsentiert werden.

Das weitgehende Fehlen eines Nachtlebens fällt in der Hauptreisezeit, im Sommer, allerdings kaum auf, da es in vielen Städten dann ja auch gar keine Nacht gibt. Man kann alle denkbaren Urlaubsaktivitäten zu jeder Zeit durchführen.

Unterkunft

Die Unterbringungsmöglichkeiten in Grönland sind in Anbetracht der relativ kurzen Reisesaison und der Größe der Ortschaften erstaunlich vielfältig, allerdings auch äußerst kostspielig, da viele der Einrichtungen vor allem von den Gästen im Sommer leben (Ausnahme: die kostenlosen Zeltplätze). Außer für die Zeltplätze ist eine frühzeitige Reservierung sehr zu empfehlen. Hinweise auf die Übernachtungsmöglichkeiten in den einzelnen Orten und Adressen sind unter der entsprechenden Rubrik der Ortsbeschreibungen zu finden.

Hotels

In fast jeder grönländischen Stadt gibt es ein Hotel. Der Standard dieser Häuser entspricht im Normalfall dem sogenannter "Mittelklassehotels". Dazu gehören auch Telefon, Radio- und Fernsehgerät auf dem Zimmer. Der Preis für ein Doppelzimmer liegt bei ca. dkr 1.250 pro Nacht (zwei Personen im DZ mit Bad). Ein entsprechendes Einzelzimmer kostet ab ca. dkr 900.

Bei allen Übernachtungen ist ein Frühstücksbuffet im Preis mit eingeschlossen. Die Möglichkeit, in Halbpension zu wohnen, ist zusätzlich sehr häufig gegeben, da den meisten Hotels ein Restaurant angeschlossen ist.

Seemannsheime

Die Seemannsheime stellen eine etwas preisgünstigere Alternative zum Hotelaufenthalt dar. Sie werden von der dänischen Seemannsmission betrieben und bieten ebenfalls Mittelklasse-Einzel- und Doppelzimmer an. Eine Nacht im Doppelzimmer mit Bad kostet etwa dkr 900. ein Einzelzimmer etwa dkr 700.

Auch in den Seemannsheimen gehören Telefon sowie ein Radio- und Fernsehgerät auf den Zimmern zur Grundausstattung. Ein ansprechendes Frühstücksbuffet in der jeweiligen Cafeteria ist im Preis eingeschlossen.

In den Cafeterien der Seemannsheime kann man auch recht preisgünstig essen. Alkoholkonsum ist in den Seemannsheimen generell verboten. Seemannsheime gibt es in Aasiaat, Qaqortoq, Sisimiut, Maniitsoq und Nuuk.

Apartments

Einige Hotels bieten die Möglichkeit an, Apartments zu mieten, die oft auch von dänischen "Gastarbeitern" genutzt werden, die nur wenige Monate zum Arbeiten nach Grönland kommen. Die Apartments bestehen meist aus einem größeren Zimmer, einem Bad und einer kleinen Kochzeile.

Jugendherbergen

Unter den Begriffen "Youth Hostel" und "Wandererheim" verbergen sich in Grönland Unterkünfte höchst verschiedener Ausstattung und Qualität. Einige Jugendherbergen betreiben eine Cafeteria und einen Kiosk, wo die Gäste essen oder sich mit dem Notwendigsten versorgen können. Alle Jugendherbergen verfügen über Kochgelegenheiten, die, wenn das Haus voll ist, allerdings manchmal nicht ausreichen.

Auch die sanitären Einrichtungen sind in manchen Herbergen im Vollbetrieb nicht ausreichend und erfordern Koordinierung der Bewohner. Einige Herbergen verfügen lediglich über Trockenklos. Im Normalfall kostet eine Übernachtung ca. dkr 150 bis 200. Bei frühzeitiger Reservierung ist es in einigen Herbergen möglich, Doppelzimmer zu bekommen.

Eine andere Übernachtungsmöglichkeit sind die sehr verstreut liegenden Unterkünfte, die die Schafzüchter im Süden Grönlands anbieten. Sie werden teilweise ebenfalls als "Jugendherbergen" geführt, sind in der Regel aber eine höchst einfache Bleibe, oft ein ehemaliges Wohnhaus. Die Einrichtung ist sehr spartanisch. Trockenklos, Matratzenlager und Wasser vom nächsten Brunnen oder einer Quelle sind der Standard. Vor Ort ist oft nicht zu erkennen, ob ein Haus eine solche "Jugendherberge" ist oder das Privathaus eines Schafzüchters. Es empfiehlt sich, bei den Bewohnern der Siedlung nachzufragen, was ohne Dänisch- oder Grönländischkenntnisse allerdings schwierig sein kann.

Hütten

Über das ganze Land verstreut gibt es ein grobmaschiges Netz von Hütten, in denen Jäger und Fischer bei ihren Exkursionen oder die Schafzüchter beim Abtrieb der Schafe für kurze Zeit Unterkunft oder Schutz vor Unwetter suchen. Sie stehen häufig auch Wanderern zur Verfügung. Entlegene Hütten sind immer offen und die Übernachtung ist generell **kostenlos**. Mehr als Schutz vor Wetter und ein Dach ist dort im Regelfall nicht zu erwarten.

Es gibt jedoch auch aufwendiger gestaltete Hütten, z.B. Häuser in verlassenen Siedlungen, die man bei den Touristenbüros mieten kann. Wer eine Hütte weit außerhalb der Siedlungen ansteuern möchte, sollte sich vorher beim zuständigen Touristenbüro informieren, da es durchaus sein kann, dass eine auf der Landkarte noch verzeichnete Hütte nicht mehr existiert.

Schulen/Heimvolkshochschulen

Weiterführende Schulen sowie Aus- und Fortbildungsstätten sind in vielen Orten zu finden. Da alle höheren Schulen Internate sind, stehen diese Unterkünfte in der Ferienzeit leer und oft den Touristen zur Verfügung. Meist handelt es sich um kleine Zimmer mit ein bis zwei Betten. Sanitäre Einrichtungen und Kochgelegenheiten werden gemeinsam benutzt.

Die Kosten für eine Übernachtung entsprechen in etwa denen der Jugendherbergen. Der Standard, besonders der Heimvolkshochschulen in Sisimiut und in QaQortoQ, ist jedoch deutlich höher.

Camping

In wenigen Städten gibt es "Campingplätze", deren Ausstattung jedoch oft sehr dürftig ist. Oft handelt es sich einfach um einen trockenen, grasbewachsenen Platz am Rand der Stadt, auf dem ein Container mit Toiletten und Duschen aufgestellt wurde. Häufig gibt es die Möglichkeit, in der Nähe der Jugendherbergen zu zelten und deren Einrichtungen gegen ein geringes Entgelt mitzubenutzen.

"Campingplätze" bucht man über die örtliche Touristeninformation. Die Gebühr beträgt im Regelfall dkr 35. Vorbestellung ist nicht nötig.

Wildzelten

Generell ist das Zelten in Grönland überall erlaubt. Es gibt jedoch einige Ausnahmeregelungen. Sollte man sich nicht sicher sein, ob der ausgewählte Platz unter die genannten Ausnahmen fällt, ist das Nachfragen bei den Einheimischen anzuraten. Es ist verboten zu zelten...

- an den Seen und Wasserläufen, die der Trinkwasserversorgung des Ortes dienen,
- auf den Anbauflächen und den Heuwiesen der Schafzüchter im Süden. Die Siedlungen der Schafzüchter sind meist von einem Zaun umgeben, der dazu dient, die Tiere von den Wiesen fernzuhalten. Dieser Zaun markiert im Regelfall auch den Bereich, in dem man nicht zelten darf,
- auf dem Gelände von Ruinen, etwa der alten Normannensiedlungen.

Privatunterkünfte

Die Möglichkeiten, bei einer grönländischen Familie unterzukommen, sind einerseits noch recht beschränkt, andererseits werden sie von Touristen selten genutzt. Es wird aber daran gearbeitet, dieses Angebot auszuweiten. Wer den Wunsch hat, das grönländische Leben und den grönländischen Alltag aus der Nähe zu erleben sollte sich an die Touristeninformationen im jeweiligen Ort wenden.

Versicherungen

Obwohl die medizinische Behandlung in Grönland generell umsonst ist, ist der Abschluss einer **Reisekrankenversicherung** zu empfehlen, um sich z.B. gegen auftretende Kosten bei einem Transport ins Heimatland abzusichern.

Eine **Diebstahlversicherung** ist nicht unbedingt notwendig. Das eigene Sicherheitsbedürfnis und natürlich der Wert der Ausrüstung, die man dabeihat, mögen einen Abschluss dennoch nahelegen.

Wandern

Grönland ist ideal für Wanderungen jeder Art. Für jeden Geschmack und jede Fähigkeit gibt es hier geeignetes Terrain. Von der langen, harten Exkursion mit Expeditionscharakter über anspruchsvolle Bergtouren bis zum halbtägigen Ausflug kann man alles machen und sicher sein, auf eine atemberaubend schöne Natur zu stoßen. Die beliebtesten Wandergebiete Grönlands sind der **Süden** und die Region zwischen **Kangerlussuaq** und **Sisimiut**. Die 14tägige Tour vom Flughafen Søndre Strømfjord nach Sisimiut ist ein Klassiker unter Grönlandreisenden. Konkrete Tourenvorschläge und Tipps werden jeweils unter den entsprechenden Regionen gegeben.

Da sich der Tourismus in Grönland noch im Aufbau befindet, ändern sich einige Dinge sehr schnell. So gibt es von Saison zu Saison neue **Übernachtungsmöglichkeiten**, wie Camps und Hütten entlang beliebter Routen, oder neu markierte Wanderrouten. Auch kommen jährlich neue und detailliertere **Wanderkarten** heraus. Insofern ist es bei größeren Unternehmungen grundsätzlich sinnvoll, sich vor Reisebeginn mit dem jeweiligen Touristenbüro in Grönland oder Greenland Tourism in Kopenhagen in Verbindung zu setzen.

Da Grönland einerseits extrem dünn besiedelt ist und andererseits arktisches Klima und eine manchmal rauhe, schwer begehbare Landschaft aufweist, sollte man längere Touren niemals allein durchführen und seine Kräfte und Fähigkeiten realistisch einschätzen. Hilfe ist unter Umständen sehr weit weg! Das heißt nicht, dass man in Grönland nur als Extremsportler unterwegs sein kann. Es gibt auch für wenig erfahrene Wanderer viele Möglichkeiten, auch längere Zeit in der Natur zu verbringen. Man sollte sich dann jedoch auf erschlossene Gebiete, für die es gutes Kartenmaterial gibt, beschränken und riskante Aufstiege oder gar Gletscherpassierungen meiden. Wer mit dem Kompass unterwegs ist, sollte auf das Phänomen der ☞ **Missweisung** achten.

Was das **Verhalten** in der grönländischen Natur generell angeht, hat South Greenland Tourism einen "Verhaltenskodex für Wanderer" herausgegeben, der einige Bereiche auflistet, in denen es in der Vergangenheit Probleme gab:

- Abfall sollte grundsätzlich in den Abfalleimern der Siedlungen und Städte entsorgt werden!
- Werfen Sie niemals verderbliches Essen in ein Gewässer!
- Zelten Sie nicht:
  1. an Seen oder fließenden Gewässern, die Siedlungen oder Städte mit Wasser versorgen,
  2. in der Nähe von Häusern, Scheunen oder anderen Gebäuden,
  3. in der Nähe von Friedhöfen, Inuit- oder Normannenruinen,
  4. auf bewirtschafteten Feldern oder Wiesen. Sie sollten auch nicht durchlaufen werden!
- Die Tore und Durchgänge an den Zäunen der Schafzüchter sollten immer so bleiben wie sie waren, nachdem man hindurchgegangen ist!
- Respektieren Sie Friedhöfe und Ruinen als geschützte Gebiete!
- Wenn man jemanden fotografieren will, sollte man immer vorher um Erlaubnis fragen!
- Hinterlassen Sie immer eine Nachricht, wohin Sie wandern und wann Sie zurück sein wollen - entweder bei der Touristeninformation, dem Hotel oder der Polizeistation!

▷ Hinterlassen Sie die Natur so schön und unberührt, wie Sie sie vorgefunden haben!

Zeitzonen

Grönland umfasst insgesamt vier verschiedene Zeitzonen. Für den normalen Besucher ist dies allerdings kaum von Bedeutung, da sowohl die ganze Westküste (Ausnahme Thule) als auch die Region um Ammassalik an der Ostküste in dieselbe Zeitzone fallen. Hier beträgt die Abweichung zur MEZ minus vier Stunden. Wer von Nuuk aus nach Thule fliegt, muss seine Uhr noch einmal eine Stunde zurückstellen (MEZ minus fünf Stunden). Ist das Ziel Ittoqqortoormiit (Scoresbysund), muss die Uhr eine Stunde vorgestellt werden (MEZ minus drei Stunden). Die vierte Zeitzone umfasst den unbewohnten Nordosten Grönlands.

Zoll

Da die meisten Besucher aus Kopenhagen anreisen, ist es wichtig zu wissen, dass Dänemark gegenüber Grönland zollmäßig als Ausland gilt. Dementsprechend gelten auch hier die international üblichen Einfuhrbeschränkungen. Maximal mitbringen darf man:

200 Zigaretten, 1 Liter Spirituosen (über 22%), 2¼ Liter Wein (unter 15%), 50 g Parfum, 2 kg Schokolade oder Süßigkeiten, 5 kg Fleisch, kosmetische Artikel bis zu einem Wert von maximal dkr 1.000.

Diskobucht

Bucht vor Ilulissat

Die Region zwischen Ilulissat im Norden und Aasiaat im Süden gehört sicherlich zum beeindruckendsten, was Grönland an Landschafts- und Naturerlebnissen zu bieten hat.

Hier, gut 300 km nördlich des Polarkreises, ist die Vegetation, wie überall in Nordgrönland zwar sehr spärlich und niedrig im Wuchs. Von den schroffen Basaltbergen Qeqertarsuaqs bis zur flächigen Schärenlandschaft bei Aasiaat lässt sich aber ein breites Spektrum geologischer Formationen und landschaftlicher Erscheinungen finden.

Am spektakulärsten sind für die meisten Besucher jedoch die **Eisberge**, die vom **Kangia**, dem Eisfjord bei Ilulissat in die **Diskobucht** gelangen. Zu Hunderten treiben die riesigen Kolosse, die zu den größten der Welt gehören, langsam durch die Bucht. Hier bleiben sie so lange, bis sie genügend abgeschmolzen sind, um das Unterwassergebirge, das der Diskobucht vorgelagert ist, überqueren zu können. Danach treten sie ihre lange Reise entlang der nordamerikanischen Küste nach Süden an. Die größten von ihnen schaffen es ungefähr bis auf die Höhe von New York. Ihren Namen verdankt die ca. 250 km breite Bucht der 50 bis 100 km vorgelagerten Insel **Disko**. Im Sommer ist sie von mehreren Städten der Region aus mit dem Schiff zu erreichen.

Ilulissat

Direkt am Ausgang des **Kangia (Jakobshavn Isford)** liegt Ilulissat, auf Dänisch Jakobshavn, eine der ersten Adressen für Grönlandbesucher überhaupt.

Ilulissat ist das grönländische Wort für **Eisberge**, und warum die Stadt diesen Namen trägt, ist auf den ersten Blick ersichtlich: Wie nirgendwo sonst in Grönland ist das Meer bei Ilulissat übersät, an manchen Tagen geradezu vollgestopft mit Eisbergen jeder Größe und Form. Nur drei Kilometer vom Ort entfernt treten sie aus der engen Mündung des Eisfjords und verteilen sich von dort aus in der ganzen Diskobucht. Ein einmaliges Naturschauspiel, dessen Schönheit keinen Besucher kalt lässt – das entzückte "Ah" und "Oh" der Passagiere beim Anflug auf die Stadt übertönt sogar den Lärm der Propellermaschine. Am 1. Juli 2004 wurde der Ilulissat Eisfjord auch ins UNESCO-Weltkulturerbe aufgenommen.

Ihren Eisbergen verdankt die Stadt Ilulissat, dass die Besucherströme seit Jahren kontinuierlich fließen. Wer anspruchsvolle mehrtägige Wanderungen unternehmen will, findet in anderen Regionen Grönlands sicher bessere Möglichkeiten, obwohl es auch um Ilulissat reizvolle Routen und eine beeindruckende, felsig-schroffe Landschaft mit Bergen von immerhin bis zu 600 Metern Höhe gibt. Doch wer arktische Eislandschaften sehen oder das Leben in einer modernen nordgrönländischen Stadt kennen lernen möchte, wird dazu kaum einen geeigneteren Ort finden als Ilulissat.

Mit 4.500 Einwohnern ist Ilulissat die drittgrößte Stadt des Landes. Gegründet wurde sie im Jahr 1741 vom dänischen Kaufmann **Jacob Severin** und ihm verdankt sie auch ihren dänischen Namen: **Jakobshavn**. Die Dänen waren jedoch keineswegs die ersten, die sich dort niederließen. In der nur wenige Kilometer entfernten Siedlung **Sermermiut** hat man bei archäologischen Ausgrabungen Steinwerkzeuge gefunden, die der mehrere tausend Jahre alten SAQQAQ-Kultur zuzuordnen sind (☞ Land und Leute, Geschichte).

Diese Ausgrabungen waren für die Theorie von den verschiedenen Einwanderungswellen von entscheidender Bedeutung. In drei deutlich voneinander getrennten Schichten ließen sich Spuren aller drei Inuit-Kulturen finden (SAQQAQ-, Dorset- und Thule-Kultur). Heute ist Sermermiut unbesiedelt, und selbst die Ruinen sind kaum noch zu erkennen. Gegen Mitte des 19. Jh. verließen die Einwohner den Ort und zogen zur nahe gelegenen Handels- und Missionsstation.

Das moderne Ilulissat lebt vom **Fischfang** und mehr als die meisten anderen Orte vom **Tourismus**. Daher trifft man hier auf eine für grönländische Verhältnisse sehr gut entwickelte Infrastruktur in diesem Bereich. Mehrere Touristenbüros organisieren Bootsfahrten, Wanderungen, Hundeschlittentouren und vieles mehr. Jedes Jahr gibt es neue Restaurants und Cafes und auch die Zahl der Übernachtungsmöglichkeiten nimmt ständig zu.

Obwohl Ilulissat zu den großen und am besten entwickelten Städten des Landes gehört, ist auch traditionelle grönländische Lebensweise nach wie vor präsent. Am augen-, besser gesagt am ohrenfälligsten sind die **Schlittenhunde**, die oft als die eigentlichen Bewohner der Stadt erscheinen. Kein freier Platz, an dem nicht ein Rudel von ihnen angekettet ist. Im ganzen Ort ist ihr Gebell und Geheule zu hören, sowohl in den schneefreien Sommermonaten, wenn die Tiere nur gelegentlich gefüttert werden und ihrem Hunger lautstark Ausdruck geben, als auch im Winter, wenn sie darauf warten, Auslauf zu bekommen. Die Zahl der Hunde ist allerdings

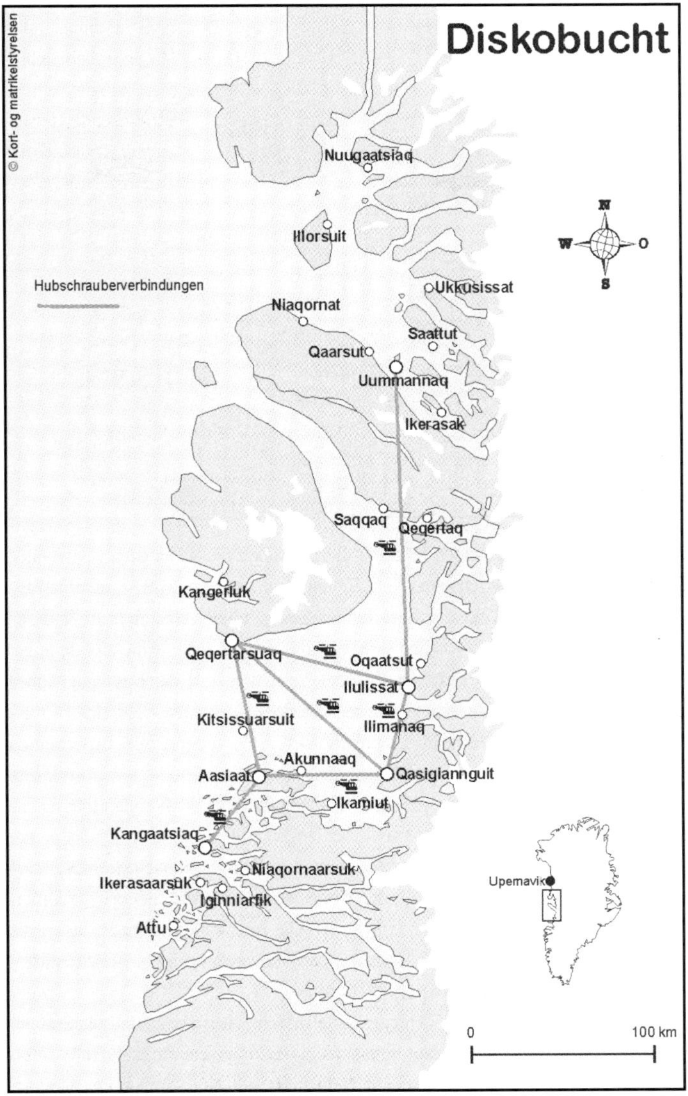

© Kort- og matrikelstyrelsen
Diskobucht
Hubschrauberverbindungen
N
W
O
S
Nuugaatsiaq
Illorsuit
Ukkusissat
Niaqornat
Saattut
Qaarsut
Uummannaq
Ikerasak
Saqqaq
Qeqertaq
Kangerluk
Qeqertarsuaq
Oqaatsut
Ilulissat
Kitsissuarsuit
Ilimanaq
Akunnaaq
Aasiaat
Qasigiannguit
Ikamiut
Kangaatsiaq
Niaqornaarsuk
Ikerasaarsuk
Iginniarfik
Attu
Upernavik
0
100 km

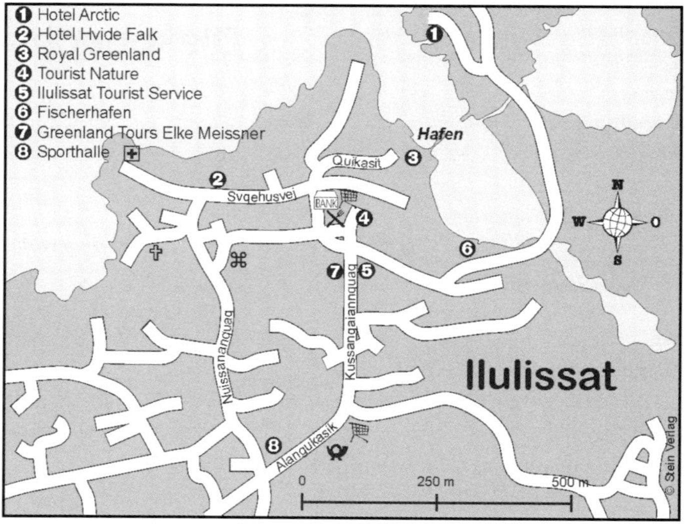

rückläufig. Gab es vor einigen Jahren in Ilulissat noch mehr Hunde als Bewohner, so sind es nach der letzten offiziellen Zählung "nur" noch 2.500. Zum einen hat das Schneemobil als Winterfahrzeug immer mehr Einzug gehalten, zum anderen gibt es auch in Grönlands Norden immer weniger Jäger, die auf die Hunde angewiesen sind. Die vielen Freizeit- und Nebenerwerbsjäger scheuen oft die Mühen der Versorgung - schließlich umfasst ein komplettes Gespann 12 Hunde.

Ilulissat entspricht in vielerlei Hinsicht den Erwartungen, die Besucher an Grönland haben. Überrascht sind die meisten Sommergäste jedoch vom sonnigen und **relativ warmen Klima.** Zwar klettern die Temperaturen auch im Juli selten über 14 °, aber die trockene Luft lässt auch bei langen Aufenthalten in der Natur nur selten das Gefühl von Kälte aufkommen. In der direkten Sonneneinstrahlung kann es sogar richtig heiß werden. Was den Sonnenschein angeht, gehört die Diskobucht zu den stabilsten Regionen Grönlands. Die Anzahl der Sonnenstunden pro Tag beträgt im Sommer häufig 24, da hier von Mitte Mai bis Ende Juli die **Mitternachtssonne** zu beobachten ist.

In der Polarnacht kann es hingegen empfindlich kalt werden, und die Temperatur kann auf bis zu -30° sinken. Entschädigt wird man allerdings durch das eindrucksvolle Polarlicht, das in Nordgrönland sehr häufig zu sehen ist. Vor allem im

März und im April kann es zu Föhneinbrüchen kommen und die Temperaturen schnellen innerhalb kürzester Zeit von -20° auf +3 bis 4°. Der niederfallende Regen gefriert auf dem kalten Boden sofort. Die ganze Landschaft wird mit einer dicken Eiskruste überzogen. Das sieht zwar schön aus, macht aber jeden kurzen Fußweg zu einem Abenteuer.

An- und Abreise

Ilulissat ist gut ans grönländische Verkehrsnetz angebunden. Man erreicht die Stadt sowohl mit dem Flugzeug als auch mit den Schiffen der Arctic Umiaq Line.

Seit einigen Jahren hat Ilulissat einen kleinen Flughafen, der fast täglich von **Kangerlussuaq/Søndre Strømfjord** aus angeflogen wird. Regelmäßige Verbindungen mit Propellerflugzeugen gibt es auch nach Aasiaat, Sisimiut, Uummannaq und Upernavik. Zu den kleineren Orten der Diskobucht (Qasigiannguit, Qeqertarsuaq auf Disko und Kangaatsiaq) fliegen die **Hubschrauber** von Air Alpha.

- Flughafen Ilulissat, ☏ 94 41 40
- Air Greenland Ilulissat, ☏ 94 39 88
- Air Alpha Ilulissat, ☏ 94 30 04

Im Sommer läuft mehrmals die Woche eines der beiden großen Küstenschiffe der Arctic Umiaq Line, die die Westküste entlang fahren, Ilulissat an. So ist es möglich, von Ilulissat aus auf dem Seeweg sowohl bis nach Upernavik im Norden zu kommen als auch die mehr als dreitägige Tour bis nach Qaqortoq ganz im Süden zu machen. Neben den Küstenschiffen verkehren auch kleinere Regionalschiffe innerhalb der Diskobucht. Mit ihnen sind sowohl die größeren Orte wie Qasigiannguit, Aasiaat und Qeqertarsuaq zu erreichen als auch die zahlreichen kleinen Siedlungen. Eine Fahrt mit dem Regionalschiffen stellt zudem eine reizvolle und relativ preisgünstige Möglichkeit dar, die Diskobucht kennen zu lernen.

Übernachtungsmöglichkeiten

In Ilulissat gibt es für grönländische Verhältnisse ein sehr gutes Angebot an Übernachtungsmöglichkeiten mit einem breiten Spektrum, was Standard, Service und Preise angeht. Die Stadt hat vier Hotels, Gästehäuser, Jugendherbergen und einen Campingplatz, darüber hinaus kann man Privatzimmer bei grönländischen Familien mieten.

Erstes Haus am Platz ist das **"Hotel Arctic"**, auf einer Anhöhe außerhalb der Stadt gelegen, ein modernes, gut ausgestattetes Vier-Sterne-Hotel mit etwa 70 Zimmern. Im Sommer vermietet das Hotel Arctic außerdem fünf Panorama-Iglus, die mit der klassischen Jagdunterkunft der Inuit allerdings nur die Form gemeinsam haben: Die Panorama-Iglus sind aus Aluminium, voll beheizt, haben Bad und WC und sind auch sonst ausgestattet wie Hotelzimmer. Alle Zimmer sind mit eigenem Bad und WC, einige haben Meerblick. Auch von den Preisen her ist das "Hotel Arctic" allerdings Spitze.

♦ **Hotel Arctic**, Mittarfimmut Aqq. B 1128, ☎ 944153, FAX 944049, ✉ <reservations@hotel-arctic.gl>, 💻 <www.hotel-arctic.gl>, EZ ab ca. dkr 1000, DZ ab ca. dkr 1.700.

Etwas weniger luxuriös, dafür familiärerer ist das traditionsreiche Hotel "Hvide Falk", das in der Nähe des Zentrums direkt am Meer liegt. Mit seinen fast 30 Jahren gehört das "Hvide Falk" zu den ältesten Hotels in Grönland und hat es sogar schon zu literarischen Ehren gebracht, denn es ist einer der Haupthandlungsorte in dem sehr empfehlenswerten Roman von J. Bernlef: "Zwischen Eisbergen" (☞ Literatur). Das "Hvide Falk" hat 40 Zimmer, vom Frühstücksraum aus hat man einen wunderschönen Panoramablick auf die Eisberge in der Bucht von Ilulissat. Sechs Zimmer sind Hotelapartments mit Kochgelegenheit und in einem Nebengebäude am Stadtrand untergebracht. Die Zimmer im Haupthaus sind gut ausgestattet und haben eigenes Bad und WC, die Apartments sind etwas schlichter.

♦ **Hotel Hvide Falk**, Edvard Sivertsenvej 18, ☎ 943343, FAX 943508, 💻 <www.greenland-guide.gl/hvidefalk>, ✉ <hotel.h.falk@greennet.gl>, EZ ab ca. dkr 1.000, DZ ab ca. dkr 1.300

Seit ein paar Jahren gibt es zwei weitere Hotels in der Stadt: 1999 eröffnete das "Cab Inn", mitten im Stadtzentrum. Es hat 10 Doppelzimmer mit eigenem Bad und WC, es gibt allerdings keine Rezeption und kein Restaurant, die Gäste bekommen ihr Frühstück auf Tabletts im Zimmer serviert. Die Zimmer sind gut ausgestattet und das Hotel ist für Ilulissater Verhältnisse relativ günstig. Allerdings ist nebenan eine Kneipe mit Diskothek, die für nächtlichen Lärm sorgen kann.

♦ **Cab Inn Hotel**, Fredericiap Aqqutaa 5, ☎ 942242, FAX 942243, EZ ca. dkr 500, DZ ca. dkr 800, ✉ <cab-inn@icecaphotels.gl>, 💻 <www.greenland-guide.gl/cab-inn-ilulissat>

Jüngstes Hotel der Stadt ist das "Hotel Icefiord", das 2001 seinen Betrieb aufgenommen hat. Es bietet einen fantastischen Meerblick. Auch das Icefiord hat kein Restaurant, aber einen Aufenthaltsraum für die Gäste. Das Hotel verfügt über 16 Zimmer, alle mit eigenem Bad. Zwei Zimmer bieten eine Kochgelegenheit.

♦ **Hotel Icefiord**, Jørgen Sverdrupip Aqq., ☎ 944480, FAX 944095, ✉ <hotel.icefiord@greennet.gl>, 🖳 <www.hotelicefiord.gl>, EZ ab ca. dkr 750, DZ ab ca. dkr 1.000, mit Küchenzeile etwas mehr.

Eine gute Alternative für Selbstversorger und relativ preisgünstig ist das "**Disko Bay House**" am westlichen Stadtrand. Es hat 7 kleine Studios für maximal zwei Personen, jeweils mit Küchenzeile. Toiletten und Duschen werden gemeinschaftlich genutzt. Betrieben wird das Disko Bay House von der Deutschen Elke Meissner, die seit vielen Jahren in Grönland lebt. Über denselben Veranstalter kann man auch Zimmer in "Petrine's House" buchen, einem Gästehaus mit vier Doppelzimmern und zwei Einzelzimmern. Bad und WC werden gemeinschaftlich genutzt.

♦ **Disko Bay House**, c/o Greenland Tours Elke Meissner, ☎ 944411, FAX 944511, ✉ <greenland.tours@greennet.gl>, 🖳 <www.greenland-guide.com/gtem>, EZ ca. dkr 525, DZ ca. dkr 600.

Blick auf Ilulissat

Petrines House, c/o Greenland Tours Elke Meissner, EZ ca. dkr 500, DZ ca. dkr 800.

Für den schmaleren Geldbeutel bietet sich eine Übernachtung in einer der Jugendherbergen der Stadt an. Ganzjährig geöffnet ist das **Ilulissat Youth Hostel**, das in einer großen Baracke untergebracht ist, die in den 80-er Jahren als Unterkunft für die Bauarbeiter diente, die den Flughafen von Ilulissat gebaut haben. Die Jugendherberge hat 43 Doppelzimmer, einige davon mit Etagenbetten. Duschen und WCs werden gemeinschaftlich genutzt, es gibt eine Küche und einen Aufenthaltsraum. Preisgünstiger ist die Übernachtung in der Sporthalle von Ilulissat. Allerdings muss man hier einen eigenen Schlafsack mitbringen.

Während der grönländischen Sommerferien im Juli ist es außerdem möglich, eine Unterkunft in der dann leer stehenden Schule oder im Sozialpädagogischen Seminar zu bekommen. Es gibt Gemeinschaftsbäder und auch hier ist ein eigener Schlafsack erforderlich. Buchen kann man diese Quartiere über den Ilulissat Tourist Service. Vor allem im Sommer empfiehlt sich eine rechtzeitige Reservierung, da häufig alles voll belegt ist.

♦ **Ilulissat Youthhostel**, Marralinguaq 37-39, ☎ 943377, FAX 942399, <vhjav@greennet.gl>, <www.ilulissathostel.com>, Übernachtung pro Person ca. dkr 250-300, Einzelzimmer gegen Aufpreis

Sporthalle, ☎ 943459, Übernachtung pro Person ca. dkr 150 im 12-Bett-Zimmer

Schulen oder Seminare ca. dkr 250-300 DZ

In den letzten Jahren ist es mehr und mehr auch möglich geworden, eine Bed&Breakrast-Unterkunft bei grönländischen Privatleuten zu bekommen. Obwohl diese Unterkünfte in der Regel mit etwa 300 - 400 Kronen pro Person und Nacht nicht besonders preisgünstig sind, sind sie doch reizvoll, hat man so einmal die Möglichkeit, den Alltag einer grönländischen Familie kennen zu lernen. Privatquartiere bucht man über die Touristenbüros der Stadt. (☞ Information)

Der **Zeltplatz** liegt direkt am alten Heliport der Stadt. Bis Ende August sind die in Containern eingerichteten sanitären Anlagen und die windgeschützten "Speiseräume" (ebenfalls Container) gegen eine Gebühr (ca. 50 Kronen pro Tag zu nutzen. Den Schlüssel, der Zugang zu diesen Einrichtungen verschafft, erhält man bei Ilulissat Tourism, die gegen Aufpreis auch Zelte vermieten.

Essen und Trinken

Restaurants gibt es in Ilulissat zur Zeit nur in den Hotels Hvide Falk" und "Arctic". In beiden bekommt man vor allem **dänische** und **internationale** Küche, zumeist Menüs. Es werden jedoch auch immer **grönländische Gerichte** angeboten. Beide Restaurants sind alles andere als billig, aber aufgrund ihrer Qualität dennoch sehr zu empfehlen. Zum Hotel Arctic gehört außerdem das Café "Takanna", in dem man für etwas weniger Geld auch kleinere Gerichte bekommt.

Deutlich preisgünstiger ist es, im "Cafè IluliaQ" neben dem Hotel Cab Inn zu essen, einem modern eingerichteten Bistro, in dem Baguettes, Fischgerichte, Lasagne und ähnliches auf der Speisekarte stehen. Die Küche ist gut, an

Straßen-szene in Ilulissat

alkoholischen Getränken gibt es dort allerdings nur Wein. Wer Bier oder Härteres trinken möchte, muss ins "Murphy's" gleich nebenan gehen. Außerdem gibt es in Ilulissat noch diverse Imbissstuben mit chinesischem Essen oder Hamburgern und Pommes frites.

Für ein abendliches Bier, ein Glas Wein oder einen (teuren) Cocktail bieten sich die Bars von Hotel Arctic und Hvide Falk an. Wer es rauer und lauter mag, sollte in die Diskothek "Kunnunguaq" oder ins "Murphy's" gehen, wo gelegentlich auch Konzerte grönländischer Bands stattfinden. Hier trifft man fast nur auf Einheimische, es wird vor allem am Wochenende viel getrunken, und dann geht es manchmal recht turbulent zu. Das mag für Touristen auf den ersten Blick etwas schockierend sein, aber auch das ist eben Grönland, und ein Besuch dort ist durchaus unterhaltsam.

Information

Mittlerweile drängen sich an Ilulissats Hauptstraße die Touristenbüros. Neben dem kommunalen Ilulissat Turist Service gibt es noch mehrere private Anbieter, unter anderem "Tourist Nature", das von dem wahrscheinlich nördlichsten Italiener der Welt, dem quirligen Silverio Scivoli betrieben wird, und "Greenland Tours" der seit langen Jahren in Grönland lebenden Deutschen Elke Meissner.

- **Ilulissat Turist Service**, Kussangajaannguaq 11, DK-3952 Ilulissat, ☎ 944322, FAX 943933. <www.its.gl>, <info@its.gl>
- **Tourist Nature**, Kussangajaannguaq 5, DK-3952 Ilulissat, ☎ 944420, FAX 944624, <touna@greennet.gl>
- **Greenland Tours Elke Meissner,** Kussangajaannguaq 18, ☎ 94 44 11, FAX 94 45 11, <greenland.tours@greennet.gl>, <www.greenland-guide.com/gtem>
- **Ilulissat Travel,** Aron Mathiesenip Aqq. 2, ☎ 944300, FAX 944302, <info@ilulissattravel.gl>, <www.ilulissattravel.gl>
- **Ilulissat Tourism**, ☎ 944411, FAX 944511, <ilulissat-tourism@greennet.gl>, <www.visitilulissat.com>

Sehenswertes

Obwohl die Stadt die drittgrößte des Landes ist, braucht man für einen kompletten Stadtrundgang kaum mehr als zwei bis drei Stunden. Besonders interessant ist dabei ein Besuch des Hafens, der alten Zionskirche und des Knud-Rasmussen-

Geburtshauses, das heute ein Museum ist. Das Erscheinungsbild des Hafens wird einerseits von den kleinen bunten Booten der Fischer und andererseits von den blauen Lagerhallen und Fabrikgebäuden von Royal Greenland dominiert. Dazwischen liegen die alten Häuser der ehemaligen Handelsstation. Eines der drei schwarz geteerten Gebäude wird heute als Ticketschalter von der Arctic Umiaq Line genutzt, ein anderes dient als Gerichtsgebäude. Das dritte Gebäude, das älteste der Stadt, wurde zu einem Jagd- und Fischereimuseum umfunktioniert.

✞ Die **Zionskirche**, 600 m westlich des Hafenfjordes gelegen, wirkt von außen eher unscheinbar. Von innen allerdings ist sie trotz protestantischer Sachlichkeit vor allem wegen der Farbgebung sehr hübsch anzusehen. Sie wurde im Jahre 1782 fertiggestellt. Finanziert wurde sie durch Spenden und den Verkauf von Walspeck und Walbarten nach Europa.

⌘ Das **Museum** erinnert an Knud Rasmussen, einen der größten Söhne Grönlands. Hier werden zahlreiche persönliche Gegenstände des Entdeckers und Händlers ausgestellt. Historische Fotos sowie Tagebuchaufzeichnungen, Skizzen und Notizen sind zu besichtigen. Zusätzlich gibt es noch Ausstellungsgegenstände, die das traditionelle Leben der Inuit in dieser Region und die Entwicklung der Stadt dokumentieren. Wer etwas Zeit hat, kann sich auch in die **Bibliothek** des Museums setzen, wo es die Schriften Rasmussens, aber auch andere Literatur zu Ilulissat sowie zu Grönland generell gibt. Die meisten Bücher sind in dänischer Sprache verfasst, man findet aber auch zahlreiche Schriften in Englisch und sogar einiges auf Deutsch.

Im **Kulturhaus**, direkt neben der Sporthalle finden gelegentlich Theateraufführungen statt. Einmal in der Woche ist dort auch Kino. Meist werden gängige Hollywoodfilme in Originalsprache gezeigt.

Ausflüge und Exkursionen

Die größte Attraktion der Stadt, der **Jakobshavn Eisfjord**, ist das Ziel von **Bootsausflügen**, die von den Touristenbüros angeboten werden. Obwohl eine solche Fahrt nicht billig ist, ist sie auf jeden Fall ein unvergessliches Erlebnis und fast ein Muss in Ilulissat. Besonders beliebt sind die **Mitternachtsfahrten** im Sommer. Wenn die Sonne flacher steht und das Licht etwas gelber und milder ist, wirken die Eiskolosse besonders eindrucksvoll.

Im Sommer ebenfalls sehr zu empfehlen ist eine "Ein-Tages-Rundreise" mit einem der Regionalschiffe der Arctic Umiaq Line, die in der Diskobucht verkehren. Es ist preisgünstiger als die Exkursionen der Touristenbüros und bietet die Möglichkeit wirklich abgelegene Siedlungen wie Saqqaq oder Qeqertaq zu besuchen. Für eine Besichtigung ist allerdings keine Zeit. Es wird nur kurz zum Ein- und Aussteigen halt gemacht. Wer länger bleiben möchte, muss dies gleich für mehrer Tage tun. Das Regionalschiff startet morgens in Ilulissat und kehrt gegen 20:00-21:00 zurück.

Ein anderes reizvolles Ausflugsziel ist die Siedlung Oqaatsut/Rodebay nördlich der Stadt, die man ebenfalls mit dem Regionalschiff oder den Charterbooten der Touristenbüros erreichen kann.

Auch wenn man kein Freund des organisierten Tourismus ist, kommt man um die Touristenbüros zumeist kaum herum, da nur sie Schiffe vermitteln können. Die Ausflüge und Exkursionen haben jedoch nie den Charakter von Massentourismus

Im Winter werden **Hundeschlittentouren** jeder Länge angeboten. Das Spektrum reicht vom vier- bis fünfstündigen Ausflug bis zur zehntägigen "Expedition" nach Uummannaq. Auch **Schneemobilfahrten** sind in dieser Zeit möglich. Informationen über das komplette Programm gibt es bei den Touristenbüros vor Ort.

Wanderungen

Eine beliebte Tour ist der ungefähr halbstündige Spaziergang nach **Sermermiut** und zum Eisfjord.

Man verlässt die Stadt in südlicher Richtung entlang des alten Heliportes und folgt dem markierten Weg. Die alte Siedlung, von der heute nur noch kleine grasbewachsene Erhöhungen zu sehen sind, liegt in einer kleinen Schlucht am Eisfjord. Wenn man noch ein kleines Stück weitergeht, hat man einen wunderschönen Blick auf die Mündung des Eisfjords.

Auf der Strecke entlang der Küste trifft man auf die **Kællingekløft**, einen schmalen und steilen Einschnitt in die Felsküste. An dieser Stelle stürzten sich früher in Zeiten der Hungersnot Alte und Kranke herunter, um für den Rest der Gemeinschaft bessere Chancen des Überlebens zu schaffen.

Von der Kællingekløft aus kann man, wenn man sich ca. 500 m ins Landesinnere bewegt, auf alte **Gräber** der Inuit stoßen. Mit großen Steinen notdürftig bedeckt, zum Teil auch frei zwischen den Felsen liegend, findet man hier zahlreiche Schädel und Knochen. Die Stelle ist sehr schwer zu finden, da sich die Felsansammlung, die die Gräber kennzeichnet, zumindest für das ungeschulte Auge kaum von anderen Formationen unterscheidet.

Geht man von hier aus parallel zum Fjordufer östlicher in Richtung Gletscher, stößt man nach wenigen Minuten auf **Holms Bakke**, eine 113 m hohe Erhebung. Hier begrüßen die Einwohner Ilulissats jedes Jahr am 13. Januar die Sonne, wenn sie nach der Polarnacht zum ersten Mal wieder über dem Horizont auftaucht. Spaziergänger und Tagesausflügler kehren hier häufig um. Wer weiter hinaus will, kann der Schlittenhundspur folgen und noch tiefer in den Fjord hineingehen. Die Spur endet jedoch nach sechs bis sieben Kilometern direkt am Wasser, da diese Spur im Winter über das zugefrorene Meer führt. Die Möglichkeit, zur **Gletscherabbruchkante** zu wandern, besteht nicht, da dazu ein anderer Gletscher überquert werden muss, der kaum passierbar ist.

Eine sehr schöne zweitägige Wanderung kann man unternehmen, wenn man Ilulissat in Richtung Flughafen verlässt und nach **Oqaatsut (Rodebay)** läuft. Man folgt der Schlittenspur bis zur **Bredebugt**. Dort angekommen bewegt man sich entlang des Ufers, bis man wieder auf eine Schlittenspur stößt, die direkt in die Siedlung führt. Wenn man sich zuvor bei der Touristeninformation gemeldet hat, ist es möglich, von einem Schiff abgeholt zu werden, was allerdings nicht billig ist.

Siedlungen bei Ilulissat

Oqaatsut (Rodebay), Qeqertaq, Ilimanaq (Claushavn), Saqqaq

Ungefähr 18 km nördlich von Ilulissat liegt Oqaatsut (Rodebay): Der kleine Ort, in dem heute nur noch etwa 50 Menschen weitgehend von Jagd und Fang leben, ist für seine Größe mit einer außergewöhnlich guten touristischen Infrastruktur ausgestattet. Von **Greenland Tours Elke Meissner** organisiert stehen einige Übernachtungsmöglichkeiten rund um die liebevoll restaurierte alten Kolonialverwaltung zur Verfügung. Es gibt mehrere kleine Schlafsäle auf den Dachböden der alten Gebäude, Gruppen können auch gleich ganze Häuser, z.B. die alte Böttcherei mieten. Darüber hinaus ist es möglich in kleinen Hütten (2-3 Personen) oder bei einer grönländischen Familie unterzukommen.

Eisangeln in Rodebay

Unterkunft in Oqaatsut dkr 250-300 pro Nacht. Buchung über Greenland Tours Elke Meissner.

Das Hauptgebäude der Kolonialverwaltung ist heute das Restaurant "H8". Der Name kommt von dem "H8", das in großen Lettern auf das Dach des Hauses gemalt worden ist. Diese Kürzel lassen sich im ganzen Land finden. Sie dienten im zweiten Weltkrieg, als die USA Grönland versorgten, zur Orientierung für die Piloten. Betreut wird das Restaurant, genauso wie die Unterkünfte von den ausgewanderten Thüringern Uta und Ingo Wolff. Für dkr 80-130 kann man hier sehr gut Fisch (meist selbst gefangen), Wal oder Robbe essen.

Zelten kann man südlich des Dorfes. Seit kurzem gibt es in Oqaatsut ein sogenanntes Servicehaus, in dem man gratis duschen oder Wäsche waschen kann.

Etwa 70 km nördlich von Ilulissat liegt in völliger Abgeschiedenheit und unberührter Natur das "Ata Center". Aus den Bauten, die für die Dreharbeiten zum Film "Fräulein Smillas Gespür für Schnee" verwendet wurden, hat **Tourist Nature**-Chef Silver in Kooperation mit Ilulissat Turist Service ein Feriencamp errichtet, in dem Unterkünfte verschiedener Kategorien zur Verfügung stehen (plus Verpflegung, wenn gewünscht). Von dort aus kann man Ausflüge unternehmen oder diversen Freizeitbeschäftigungen nachgehen, bis hin zum Windsurfen. Nähere Informationen darüber bei Tourist Nature und Ilulissat Tourist Service.

Keine touristische Infrastruktur wird man dagegen in den anderen, noch ursprünglicheren Siedlungen des Distrikts, SaQQaQ, QeQertaQ und IlimanaQ vorfinden, was nicht heißt, dass sich nicht auch hier (über die Touristenbüros in Ilulissat) gegebenenfalls eine Unterbringung im Privatzimmer arrangieren ließe. Im 80 bzw. 100 km nördlich von Ilulissat gelegenen QeQertaQ bzw. SaQQaQ leben ca. 120 bzw. 200 Menschen, im südlicher gelegenen IlimanaQ etwa 80. Alle Siedlungen werden vom Regionalschiff der Arctic UmiaQ Line angelaufen, wenn auch nicht sehr häufig. Ansonsten kann man gegen entsprechendes Entgelt in Ilulissat ein Boot chartern, um dorthin zu gelangen. Adressen: Ilulissat Tourist Service, Greenland Tours und Tourist Nature ☞ Ilulissat.

Qeqertarsuaq

☆ ☏ 921222.
⊞ ☏ 921211.
🚗 ☏ 921025.

Die Stadt an der Südküste der Insel Disko gehört aufgrund ihrer Lage und Größe (knapp 1.000 Einwohner) heute nicht mehr zu den Zentren des Landes. In der Vergangenheit war der Ort jedoch bedeutender.

Gegründet wurde er 1773 als **Godhavn** (guter Hafen) vom dänischen Kaufmann Svend Sandgren. Als bedeutendste Walfängerstation in den nördlichen Gewässern Grönlands wurde die Stadt bis Ende des 19. Jh. von zahlreichen Schiffen angelaufen oder als Ausgangsbasis für Fangfahrten genutzt. Bis 1950 war QeQertarsuaQ außerdem die "Hauptstadt" Nordgrönlands. Bis zu diesem Zeitpunkt war die dänische Kolonie Grönland in einen nördlichen und einen südlichen Verwaltungsbezirk gegliedert, und von QeQertarsuaQ aus wurde ganz Nordgrönland regiert. Nachdem durch die Verwaltungsreform von 1951 Nuuk zum Zentrum des ganzen Landes wurde, verlor die Stadt an Bedeutung. Dazu trug auch bei, dass die Kohlengruben im Nordosten der Insel 1972 geschlossen wurden.

Die angeschlossene Siedlung Qullissat wurde aufgelöst und die Bewohner nach Ilulissat umgesiedelt. Heute ist die **Fischerei**, wie in allen grönländischen Städten, der wichtigste Erwerbszweig.

Heute erinnert nur noch die schöne, kleine Altstadt mit ihren Häusern aus der Kolonialzeit an Qeqertarsuaqs Vergangenheit als Verwaltungszentrum und Sitz des Königlich Dänischen Inspektors für Nordgrönland. Ansonsten ist Qeqertarsuaq heute ein hübsches, etwas verschlafenes Städtchen, das aufgrund der einzigartigen Natur der Disko-Insel dennoch eine Reise wert ist: Der Ort liegt am Fuße von steilen, beinahe senkrecht aufsteigenden, rötlichen Basaltbergen, die schon an der Küste bis knapp 1.000 m hoch sind. Diese vor 55 bis 65 Mio. Jahren durch vulkanische Tätigkeit entstandenen Bergzüge sind in ganz Grönland einzigartig und geben der Stadt, die sich an der Verjüngung einer kleinen Landzunge angesiedelt hat, ein besonderes Gepräge. Qeqertarsuaq eignet sich besonders für Wanderurlauber und für Sommertouristen, die trotzdem nicht auf eine Hundeschlittentour verzichten wollen. Nicht weit von der Stadt entfernt liegt der Lyngmarksgletscher, der einzige grönländische Ort, wo auch im Sommer Hundeschlittenfahrten möglich sind.

An- und Abreise

Von Mai bis November wird Qeqertarsuaq regelmäßig von den großen überregionalen Küstenschiffen angelaufen, wobei es zu beachten gilt, dass teilweise nur in einer Richtung hier Station gemacht wird.

Häufiger als die großen Küstenschiffe machen die Regionalschiffe, die die einzelnen Städte und Siedlungen der Diskobucht miteinander verbinden, in Qeqertarsuaq Halt, im Sommer mehrmals wöchentlich.

Der örtliche Heliport wird nicht mehr von Greenlandair angeflogen. Seit März 2001 ist die private Firma "Air Alpha" für den regionalen Luftverkehr in der Diskobucht zuständig. So ist es möglich, per Helikopter nach Ilulissat und Aasiaat zu fliegen. In der Regel gibt es mehrere Flugverbindungen pro Woche.

- Qeqertarsuaq Heliport, ☏ 921464

Übernachtungsmöglichkeiten

In Qeqertarsuaq gibt es nur ein Hotel, das "Hotel Disko", das vor wenigen Jahren seinen Betrieb aufgenommen hat und über einen guten Standard

Grönland
© Kort- og matrikelstyrelsen
Qaanaaq (Thule)
Nationalpark
Upernavik
Uummannaq
Ittoqqortoormiit
(Scoresbysund)
Qeqertarsuaq (Godhavn)
Ilulissat (Jakobshavn)
Aasiaat (Egedesminde)
Qasigiannguit (Christianshåb)
KANADA
Kangaatsiaq
Polarkreis
Sisimiut (Holsteinsborg)
ISLAND
Maniitsoq (Sukkertoppen)
Tasiilaq (Ammassalik)
Nuuk (Godthåb)
Paamiut (Frederikshåb)
0
250 km
500 km
Ivittuut
Narsaq
Qaqortoq (Julianehåb)
Nanortalik

verfügt. Es hat fünf Einzelzimmer und 3 Doppelzimmer. Hotelgäste dürfen die Hotelküche mitbenutzen.

Außerdem können Campingurlauber für etwa 40 Kronen im Hotel Disko duschen.

- **Hotel Disko**, Aqqalualiip Aqq. 3 EZ (inkl. Frühstück) dkr 650, DZ dkr 950, ☎ 921319, FAX 921313, ✉ <qalut@greennet.gl> .

In Qeqertarsuaq gibt es außerdem drei Jugendherbergen, wobei das sehr zentral gelegene Fox Hostel selbst für grönländische Verhältnisse ziemlich teuer ist. Eine Übernachtung im Einzelzimmer kostet etwa 500 Kronen, im Mehrbettzimmer etwa 350 Kronen. Dafür liegt es aber über dem üblichen Standard einer Jugendherberge. Insgesamt bietet das Fox Hostel 17 Schlafplätze, vom Einzelzimmer bis zum Vierbettzimmer. Badezimmer, Küche und Aufenthaltsraum mit TV- und Videogerät werden gemeinschaftlich genutzt.

Preisgünstiger, aber schlichter ausgestattet sind das an der Hauptstraße gelegene Hostel Siorarsuit und das etwas außerhalb, aber sehr idyllisch gelegene Hostel Napasunnguit. In allen Fällen ist eine Reservierung dringend angeraten.

- **Fox Hostel**, M.H. Prosildip Aqqutaa 11, ☎ 921271, FAX 921573, ✉ <autobyg@greennet.gl>, ab ca. dkr 350 (Mehrbettzimmer), EZ ca. dkr 500, DZ ca. dkr 700.
- **Siorarsuit Youth Hostel**, P.H. Rosendahlip Aqqutaa, ☎ 921026, f 921512, ✉ <julianeb@greennet.gl>, ca. dkr 200 pro Person/Nacht
- **Napasunnguit Youth Hostel**, Kuussuunnguup Aqqutaa, ☎ 921628, FAX 921629, ✉ <qeq.tourism@greennet.gl>, EZ oder Schlafsaal ca. dkr 200.

In unmittelbarer Nähe des Hostels Napasunnguit befindet sich ein Campingplatz, der der Gemeinde gehört und von dem aus man einen hervorragenden Blick aufs Meer hat. Frisches Quellwasser ist vorhanden, außerdem gibt es Toiletten, eine Waschgelegenheit und drei kleine Unterstände, wo man windgeschützt essen kann. Die Benutzung des Zeltplatzes ist kostenlos, man sollte sich jedoch vorher beim Touristenbüro melden.

Alle Reservierungen kann man auch über das Internet vornehmen:

- <www.qeqertarsuaq.gl>

Essen und Trinken

Touristen sind in Qeqertarsuaq weitgehend auf Selbstversorgung angewiesen. Es gibt lediglich zwei Imbissstuben und ein Restaurant, das zum **Hotel Disko** gehört. Auf der dortigen Speisekarte findet man sowohl grönländische als auch internationale Spezialitäten.

Das Siorarsuit Youth Hostel bietet Frühstück und auf Vorbestellung auch Abendessen.

Zwei Grillbars liefern das übliche Fast-Food-Angebot.

Information

Das Touristenbüro des Ortes liegt in der Nähe des Hafens und ist in einem alten Gebäude aus der Kolonialzeit untergebracht. Dorthin kann man sich wegen allen Fragen, Hotelreservierungen, Ausflügen, Exkursionen etc. wenden. Auch wer auf dem Campingplatz übernachten möchte, sollte sich vorher beim Touristenbüro melden.

♦ Disko Pearl Qeqertarsuaq Tourism, Adam Mølgårdip aqq. B 82, ☏ 921628, FAX 921629, <www.qeqertarsuaq.gl>, <qeq.tourism@greennet.gl>
Sommer: Mo bis Sa 10:00 bis 16:00, Winter Mo-Fr 10:00 – 15:00

Informationen, sogar in deutscher Sprache, bietet auch die sehr gute Homepage der Kommune:

♦ <www.qeqertarsuaq.gl>

Sehenswertes

Schon von weitem fällt jedem Besucher die eigenwillig gestaltete Kirche der Stadt auf. Das **"Tintenfass Gottes"** wird der achteckige Bau genannt und er erinnert tatsächlich sehr an ein solches. Errichtet wurde die Kirche 1914. Wer sie von innen sehen möchte, sollte sich an den Tourist Service wenden.

⌘ Das kleine historische Zentrum mit seinen alten Kolonialgebäuden durchquert jeder Besucher automatisch, wenn er vom Hafen aus in die Stadt geht. Im ehemaligen Haus des Inspektors von Nordgrönland ist heute ein Museum eingerichtet, in dem man sich über die Geschichte der Stadt und über die lokale Jäger- und Fängerkultur informieren kann. Außerdem gibt es eine Sonderausstellung über grönländische Weihnachtsbräuche und grönländische Malerei zu sehen.

Blick auf Qeqertarsuaq

♦ Qeqertarsuaq Museum, Juaannguup Aqqutaa 2, ☎ 921153, FAX 921153, <qeqmus@greennet.gl>

Wenn man vom Ort aus in Richtung Süden zur Spitze der Halbinsel läuft, stößt man nach nicht allzu langer Zeit auf einen kleinen, roten, kuppelähnlichen Bau, auf den ein Kreuz gemalt ist, wie es auch auf den skandinavischen Flaggen zu finden ist. Hierbei handelt es sich um den Aussichtsposten Udkiggen/Qaqqaliaq, der in den großen Zeiten des Walfangs zur Sichtung der Tiere aufgestellt wurde. Von hier aus hat man einen sehr guten Blick auf die Westküste Grönlands, genauso wie auf das Bergmassiv von Disko. Dem eigentlichen Bestimmungszweck des Postens nachzugehen, ist natürlich auch möglich: Man hat gute Chancen, einen oder mehrere Wale zu sehen.

Einmal in der Woche kann **"Den danske arktiske Station"** besichtigt werden. Das 1906 gegründete Forschungsinstitut gehört zur Universität Kopenhagen und beschäftigt sich mit Forschungen zu arktischer Geologie, Botanik und Zoologie. Die Einrichtungen des geophysischen Observatoriums, das ebenfalls Untersuchungen auf Disko durchführt, sind im Allgemeinen nicht zugänglich.

Ausflüge und Exkursionen

Die Möglichkeit, auf dem nahe gelegenen "Lyngmarkgletscher" auch im Sommer mit einem **Hundeschlitten** fahren zu können, ist der Hauptgrund, warum nicht nur Wanderer nach Qeqertarsuaq kommen. Eine solche Tour dauert im Regelfall anderthalb bis zwei Tage.

Von Qeqertarsuaq aus setzt man zunächst mit einem Boot auf die andere Seite der Hafenbucht über. Dort angekommen, wandert man ca. drei Stunden in die Berge, wobei man auf eine Höhe von 600 m kommt. Dort ist es möglich, mit einem Schneemobil auf ungefähr 1.000 m Höhe zu fahren, wo sich ein Iglu-Zeltcamp befindet, das als Basislager für Fahrer, Hunde und Gäste dient. Hier wird übernachtet (es ist geheizt) und gegessen. Auf dem Gletscher kann man Skier ausleihen oder selbst mit dem Schneemobil fahren. Am nächsten Tag findet eine dreistündige Hundeschlittenfahrt statt. Anschließend: Wanderung zurück zum Boot und Fahrt in die Stadt.

Für Leute, die weniger Zeit haben, ist es auch möglich, diesen Ausflug an **einem** Tag durchzuführen, wobei das Programm dann allerdings körperlich recht anstrengend wird.

Über die Hundeschlittenfahrt hinaus gibt es noch das in vielen Städten der Diskobucht übliche Repertoire an **Walsafaris**, **Mitternachtsboottouren** und **Stadtführungen**.

Zudem ist die Siedlung **Kangerluk** Ziel einiger Ausflüge.

Einmal in der Woche wird eine Führung durch die **arktische Forschungsstation** angeboten.

Sonstige Aktivitäten

Im **Winter** werden auch in Qeqertarsuaq ein- oder mehrtägige **Hundeschlittenfahrten** angeboten.

Zusätzlich besteht die Möglichkeit, in gespurten Loipen **Skilanglauf** zu betreiben und **Schneemobilfahrten** zu unternehmen.

Wanderungen

Eine beliebte Tagestour führt zur **Fortunebay**, ca. 12 km (Luftlinie) westlich von Qeqertarsuaq. In dieser kleinen Bucht befindet sich eine ehemalige holländische **Walfängerstation**. Um dorthin zu kommen, muss man nur dem Verlauf der Küste folgen. Nach sechs bis sieben Kilometern trifft man auf einen Fluss, der in einer Bucht mit einem Strand ins Meer mündet. Hier kann man Wasser auftanken und eine den Blick auf die Eisberge genießen.

Verlässt man die Stadt in anderer Richtung (Heliport und Arktisstation), stößt man nach zwei Kilometern unterhalb der Jugendherberge auf den **Røde Elv**, einen Schmelzwasserfluss, der vor allem vom **Lyngmarksgletscher** gespeist wird. Direkt an seiner Mündung ist er flach und leicht passierbar. Wenige Meter weiter oben sieht das anders aus, hier hat er sich ins Gestein gefressen und ist jetzt von einem kleinen Canyon umgeben. 400 bis 500 m in Richtung Jugendherberge befindet sich noch eine kleine Brücke. Die nächste Möglichkeit der Überquerung gibt es erst wieder ca. zwei Kilometer von der Mündung entfernt über einem Wasserfall.

Entlang dieses Flusses sind verschiedene sehr schöne Wanderungen möglich. Entlang der Ostseite des Flusses verläuft in einigen hundert Metern Entfernung eine auch im Sommer durch die Abschürfungen im Boden gut sichtbare **Hundeschlittenspur**, der man folgen sollte, wenn man eine mehrtägige Tour, z.B. in die Siedlung Kangerluk, machen will. Genauere Informationen über Lagermöglichkeiten und Dauer kann man beim Tourist Service erfragen.

Wer nicht ganz so weit möchte, kann ebenfalls der Spur folgen und den **Skarvefjeld** umwandern. An einem Tag ist diese Tour jedoch kaum zu machen. Ca. acht Kilometer von der Mündung des Røde Elv entfernt kann man einen Abzweig der Schlittenspur in Richtung Osten nehmen. Sie führt um die kleine Berggruppe herum wieder ans Meer in die Bucht **Assoq**. Von dort aus kann man in der Spur weiter dem Küstenverlauf in Richtung Osten folgen oder den Rückweg antreten.

Für den weniger ehrgeizigen Wanderer und den Spaziergänger bietet sich der einfache Gang von der Stadt entlang der Küste in Richtung Osten an. Trotz der schroffen Steinformationen und der teilweise steil abfallenden Küste findet man immer einen gangbaren Weg vor einer bizarren Berglandschaft auf der einen und den Eisriesen der Diskobucht auf der anderen Seite.

Siedlungen bei Qeqertarsuaq

Auf Disko gibt es nur noch einen weiteren Ort, der besiedelt ist. **Kangerluk** ist eine Siedlung mit nur 70 Einwohnern, die an einem Fjord, 60 Schiffskilometer entfernt von Qeqertarsuaq, liegt. Aufgrund dieser großen Entfernung ist ein Ausflug dorthin mit einer Übernachtung verbunden und entsprechend teuer (je nach Teilnehmerzahl zwischen dkr 1.540 und 3.900).

Früher gab es im Nordosten der Insel noch eine weitere, große Siedlung. **Qullissat** wurde in den 20-er Jahren des letzten Jahrhunderts angelegt, weil in der Nähe ein Bergwerk errichtet wurde. Nachdem der Kohlebergbau in den 60er Jahren mangels Ertrag eingestellt wurde, beschloss die Regierung Anfang der 70-er Jahre, die Siedlung zu schließen und die etwa 1.000 Bewohner in andere Städte umzusiedeln. Obwohl der Gemeinderat von Qullissat der Schließung der Siedlung zugestimmt hatte, wurde die Zwangsumsiedlung doch von vielen Grönländern als Akt kolonialistischer Willkür interpretiert und bildete einen wichtigen Motor für die grönländische Autonomiebewegung der 70-er Jahre. Qullissat bzw. was davon noch übrig ist, liegt heute verlassen da und wird von keinem Schiff mehr angelaufen.

Qasigiannguit

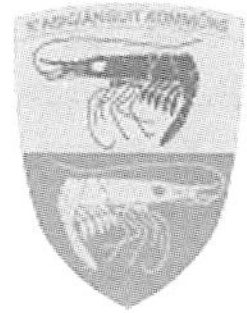

☆ ☏ 911222.

⊞ ☏ 911211.

🚗 ☏ 574560.

Qasigiannguit (1.340 Einwohner) liegt auf halber Strecke zwischen Ilulissat und Aasiaat. Im Vergleich zu diesen beiden wirkt der Ort etwas verschlafen. Er hat sich weniger dynamisch entwickelt und ist verkehrstechnisch schlechter angebunden. Auch touristisch hat sich hier weniger getan.

Zwar gibt es auch in Qasigiannguit eine Touristeninformation und ein Hotel, und es kommen einigermaßen regelmäßig Besucher, doch die großen Touristenströme der Hauptsaison gehen vorbei. Was für die Bewohner ein ernstes ökonomisches Problem ist, macht die Stadt für viele Besucher attraktiv. Sie erinnert in vielem eher an eine **Siedlung** als an eine Stadt.

Wie Ilulissat wurde die Stadt von dem Kaufmann Jacob Severin gegründet, der lange Zeit das Handelsmonopol in Grönland innehatte. Die Entstehung datiert auf das Jahr 1734. Vorher war die Bucht als **Vire Bay** schon bei den holländischen Walfängern bekannt. 15 Tage nach der Ankunft der Kolonialisten kam auch Poul Egede, der Sohn von Hans Egede, um die Siedlung zu weihen und ihr den Namen **Christianshåb**, nach dem damaligen dänischen König Christian VI., zu geben.

Zunächst wurde die Stadt auf der gegenüberliegenden Ostseite der Bucht angelegt, doch die starken Föhnstürme führten regelmäßig zu großen Zerstörungen, so dass man beschloss, die Siedlung auf die andere Seite der Bucht zu verlegen. 1763 wurden die Materialien für das neue Haus des Kolonialherrn (das alte war völlig zerstört worden) nach Grönland geschickt und im folgenden Jahr wurde es dort errichtet, wo es heute noch steht.

Die Inuit siedelten vor der Ankunft der Dänen nicht in dieser Bucht. In der weiteren Umgebung allerdings gab es einige Wohnplätze. Nach der Gründung der Stadt ließen sich jedoch schon bald einige fest hier nieder und errichteten Torfsteinhäuser, die, da sie halb im Boden versenkt waren, den rauen Winden besser standhielten als die Holzhäuser der Weißen. Einige Male mussten die Missionare und Händler Schutz in diesen Häusern suchen.

Die Überreste der alten Stadt, im Wesentlichen die Grundrisse, kann man noch heute ca. 500 m östlich der jetzigen besichtigen.

Qasigiannguit ist in jüngster Zeit in Schwierigkeiten geraten. Im Herbst 1997 schloss Royal Greenland die dortige Shrimps-Fabrik, die seit 1950 für bescheidenen Wohlstand gesorgt und aus der damaligen 500-Einwohner-Siedlung eine Stadt mit zwischenzeitlich etwa 1.500 Einwohnern gemacht hatte.

Viele befürchten, dass die Schließung der Fabrik einen Exodus vor allem der jüngeren Leute zur Folge haben könnte, die in anderen Städten eine bessere Perspektive für sich sehen. Tatsächlich sind seit 1997 bereits knapp 100 Menschen weggezogen, was bei Orten dieser Größe eine beträchtliche Anzahl ist.

An- und Abreise

Die Stadt wird nur von einem der großen Küstenschiffe jeweils auf der Hin- und Rückfahrt angelaufen. Ein weiteres macht nur in Richtung Süden hier halt. Das heißt, dass sie insgesamt dreimal wöchentlich in Qasigiannguit Station machen. Zusätzlich verkehrt hier zweimal wöchentlich das Regionalschiff.

Von Mitte Dezember bis Mitte Mai ist hier aufgrund der Eissituation gar kein Schiffsverkehr möglich.

Zwei- bis dreimal wöchentlich fliegen die Hubschrauber von Air Alpha zwischen Qasigiannguit und **Ilulissat** hin und her.

Blick über Qasigiannguit

Übernachtungsmöglichkeiten

Unterkunft und Bewirtung bietet am Ort nur das **Hotel "Diskobay"**, das erst vor wenigen Jahren errichtet wurde. Mit 15 modern eingerichteten Räumen gehört es zu den komfortabelsten des Landes, allerdings auch zu den teureren. Bemerkenswert ist der Ausblick, den man vom Restaurant/Frühstücksraum auf die See hat. Immer wieder kann man hier Wale sehen, die eine oder mehrere Runden in der Bucht drehen.

♦ **Hotel Diskobay**, Margrethevej 34, ☏ 911081, FAX 911524. Preise (Hauptsaison): EZ dkr 850, DZ Ü/F dkr 1.150. Ermäßigung für Gruppen.

Im Sommer gibt es außerdem die Möglichkeit, in zwei Jugendherbergen zu übernachten - eigentlich sind es Studentenwohnheime, die während der Sommerferien leer stehen. Hier muss man sich Küche und Bad mit anderen Gästen teilen, wohnt dafür aber entsprechend preisgünstiger. Der Preis pro Person/Nacht liegt bei ca. 200 dkr, Informationen beim Hotel Diskobay.

Etwa einen Kilometer vom Zentrum entfernt, oberhalb des Fußballplatzes, befindet sich ein als **Campingplatz** ausgewiesenes Areal. In einer kleinen Hütte ist eine Küche untergebracht und es gibt Toiletten. Duschen kann man im Hotel "Diskobay" am anderen Ende der Stadt.

Essen und Trinken

✕ Zum Hotel "Diskobay" gehört ein Restaurant, in dem grönländische, dänische und internationale Gerichte auf dem Speiseplan stehen. Der Speisesaal bietet eine phantastische Aussicht aufs Meer, und bei schönem Wetter kann man sich sogar auf der Terrasse von der Sonne bescheinen lassen. Darüber hinaus gibt es auch die obligatorische Grillbar, die "Snackbar Mikisoq", mit dem ebenso obligatorischen Fast-Food-Repertoire

i Information

Ein eigenständiges Touristenbüro gibt es nicht. Das Hotel Diskobay übernimmt diese Aufgabe und ist genereller Ansprechpartner für alle touristischen Fragen. Von hier aus werden auch alle Ausflüge und Exkursionen organisiert.

♦ Discobay Tourism, c/o Discobay Hotel s.o.

Sehenswertes

⌘ Das **Museum**, im ältesten Haus Nordgrönlands eingerichtet, stellt Fundstücke aus **Qeqertasussuuk** aus. Auf der kleinen Insel, 30 km von Qasigiannguit entfernt, entdeckten Archäologen Spuren der **frühesten Besiedlung** Grönlands. Sie sind ungefähr 4.000 Jahre alt und damit der Saqqaq-Kultur zuzuordnen. In den sieben Jahre andauernden Ausgrabungen wurden mehr als 100.000 Gegenstände entdeckt. Die interessanten Objekte sind im Museum zu bewundern. In zwei weiteren Gebäuden sind andere traditionelle Gebrauchsgegenstände und Dokumente zur Ortsgeschichte ausgestellt.

♦ Qasigiannguit Museum, montags bis freitags 13:00 bis 17:00, im Sommer auch sonntags. Besuch auch nach Vereinbarung möglich, ☏ 911392 oder ☏ 911731.

Ausflüge und Exkursionen

Discobay Tourism/Hotel Discobay führt im Sommer regelmäßig **Stadtführungen** durch.

Auch von Qasigiannguit aus werden **Mitternachtsfahrten** zum Eisfjord bei Ilulissat angeboten. Weitere Bootstouren werden zur verlassenen Siedlung **Akulliit** angeboten. Auf Nachfrage sind außerdem Ausflüge nach Qeqertasussuuk, der archäologischen Fundstelle, möglich. Die Preise für diese Ausflüge liegen meistens um die dkr 900.

Die Siedlungen **Ikamiut** und **Ilimanaq** auf der Südseite des Ilulissat Eisfjords werden ebenfalls regelmäßig angefahren. Zudem gibt es für Interessierte Walsafaris und Angelausflüge.

Im Winter werden **Hundeschlittenexkursionen** von zwei Stunden bis zu zwei Tagen angeboten. Auch **Eisfischen** unter grönländischer Anleitung wird angeboten.

Sonstige Aktivitäten

Im Sommer gibt es die Möglichkeit, sich von jungen Grönländern die traditionellen Techniken des **Kajakfahrens** vorführen zu lassen. Größere Gruppen können für sich einen **"grönländischen Abend"** mit Essen, Volkstanz und Chorgesang veranstalten lassen.

Im Winter kann man in begrenztem Umfang **alpinen Skilauf** (ein kleiner Lift ist vorhanden) und auf großen Strecken **Skilanglauf** betreiben. Loipen werden gespurt.

Wanderungen

Die Landschaft um Qasigiannguit bietet ideale Bedingungen sowohl für diejenigen, die mehrtägige Wanderungen machen möchten, als auch für Tagestouren.

Entlang des Küstenstreifens, welcher von niedrigen Erhebungen von 100 bis 150 m gekennzeichnet ist, ist es in Richtung Norden möglich, bis nach **Ilimanaq** an die Südseite des Eisfjords zu wandern. Wenn man die Stadt in Richtung Nordosten verlässt und entlang des Ufers des **Sees 90** bis ans Meer läuft, stößt man auf die **Laksebugt**. Ihr muss man bis über ihre Spitze hinaus folgen, um auf die Hundeschlittenspur zu stoßen, die nach Ilimanaq führt. Die ganze Wanderung dauert ca. vier Tage.

Der "Hausberg" des Ortes ist der **Qaqqarsuaq**, der mit 451 m Höhe auch von Ungeübten gut zu besteigen ist.

Man verlässt den Ort in Richtung Süden und folgt dem Verlauf der Küste. Wer nicht ganz schwindelfrei ist, sollte nicht den Weg direkt am Ufer entlang wählen, sondern auf den Plateaus über der Steilküste gehen. Nach ca. fünf Kilometern trifft man auf **Kangerlukuk**, die **Paradiesbucht**, eine sehr hübsche kleine Bucht, die ihren Namen zu Recht trägt. Wenn man um diese Bucht herumläuft, kommt man auf die Südseite des Qaqqarsuaq, von wo aus er leicht bestiegen werden kann.

Siedlungen im Distrikt Qasigiannguit

Zum Distrikt Qasigiannguit gehört nur eine Siedlung. **Ikamiut** mit seinen ca. 100 Einwohnern ist eine Fischer- und Fängersiedlung gut 30 km südwestlich von Qasigiannguit. Sie verfügt über eine eigene kleine Fischfabrik und gilt als noch "gut funktionierende Gemeinde". Ikamiut kann man von Qasigiannguit aus zweimal wöchentlich mit einem der Regionalschiffe der Arctic Umiaq Line erreichen. Das Schiff läuft die Siedlung allerdings nur bei Bedarf an. Man sollte also vorher Bescheid sagen. Aufgrund des Fahrplans der Regionalschiffe muss man immer wenigstens eine Nacht in der Siedlung verbringen. Unterkunft in Ikamiut organisiert das Hotel Discobay. Dort kann man auch Boote chartern.

Aasiaat

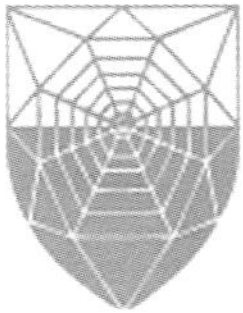

☆ ☏ 892222.

+ ☏ 892211.

🚗 ☏ 891400 + ☏ 892700.

Aasiaat liegt im südlichen Mündungsbereich der **Diskobucht**, fast genau auf der Grenze zwischen Baffin Bucht und Davisstraße. Diese Lage findet sich in der Zweiteilung des Stadtwappens wieder. Die obere weiße Hälfte symbolisiert das Eis in der Baffin Bucht und die untere blaue das freie Wasser der Davisstraße. Über beides zieht sich ein Spinnennetz, denn Aasiaat heißt übersetzt **"Spinnenort"**.

Eingebettet in eine großflächige Schärenlandschaft befindet sich auch die Stadt selbst auf einer kleinen Insel. Aufgrund dieser Lage ist Aasiaat keine gute Adresse für Wanderer, sondern vor allem für **Kanu- und Kajakfahrer** interessant.

Für die dürfte sich allerdings kaum eine geeignetere und schönere Umgebung finden lassen.

Das Klima hier ist allerdings etwas rauer als in den anderen Städten der Diskobucht. Durch die ungeschützte Lage sind die Temperaturen in Aasiaat niedriger als im Innern der Diskobucht.

Mit gut 3.100 Einwohnern ist der Ort einer der größten des Landes. Sein Erscheinungsbild wird von einem großen **Containerhafen** dominiert. Aasiaat ist der Umschlagplatz für den Warenverkehr in Nordgrönland und konkurriert mit Ilulissat um die Position als Zentrum des Nordens. Ilulissat hatte durch seinen Flughafen lange Zeit einen Vorsprung, aber seit ein paar Jahren verfügt auch Aasiaat über einen Flughafen.

Neben seiner Funktion als Umschlagplatz für Frachtgüter in ganz Nordgrönland gewinnt Aasiaat vor allem als Schulzentrum des Nordens an überregionaler Bedeutung. Inzwischen gibt es vier weiterführenden Schulen in der Stadt. Die **Shrimp-Fabrik**, die 1987 eingerichtet und jüngst modernisiert wurde, gehört zu den effektivsten des Landes. Die früher sehr wichtige Fischverarbeitung wurde auch hier mit dem Verschwinden des Dorsches eingestellt.

Blick über den Hafen von Aasiaat

Der dänische Name der Stadt lautet Egedesminde, was sich dadurch erklären lässt, dass der zweite Sohn von Hans Egede, Niels, als Gründer des Ortes gilt. Ihm zu Ehren wurde die 1965 eingeweihte neue Kirche **"Egede-Kirche"** genannt.

An die Kolonialperiode erinnern heute noch die sehr schönen alten Verwaltungsgebäude hinter dem Containerhafen.

An- und Abreise

Direktverbindungen mit dem Flugzeug gibt es nach Kangerlussuaq, Ilulissat, Nuuk und Sisimiut. Mit dem Helikopter kommt man in die übrigen Städte der **Diskobucht** und in die umliegenden Siedlungen.

Alle drei Küstenschiffe laufen den Hafen auf ihren Hin- und Rückfahrten entlang der Westküste an.

Zusätzlich verkehren Regionalschiffe innerhalb der Diskobucht. Von Mitte Dezember bis Mitte Mai ist aufgrund der Eissituation allerdings gar kein Schiffsverkehr möglich.

Übernachtungsmöglichkeiten

Mittlerweile gibt es in Aasiaat eine ganze Reihe von Übernachtungsmöglichkeiten. Bei den neuen, gut ausgestatteten "Hotel Apartments" kann man zwischen Unterbringung im Zimmer oder im Apartment wählen. Eine weitere Übernachtungsmöglichkeit stellt das kleine Hotel Nanoq dar. Direkt am Hafen liegt das Seemannsheim, auch dort gibt es Einzel- und Doppelzimmer, jeweils mit eigenem Bad, für Touristen zu mieten. Die Preise für Übernachtungen in Aasiaat liegen generell etwas unter denen der Haupttouristenorte, Für den schmalen Geldbeutel bietet sich die ganzjährig geöffnet Jugendherberge (nur Doppelzimmer) an.

- **Hotel Apartments**, EZ (inkl. Frühstückt) ab dkr 595. ☎ 892195, FAX 892987.
- **Seemannsheim Aasiaat**, EZ (inkl. Frühstück) dkr 695, DZ dkr 920. ☎ 892711, FAX 892910, <www.soemandshjem.gl>
- **Hotel Nanoq**, EZ (inkl. Frühstück) ca. dkr 800, DZ dkr 1.000. ☎ 892121, FAX 892506.
- **Aasiaat Youth Hostel**, pro Person in DZ dkr 250. ☎ 892195, FAX 892987.
- **Gästehaus,** pro Person im EZ ab dkr 500, weitere Informationen über Aasiaat Turist Service ☎ 89 25 40, FAX 892545

Essen und Trinken

Teuer und gut essen kann man im Hotel Nanoq, das auch grönländische und asiatische Spezialitäten auf der Karte hat. Das Café Puisi liegt preislich und im Repertoire irgendwo zwischen Restaurant und Grillbar. Für relativ wenig Geld kann man auch in der Kantine des Seemannsheims seine Mahlzeiten einnehmen. Dort wird mittags und abends für ca. dkr 40 ein warmes Tagesgericht (meist Braten, Kartoffeln und Dosengemüse) angeboten. Abgesehen davon gibt es natürlich auch in Aasiaat die üblichen Imbissbuden und Grillbars.

- Hotel Nanoq, ☏ 892121.
- Café Puisi: ☏ 891112.
- Seemannsheim Aasiaat.

Information

Das Touristenbüro in Aasiaat befindet sich in der Nähe des Hafens am Niels-Egedesvej in einem alten Gebäude aus der Kolonialzeit. Der Leiter des Büros hat einige Zeit in Flensburg gearbeitet und spricht deutsch.

- Aasiaat Tourist Service, Niels Egedesvej 6, ☏ 892540, FAX 892545.

Sehenswertes

Die alten **Häuser der Kolonialverwaltung** liegen direkt am Hafen und sind einen genaueren Blick wert. Vor dem Hauptgebäude stehen einige kleine Kanonen. Diese dienten zum einen dazu, die fremden Walfänger abzuschrecken, vor allem jedoch sollten sie dänische Souveränität in dieser Region demonstrieren.

⌘ Aasiaat hat ein kleines Museum, in dem Dokumente und Gegenstände zur Ortsgeschichte ausgestellt sind. Seit kurzem ist neben dem Museum auch die Rekonstruktion eines traditionellen grönländischen Hauses zu besichtigen, das einen interessanten Einblick in die Lebensweise vergangener Tage gibt.

Interessant ist auch eine Besichtigung der **Shrimp-Fabrik** von Aasiaat, eine der modernsten des Landes. Dies ist gelegentlich möglich. Nachfragen beim Touristenbüro.

Ausflüge und Exkursionen

In Aasiaat gibt es, wie in der ganzen Diskobucht, die Möglichkeit, Wale zu beobachten. Man kann vor Ort ein Schiff für eine **Walsafari** chartern. Die

Traditionelles Torfhaus in Aasiaat

Bootsbesitzer richten ihre Routen an den letzten Berichten von anderen Schiffen aus, so dass man tatsächlich gute Chancen hat, die Tiere zu sehen zu bekommen.

In der Region gibt es einige "heiße" Quellen (+4°), die man mit einem Ausflugsschiff besuchen kann. Sie sind jedoch nur der Definition nach warm, da sie ganzjährig eine konstante Temperatur aufweisen. Zum Baden sind sie natürlich nicht warm genug.

Der Besuch der Siedlung **Kitsissuarsuit** ist nur möglich, indem man in Aasiaat ein Boot mietet. **Akunnaaq**, die andere Siedlung des Distrikts Aasiaat liegt an der Route des Regionalschiffes, das dreimal wöchentlich vorbeikommt. Gehalten wird dort aber nur auf Anfrage.

Wer **Hochseeangeln** möchte, findet dazu gute Bedingungen. Das Touristenbüro bietet regelmäßig Touren mit einem kleinen Schiff an. Die Ausrüstung ist im Allgemeinen mitzubringen, kann im Einzelfall aber auch geliehen werden. In den zahlreichen Seen der Region ist es auch möglich, Süßwasserfische zu angeln. Die Lizenz dazu holt man sich bei der Touristeninformation oder bei der Polizei.

Neuerdings bietet Aasiaat Tourist Service auch Tauchexkursionen an.

Interessant ist auch der Besuch der **Siedlungen** südlich der Stadt, die zum Distrikt Kangaatsiaq gehören. Zweimal wöchentlich fährt ein kleines Regionalschiff tief in das Fjordsystem hinein und läuft die Orte **Kangaatsiaq**, **Niaqornaarsuk**, **Ikerassarsuk**, **Iginniarfik** und **Attu** an (☞ Kangaatsiaq). Diese Variante ist, da man ein reguläres Linienschiff benutzt, wesentlich preisgünstiger als die angebotenen Ausflugsfahrten in diese Siedlungen.

Sonstige Aktivitäten

Die von Schären durchsetzten Fjorde, die sich über mehr als 100 km zwischen Aasiaat und Attu erstrecken und teilweise genauso weit ins Inland reichen, bieten optimale Bedingungen für **Kanu- und Kajaktouren** unterschiedlichster Länge. Die Boote und andere Ausrüstungsgegenstände können geliehen werden. (☞ Reise-Infos von A bis Z, Sport und Hobby).

Sobald das Meer im Winter zugefroren ist, besteht die Möglichkeit, auch lange Hundeschlittentouren zu unternehmen. Zu dieser Zeit kann man auch mit Langlaufskiern von Schäre zu Schäre fahren (Loipen werden gespurt). Man sollte jedoch auf keinen Fall einfach loslaufen, denn selbst im tiefsten Winter ist das Eis an manchen Stellen dünn oder aufgebrochen, was unter der Schneedecke oft nicht zu sehen ist. Von daher ist es ratsam sich nur dort zu bewegen, wo auch die Grönländer Ski laufen. Bei größeren Touren sollte man immer vorher beim Tourist Service um Rat fragen.

Für alpine Skifahrer gibt es einen kleinen Lift, dessen Benutzung gratis ist.

Kangaatsiaq

Mit nur 623 Einwohnern ist der Ort selbst für grönländische Verhältnisse eigentlich keine Stadt mehr. Diesen Status verdankt er lediglich der Tatsache, dass sich hier seit 1986 die Verwaltung für die ganz Kommune befindet. In dieser wohnen insgesamt nur knapp 1.500 Menschen, die sich auf Kangaatsiaq und vier weitere Wohnorte verteilen. Die Fläche dieser Kommune beträgt 43.500 km² (davon 10.000 eisfrei). Zum Vergleich: Die Fläche Dänemarks beträgt 41.000 km².

Früher gab es in dieser Region viel mehr Siedlungen, wobei allerdings längst nicht alle in der Phase der dänischen Zentralisierungspolitik geschlossen wurden. Bereits vorher wurden einige freiwillig aufgegeben, weil die Bewohner entweder in eine der nahe gelegenen Städte zogen oder weil der Ort einfach an eine andere Stelle, die günstigere Fangmöglichkeiten versprach, verlegt wurde.

Kangaatsiaq wurde durch keinen Kaufmann oder Missionar gegründet, sondern stellt einen ursprünglich entstandenen Wohnplatz dar, der durch Zuzug von den Bewohnern geschlossener Siedlungen auf seine heutige Größe anwuchs.

Noch Anfang der 70er Jahre lebten hier nur halb so viele Menschen. Kangaatsiaq ist auch heute noch in vieler Hinsicht ein **Fängerdorf**, wobei allerdings der Fischfang und die Fischverarbeitung als wichtigste und zeitgemäß organisierte Einkommensquellen hinzugekommen sind. Am sichtbarsten ist dies an den Trockengerüsten und Wäscheständern, die üppig mit Fischen behängt vor jedem Haus stehen. Das moderne Grönland hat hier erst sehr spät Einzug gehalten.

Das elektrisch beheizte Rohrsystem, das den Ort durchzieht und eine ganzjährige Versorgung mit Wasser gewährleistet, ist genauso wie das Stromnetz erst in den letzten Jahren entstanden. Obwohl die Modernisierung des Ortes energisch vorangetrieben wird, ist er von Abwanderungsbewegungen bedroht. Nachdem die meisten anderen "Städte" der Diskobucht in den letzten Jahren Flughäfen erhalten haben, sind sie besser als Kangaatsiaq an das moderne Grönland angeschlossen und vor allem für junge Leute attraktiver.

Der **Tourismus** ist bisher völlig an der Siedlung vorbeigegangen. Es gibt, abgesehen von zwei Gästehäusern der Kommune (☞ Übernachtungen), überhaupt keine Infrastruktur in diesem Bereich. Sieht man den größeren Orten des Landes den dänischen Einfluss deutlich an, so nimmt man davon in Kangaatsiaq und erst recht in den Siedlungen sehr wenig wahr. Man sieht, abgesehen von einigen Bauarbeitern, überhaupt kaum Europäer hier und die Beschriftungen der Schilder werden ausschließlich in grönländischer Sprache gehalten.

Für den Besucher ist diese Abgelegenheit einerseits sehr interessant, weil hier tatsächlich ein anderes Grönland zu sehen ist als etwa in Ilulissat oder Aasiaat, es stellt ihn jedoch auch vor einige Probleme. Hier nur mit Englisch durchzukommen ist z.B. sehr schwierig.

Das Wandern ist aufgrund der natürlichen Gegebenheiten wenig attraktiv und in den Siedlungen selbst findet ein Besucher sehr wenig zu tun oder zu besichtigen.

Ideal ist diese Region jedoch für **Angler**, **Jäger** und vor allem **Kanu- oder Kajakfahrer**. Sie finden, sofern sie Selbstversorger und nicht auf eingerichtete Unterkünfte angewiesen sind, optimale Bedingungen vor.

An- und Abreise

Kangaatsiaq wird von April bis Dezember von den überregionalen Küstenschiffen regelmäßig angelaufen und ist von daher besser angeschlossen als früher. Zusätzlich verkehrt im Sommer und im Herbst eines der Regionalschiffe, die die kleineren Orte der Diskobucht miteinander verbinden.

Es gibt inzwischen auch einen kleinen Heliport. Hier landen die Hubschrauber von Air Alpha, die zweimal wöchentlich zwischen Aasiaat und Kangaatsiaq verkehren.

Übernachtungsmöglichkeiten

Die Kommune hat direkt neben ihrem Verwaltungsgebäude ein kleines **Gästehaus** eingerichtet. Von der Übernachtung dort ist allerdings eher **abzuraten**, da die Preise sich mit denen der besseren Hotels des Landes messen können, der Standard jedoch gerade mal dem einer durchschnittlichen Jugendherberge entspricht. Buchen kann man bei der Kommune oder beim Betreiber Otto Jeremiassen.

- **Guesthouse** by Otto Jeremiassen, dkr 400 pro Person/Nacht, ☏ 871261, FAX 871110, <ottojere@greennet.gl>
- **Guesthouse** by Allan Glasdam, dkr 400 pro Person/Nacht, ☏ 871032, FAX 871032, <glasdam@greennet.gl>

Essen und Trinken

Es gibt weder Restaurant, Grillbar noch Imbissbude im Ort. Versorgen kann man sich nur im örtlichen KNI-Markt.

Information

Eine eigens eingerichtete Touristeninformation gibt es nicht. Bei Fragen sollte man sich an die Kommunalverwaltung direkt beim Hafen wenden. Sie fungiert auch offiziell in dieser Funktion. Wenn man nicht Dänisch spricht, kann die Verständigung unter Umständen schwierig sein, mit etwas Aufwand wird man jedoch auch hier einen Dolmetscher finden.

- Turistinformation, Kangaatsiaq Kommune, PO Box 55, DK-3955 Kangaatsiaq, ☏ 871077, FAX 871030

Aktivitäten

Im Sommer bietet sich eine **Kanu- oder Kajaktour** zu den Siedlungen weiter innerhalb des Fjords an. Die kleinen Schären, die zu Tausenden die Fjorde durchsetzen, machen das Wasser sehr ruhig, stellen jedoch gewisse Anforderungen an den Orientierungssinn und setzen Erfahrungen im Lesen von Karten und im Umgang mit dem Kompass voraus.

Die Touristeninformation bietet eine fünftägige Kajaktour an. Übernachtet wird in den Schulen der Siedlungen, bei grönländischen Familien oder in Zelten. Große Erfahrung im Kajakfahren ist dazu nicht nötig.

Im Winter können Besucher eine viertägige Hundeschlittentour zu Grönlands zentralem Flughafen Kangerlussuaq machen - die wohl attraktivste, aber auch teuerste (dkr 6.800) Art eine Grönlandreise zu beenden. Außer wirklich warmer Kleidung ist nichts mitzubringen.

Wenn die Sonne zurückgekehrt ist, ist es auch möglich Seehundfänger bei der Jagd auf dem Eis zu begleiten.

Wanderungen

Die Schärenlandschaft der Region macht das Wandern **problematisch**. Zwar kann man von Kangaatsiaq selbst bis ans Inlandeis kommen und insofern auch gewisse Strecken zurücklegen, aber man kann sonst leider nirgendwohin kommen.

Abgesehen von Niaqornaarsuk sind die Siedlungen nicht auf dem Landweg erreichbar und auch die Auswahl der Routen ist sehr begrenzt und durch schmale Übergänge von einer Schäre zur nächsten bestimmt.

Die flachen Inseln sind alle sehr karg bewachsen und bieten dem Wanderer wenig Abwechslung.

Siedlungen Niaqornaarsuk, Ikerasaarsuk, Iginniarfik, Attu

Alle vier Siedlungen werden von Anfange Mai bis Anfang Dezember von einem kleinen Regionalschiff angefahren.

Zweimal in der Woche startet es von Aasiaat aus und fährt mit einigen Zwischenstopps an einem Tag nach Attu, legt dort über Nacht an und kehrt am nächsten Tag zurück.

Offizielle Übernachtungsmöglichkeiten gibt es in diesen Siedlungen nicht. Auf organisierten Exkursionen besteht die Möglichkeit, in Schulen und Schullandheimen zu schlafen. Dies ist auf Nachfrage und bei Gruppenreisen unter Umständen auch bei selbstgestalteten Ausflügen möglich. Im Regelfall wird man jedoch ein Zelt mitnehmen müssen.

Kann man die "Stadt" Kangaatsiaq schon als ein Fängerdorf bezeichnen, gilt dies erst recht für die Siedlungen weiter innerhalb der Schären. Dabei sind **Niaqornaarsuk** und **Attu** mit über 300 Einwohnern schon relativ groß.

In **Ikerasaarsuk** und **Iginniarfik** leben demgegenüber nur 100 bzw. 80 Einwohner. Attu kam in der Region zu einiger Berühmtheit, weil die dänische Königin Margarethe II. und Prinz Henrik während ihres Grönlandbesuches hier Station machten.

Die Einwohner des ganzen Bezirkes kamen nach Attu und empfingen das offizielle Staatsoberhaupt in Nationaltracht gekleidet. In keiner anderen Stadt Grönlands konnte die Königin so viele Trachten sehen wie hier, wo noch jeder ein solches Kostüm hat.

Mittelgrönland

Mittelgrönland, verschiedentlich auch als "Westgrönland" bezeichnet, reicht von Sisimiut im Norden bis nach Nuuk im Süden. Dieser Abschnitt der grönländischen Westküste ist etwa 600 Kilometer lang. Von der Küste bis zum Inlandeis sind es hier teilweise mehr als 100 Kilometer. In Mittelgrönland gibt es dementsprechend die größte zusammenhängende eisfreie Fläche Grönlands außerhalb des Nationalparkes. Sie umfasst 53.000 km² und ist in weiten Teilen eine Steppenlandschaft. Nördlich von Maniitsoq stößt mit der Sukkertoppen Eiskappe das Inlandeis zum Meer vor und spaltet das Areal in zwei kaum überwindbare Teile. Im Landesinneren erinnert die Landschaft stark an die Steppen Nordamerikas und die Fjorde an der Küste werden nicht von Eisbergen durchkreuzt wie im Norden oder Süden des Landes.

In den drei für grönländische Verhältnisse großen Städten dieser Region, Nuuk, Sisimiut und Maniitsoq, wohnt mehr als ein Drittel der Bevölkerung des Landes. Sie gehören dementsprechend zu den wirtschaftlichen und kulturellen Zentren des Landes, wobei Nuuk die anderen bei weitem übertrifft. Die Häfen in Mittelgrönland sind ganzjährig befahrbar, d.h. sie werden im Winter nicht vom Eis eingeschlossen. Der Polarkreis, der gleichzeitig die Schlittenhundgrenze ist, durchschneidet Mittelgrönland südlich von Sisimiut.

Das Leben der Menschen in Mittelgrönland entspricht deutlich weniger den Erwartungen, die viele Touristen haben, als etwa das der Bewohner der Diskobucht: Der Fängerberuf hat hier keine große Bedeutung mehr und Schlittenhunde gibt es nur in Sisimiut. Die Meisten gehen modernen Berufen nach, sind Angestellter oder Arbeiter. Den Städten ist anzusehen, dass die Entwicklungen hier nicht langsam und organisch stattfand, sondern sehr abrupt.

Obwohl einige Erwartungen an Grönland hier enttäuscht werden, gilt die Region vielen Wanderern als die schönste des Landes. Dies gilt besonders für das Gebiet um den grönländischen Hauptflughafen Kangerlussuaq.

Hier ist es möglich, direkt nach der Ankunft in die beeindruckende Landschaft loszuziehen und ohne einen weiteren Transport wirklich lange Touren durch jedes denkbare Gelände zu unternehmen. Dabei ist die Wanderung von Kangerlussuaq nach Sisimiut schon so etwas wie ein "Grönlandklassiker".

Im Binnenland hat man gute Chancen, auf Rentiere und Moschusochsen zu treffen, die sonst nur noch im unzugänglichen Nationalpark zu sehen sind. Auch

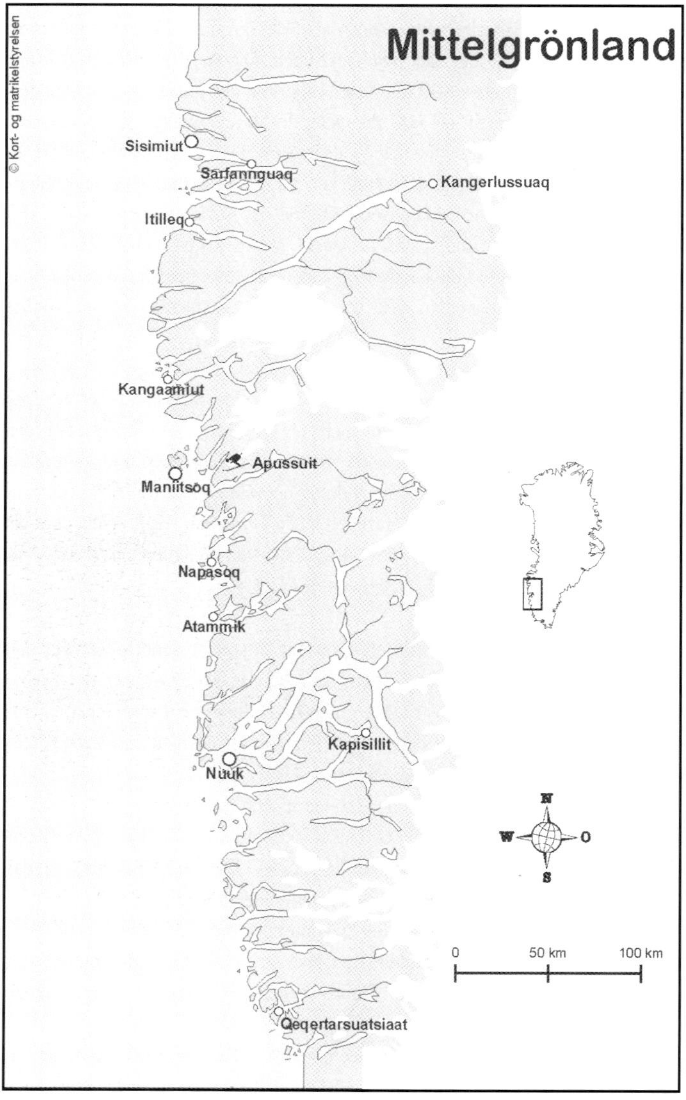
Mittelgrönland
© Kort- og matrikelstyrelsen
Sisimiut
Sarfannguaq
Kangerlussuaq
Itilleq
Kangaamiut
Apussuit
Maniitsoq
Napasoq
Atammik
Kapisillit
Nuuk
Qeqertarsuatsiaat
N
W
O
S
0
50 km
100 km

die riesigen Fjorde, besonders der Søndre Strømfjord, der Evighedsfjord und der riesige Fjordkomplex bei Nuuk gehören zu den Naturwundern des Landes und stellen absolute Sehenswürdigkeiten dar.

Ein weiterer Vorteil, den diese Region hat, ist, dass sie verkehrstechnisch sehr gut erschlossen ist und man sich schnell und unkompliziert bewegen kann. Wer jenseits der Naturerscheinungen auch etwas über das Leben der Menschen im modernen Grönland erfahren will, muss ohnehin Station in Nuuk und Sisimiut machen.

Kangerlussuaq

☆ ☏ 841222.
✚ ☏ 841211.
🚗 ☏ 841300.
✈ ☏ 841300.

Am Flughafen in Kangerlussuaq

Das erste, was die meisten Grönlandbesucher vom Land zu sehen bekommen, ist Kangerlussuaq ("der große Fjord"), dänisch Søndre Strømfjord. Etwa 80% des Flugverkehrs von und nach Grönland werden über diesen Flughafen abgewickelt. Der erste Eindruck ist ernüchternd: Das Flugzeug landet inmitten einer Einöde. Neben der Landebahn stehen hässliche Militärbaracken und auch die Flughafenbauten machen einen eher provisorischen Eindruck. Im sommerlichen Regen oder bei der extremen Kälte, die hier im Winter herrscht, kann der Flughafen Kangerlussuaq zu einer ersten Probe für Reiselaune werden – zumal es immer wieder vorkommt, dass Reisende hier deutlich länger feststecken als geplant. Bei schönem Wetter hatte man zumindest beim Anflug schon mal Gelegenheit zu sehen, wie schön die umliegende Landschaft mit ihren sanften Hügeln und vielen Seen ist.

Beim flüchtigen Blick auf die Landkarte sieht es so aus, als würde Kangerlussuaq als einziger grönländischer Ort im Inland liegen. Das ist nicht der Fall,

Kangerlussuaq liegt "lediglich" am Ende eines etwa 170 km langen Fjordes. Es hat aber aufgrund dieser Quasi-Binnenlage ein sehr stabiles, trockenes Klima. Im Sommer sind Temperaturen um 18 bis 20° keine Seltenheit, im Winter kann es dagegen bis zu -50° kalt werden.

Dieses stabile Klima war es in erster Linie, was die USA 1941 dazu bewog, in das bis dahin unbewohnte Gebiet einen Luftwaffenstützpunkt zu verlegen. Innerhalb kürzester Zeit wurden ein Flughafen und eine Barackenstadt errichtet, die zeitweise bis zu 8.000 Soldaten beherbergte.

Auch nach Kriegsende blieben die Amerikaner in Kangerlussuaq: "Bluie West 8" wurde 1951 unter dem Namen "Søndrestrøm Airbase" wiedereröffnet und diente als vorgeschobener Schutzposten der USA im Kalten Krieg und u.a. wurden von hier aus die vier grönländischen Radarstationen des "Distant Early Warning Systems" versorgt. Allerdings wurde der Flughafen schon 1954 für den zivilen Luftverkehr geöffnet und vom dänischen Staat unterhalten. Erst als sich durch den Machtwechsel in der Sowjetunion das Ost-West-Verhältnis entspannte, beschlossen die USA, den Stützpunkt aufzugeben. Am 30. September 1992 verließen die letzten Soldaten Søndrestrøm Airbase. Seitdem steht Kangerlussuaq unter grönländischer Verwaltung.

Obwohl hier annähernd 300 Menschen wohnen, hat Kangerlussuaq dennoch keinen Siedlungsstatus, sondern untersteht direkt der grönländischen Selbstverwaltung. Jeder, der hier lebt, ist beim Flughafen oder in den angeschlossenen Dienstleistungseinrichtungen beschäftigt - es gibt sogar eine Schule für die Kinder der Ortsansässigen.

Lange Zeit war Kangerlussuaq für Grönlandbesucher nur eine Durchgangsstation. Wer den Flughafenbereich verlassen oder länger bleiben wollte, als es Zwischenlandung und Umsteigen erforderten, brauchte dazu eine Sondergenehmigung der dänischen und amerikanischen Behörden.

Auch jetzt, wo solche Beschränkungen weggefallen sind, sehen viele Reisende in Kangerlussuaq nicht mehr als einen Transitflughafen, den man möglichst schnell wieder verlässt. Aber dafür ist der "Ort", bei aller unbestrittenen Hässlichkeit, viel zu schade: Die umliegende Landschaft ist von außerordentlicher Schönheit und lädt zu einer Reihe längerer oder kürzerer Wandertouren ein. Es gibt eine üppige Fauna mit Moschusochsen, Rentieren, Polarfüchsen, Schneehasen und vielen Vögeln.

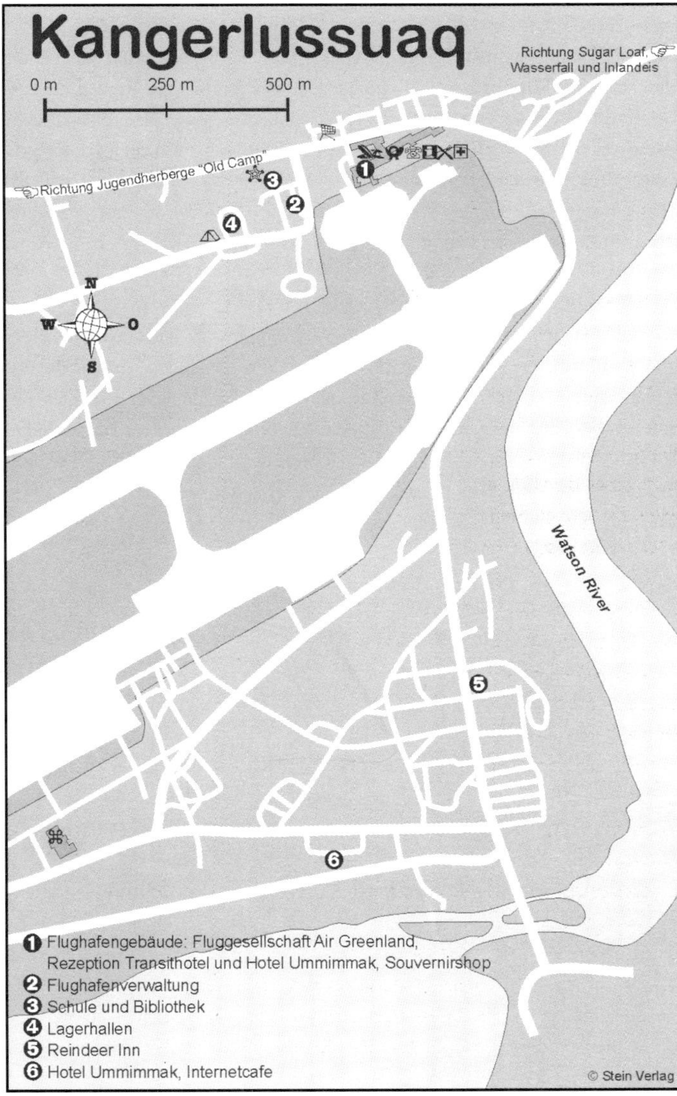
Kangerlussuaq
Richtung Sugar Loaf,
Wasserfall und Inlandeis
0 m
250 m
500 m
Richtung Jugendherberge "Old Camp"
N
W
O
S
Watson River
1 Flughafengebäude: Fluggesellschaft Air Greenland,
Rezeption Transithotel und Hotel Ummimmak, Souvernirshop
2 Flughafenverwaltung
3 Schule und Bibliothek
4 Lagerhallen
5 Reindeer Inn
6 Hotel Ummimmak, Internetcafe
© Stein Verlag

An- und Abreise

Kangerlussuaq ist der Hauptflughafen Grönlands. Hier landen die Maschinen aus Dänemark, Island und Kanada, und von hier aus werden die Passagiere per Helikopter oder den kleineren Inlandflugzeugen in die grönländischen Städte weitertransportiert. Von daher ist es überhaupt kein Problem, nach Kangerlussuaq zu gelangen und von dort wieder wegzukommen - vorausgesetzt, man hat rechtzeitig gebucht! Gerade im Sommer sind die Flugzeuge im innergrönländischen Flugverkehr fast immer bis auf den letzten Platz gefüllt.

Übernachtungsmöglichkeiten

Bereits seit 1960 gibt es ein großes Transithotel, das nach dem Abzug der USA noch erweitert wurde und mittlerweile aus drei Gebäuden besteht, die insgesamt etwa 400 Übernachtungsgäste aufnehmen können. Der Hauptteil des Hotels ist im Flughafengebäude selbst untergebracht, zwei weitere Häuser befinden sich südlich der Landebahn auf dem Gelände des ehemaligen Luftwaffenstützpunktes. Es gibt dort alle Kategorien von Zimmern, vom Schlafsaal für neun Personen bis zum mit Bad und WC ausgestatteten Einzel- oder Doppelzimmer.

Jugendherberge "Old Camp" in Kangerlussuaq

♦ Hotel Kangerlussuaq, PO Box 106, ☏ 841180, FAX 841284. Preise für Übernachtung: EZ: dkr 675 bis 1035, DZ: dkr 835 bis 1245, Schlafsaal: ca. dkr 270, 💻 <www.glv.gl>

Etwas abseits des Ortes gibt es eine große Jugendherberge mit Platz für mehr als 80 Personen. Vom Flughafen aus gelangt man dorthin, wenn man der Straße etwa zwei Kilometer in westlicher Richtung folgt. Auf Wunsch kann man auch von den Betreibern der Jugendherberge mit dem Auto vom Flughafen abgeholt bzw. wieder zurückgebracht werden.

♦ Youth Hostel "Old camp". Buchung über Kangerlussuaq Tourism, Preise: ca. dkr 275 pro Person und Nacht im Schlafsaal, EZ: dkr 550, DZ: dkr7650.

Schließlich gibt es in der Nähe des Frachtterminals die Möglichkeit zu campen. Wenn man dort zelten möchte, sollte man sich an den Informationsschalter von Kangerlussuaq Tourism in der Abflughalle wenden. Eine Übernachtung auf dem Campingplatz kostet etwa dkr 40.

Der Russells Gletscher ist in 2 bis 3 Tageswanderungen (einfache Strecke 25 km) von Kangerlussuaq aus zu erreichen

Essen und Trinken

Im Flughafengebäude gibt es eine Cafeteria, die zum Hotel gehört, aber allen zugänglich ist. Dort werden auch warme Mahlzeiten angeboten.

Abends besteht die Möglichkeit gut und teuer im Hotelrestaurant zu essen, das ebenfalls im Flughafengebäude untergebracht ist. Drinks bekommt man in der Grünen Bar des Hotels.

Einkaufen

Gegenüber des Flughafengebäudes befindet sich ein kleiner Laden, in dem man Lebensmittel und ähnliches kaufen kann. In der Abflughalle gibt es außerdem einen Souvenirshop und einen Kiosk.

In Kangerlussuaq gibt es keine Bank. Mit Kreditkarte kann man jedoch an der Hotelrezeption Bargeld bekommen und Geld wechseln.

Information

Kangerlussuaq Tourism hat in der Abflughalle einen Schalter eingerichtet, wo man auch Literatur und Videos über Grönland kaufen kann. In der Sommersaison ist der Schalter täglich besetzt.

- Kangerlussuaq Tourism, P.O. Boks 49, DK-3910 Kangerlussuaq/Sdr. Strømfjord, Greenland, ☏ +299 841 098, FAX +299 841 498
  <info@kangerlussuaqtourism.gl>,
  <http://www.greenland-guide.gl/kangerlussuaqtourism/>

Exkursionen und Ausflüge

Die Gegend bietet eine Fülle von Möglichkeiten für Exkursionen und Ausflüge: Die reichhaltige Flora und Fauna lädt zur Erkundung ein und man kann mit etwas Glück Moschusochsen und Rentiere in freier Wildbahn beobachten, wobei man zu erstgenannten allerdings stets einen gewissen Sicherheitsabstand halten sollte. Auch das Inlandeis ist von hier aus in einer (sehr anstrengenden/ein Weg 25 km) Tagestour zu erreichen. Berühmt ist Kangerlussuaq auch für sein Nordlicht. Im Winter kann man es hier fast jede Nacht beobachten. Da die Landebahn und die meisten Flughafengebäude nachts kaum beleuchtet sind, hat man schon wenige Schritte vom Hotel entfernt eine gute Sicht. Wer das Nordlicht in völliger Dunkelheit erleben möchte, kann an einer der 2-3stündigen Exkursionen des Touristenbüros teilnehmen. An klaren kalten Nächten fahren die Jeeps von Kangerlussuaq Tourism zu Orten, wo gar kein Kunstlicht den Genuss stört.

Diese Ausflüge kann man individuell planen und durchführen, sie sind aber auch Bestandteil des umfangreichen Exkursionsprogrammes von Kangerlussuaq Tourism, das am Informationsschalter in der Abflughalle ausliegt.

Weitere interessante Exkursionsmöglichkeiten sind z.B. eine Führung über den ehemaligen Luftwaffenstützpunkt der Amerikaner, wo man einen sehr anschaulichen Einblick in das Leben auf der Basis vermittelt bekommt, oder auch eine Besichtigung der nahe gelegenen Forschungsstation Kellyville, welche sich mit der Erforschung des Polarlichts befasst.

Wanderungen

In dem Gebiet zwischen Kangerlussuaq und Sisimiut befindet sich das größte Stück zusammenhängender eisfreier Landmasse in ganz Westgrönland. Die Landschaft ist hügelig, aber die Berge sind nicht sehr steil, es gibt viele Seen, das Wetter ist meist stabil - all das macht die Region Kangerlussuaq zu einem ausgezeichneten Wandergebiet.

Eine sehr schöne Tour führt von Kangerlussuaq aus zum Russell Gletscher, dem Rand des Inlandeises. Mit einiger Anstrengung ist sie hin und zurück an einem Tag zu bewältigen. Der Weg ist nicht schwer zu finden: Man verlässt den Ort nach Nordosten und folgt dann immer dem Schotterweg, der parallel zu einem Bach verläuft.

Eine der "klassischen" Wanderrouten in Grönland hat ebenfalls ihren Ausgangspunkt in Kangerlussuaq: Es ist die Wanderung von Kangerlussuaq nach Sisimiut, der Arctic Circle Trail. Für die 160 Kilometer benötigt man (mit Gepäck) um die zehn Tage. Speziell für diese Route gibt es eine Wanderkarte (Maßstab 1:100.000), die aber auch für andere Touren in der Region um Kangerlussuaq verwendet werden kann. Von Februar bis April wird diese Tour in beiden Richtungen auch als Hundeschlittenexkursion angeboten. Man benötigt dann ungefähr 3 Tage: ca. dkr 5.000/Person Buchung über:

- Team Arctic, s.o.
- Kangerlussuaq Tourism, s.o.
- Sisimiut Tourist Information ☞ Sisimiut.

Der Startpunkt des Arctic Circle Trails
unterwegs auf dem Trail

📖 Grönland: Arctic Circle Trail von David Kuhnert & Oliver Schröder, OutdoorHandbuch Band 137, Der Weg ist das Ziel, Conrad Stein Verlag, ISBN 3-89392-537-6.

Sonstige Aktivitäten

Auf dem Gelände der ehemaligen Basis gibt es ein Schwimmbad mit Sauna und eine Bowlinghalle. Einzelheiten über Öffnungszeiten, Preise u.ä. erfährt man bei Kangerlussuaq Tourism.

Auf dem Lake Ferguson kann man Kajak fahren; Boote sowie die nötige Ausrüstung verleiht das Touristenbüro.

Auch Mountainbikes kann man dort ausleihen - die Gegend eignet sich sehr gut für Radtouren, da die Berge nicht sehr hoch sind und die Amerikaner überdies ein gutes Wegenetz hinterlassen haben.

Von Dezember bis April bietet Kangerlussuaq Tourism auch kleine Hundeschlittentouren an (2-4 Stunden).

Sisimiut

☆ ☎ 864222.

⊞ ☎ 864211.

🚗 ☎ 865533.

Etwa 50 km nördlich des Polarkreises liegt im Schutz der Ulkebugt Sisimiut, mit über 5.100 Einwohnern Grönlands zweitgrößte Stadt. Sisimiut ist umgeben von schroffen hohen Bergen, die die Landschaft alpin wirken lassen, obwohl keine der Erhebungen die 1.000 m erreicht. Auffälligster Berg und damit guter Orientierungspunkt ist der 775 m hohe Nasaasaaq (dän. Kællingehætten = "Weiberkapuze"). Er verdankt seinen Namen der Ähnlichkeit seiner Spitze mit dem traditionellen Frauenanorak der Inuit. Für die nördliche Lage sind Flora und Fauna der Gegend erstaunlich artenreich: Insbesondere findet man eine vielfältige Vogelwelt mit Alken, Seeadlern, Falken und anderen Arten vor.

Sisimiut liegt am Rande der größten eisfreien Landmasse Westgrönlands und eignet sich insofern gut als Ausgangs- oder Zielpunkt für Wanderungen. Mit seinem gut erhaltenen Kolonialviertel ist Sisimiut einer der schönsten Orte des Landes und auf jeden Fall einen Besuch wert.

Entstanden ist der Ort, als die dänischen Kolonialherren 1764 den weiter nördlich gelegenen Posten Ukiivik sowie eine Missionsstation auf der anderen Seite der Ulkebugt an die Stelle des heutigen Sisimiut verlegten. Die Kolonie mit ihrem geschützten und ganzjährig eisfreien Hafen entwickelte sich rasch zum Zentrum des Walfangs an der westgrönländischen Küste.

Allerdings wurden durch den regen Schiffsverkehr im 18. und 19. Jh. immer wieder Epidemien eingeschleppt, die ein paarmal fast die gesamte Bevölkerung umgebracht hätten. Durch den regen Zustrom von Menschen aus den umliegenden Siedlungen blieb die Stadt aber dennoch am Leben.

Die moderne, industrielle Entwicklung der Stadt begann für grönländische Verhältnisse sehr früh, bereits in den 30er Jahren, mit dem Bau einer Werft und einer Fabrik für Fischkonserven.

Betrachtet man das Pro-Kopf Einkommen der Bevölkerung ist Sisimiut nach Nuuk die wohlhabendste Stadt des Landes. Den Grundstein für diesen

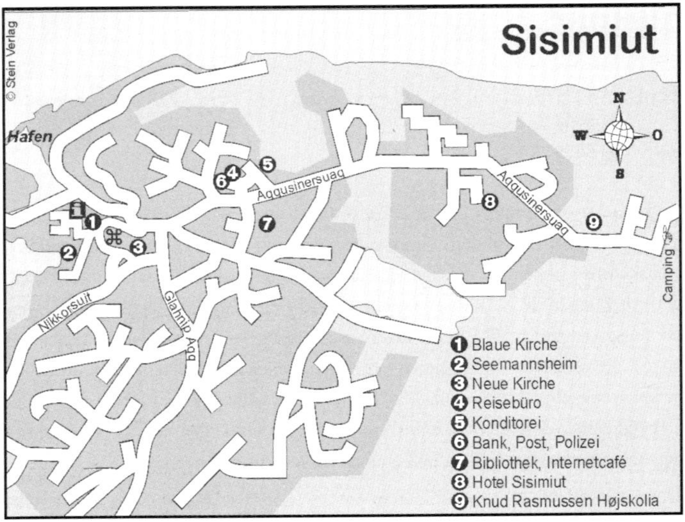

Aufschwung haben die reichen Fischgewässer und eine durch den ganzjährig eisfreien Hafen günstige Verkehrslage gelegt. Sisimiut ist ein sehr lebendiger Ort. Hier gibt es mehr private Unternehmen als in anderen grönländischen Städten, mehr Geschäfte, mehr Kultur- und Freizeitangebote uvm.

Das Erscheinungsbild von Sisimiut ist zweigeteilt: In der Nähe des Hafens dominieren Gebäude aus der Kolonialzeit und lassen den Ort sehr idyllisch erscheinen. Geht man die Hauptstraße, den AQQUSINERSUAQ, herauf, dann gelangt man in eine moderne grönländische Stadt mit großen Wohnanlagen, Geschäftszeilen und den unvermeidlichen Kiosken und Pölsebaren. Dazwischen findet man vereinzelt angeleinte Hunderudel.

Knapp nördlich des Polarkreises gelegen ist Sisimiut die südlichste grönländische Stadt, in der Schlittenhunde gehalten werden dürfen. Stärker als in den nördlicheren Städten hat hier jedoch das Schneemobil Einzug gehalten. Besonders auffällig ist dies an den Winterwochenenden, wo es auf der Schlittenspur, die östlich aus der Stadt zum Skilift (und letztlich bis KangerlussuaQ) führt, zugeht wie auf der A 2. Trotz der Dominanz der Schneeskooter gibt nach wie vor natürlich auch viele Hunde, die hier vor allem am Stadtrand gehalten werden, d.h. dass es auch in Sisimiut möglich ist, Hundeschlittentouren zu unternehmen.

An- und Abreise

Sisimiut ist von Kangerlussuaq aus mit dem Flugzeug zu erreichen. Es bestehen mehrere Verbindungen pro Woche, im Sommer sogar fast täglich. Zusätzlich gibt es Direktflüge nach Nuuk, Aasiaat und Ilulissat.

- <www.airgreenland.gl>

Die Stadt wird von den großen Küstenschiffen der Arctic Umiaq Line, die die Städte der Westküste miteinander verbinden, sechsmal die Woche angelaufen. Vor Ort gibt es Fahrkarten und Informationen bei:

- Grønlands Rejsebureau/Greenland Travel,P.O. Box 329, DK-3911 Sisimiut, (+299) 86 75 30, FAX (+299) 86 52 08, <www.greenland-travel.gl> <sisimiut@greenland-travel.gl>, Mo bis Fr 7 8:00 bis 16:30.

Übernachtungsmöglichkeiten

Nicht weit vom alten Heliport entfernt befindet sich das Hotel "Sisimiut". Das Hotel gehört zu den moderneren in Grönland und verfügt über einen guten Standard: Alle Zimmer sind mit Dusche/WC, TV und Telefon ausgestattet. Allerdings ist es auch nicht ganz billig, dort zu wohnen. Zum Hotel gehört eine Diskothek, in der manchmal Live-Konzerte stattfinden.

- Hotel Sisimiut, Aqqusinersuaq 86, PO Box 70, 864840, FAX 865615, <hotsisi@greennet.gl>, Preise: EZ ca. dkr 900, DZ ca. dkr 1.250 (jeweils inkl. Frühstück). <www.hotelsisimiut.gl>

Eine gute Übernachtungsmöglichkeit ist das Seemannsheim am Rande des alten Kolonialviertels in der Nähe des Hafens. Auch hier ist der Standard sehr gut: Zwar sind nicht alle Zimmer mit einem eigenen Bad/WC ausgestattet, aber das Haus strahlt eine gemütliche Atmosphäre aus.

- Sømandshjem Sisimiut, Frederik den IX's plads 5, PO Box 1015, <sisimiut@soemandshjem.gl>, 864150, FAX 865791, Preise (mit Bad/WC): EZ dkr 695, DZ dkr 920 (jeweils inkl. Frühstück). <http://www.soemandshjem.gl/>

Von Juni bis September steht auch die örtliche Heimvolkshochschule, die Knud Rasmussenip Højskolia, Touristen offen. Hier gibt es sowohl Einzel- als auch Doppelzimmer, Bad und WC werden allerdings teilweise gemeinschaftlich

Blick auf Sisimiut

genutzt. Im Aufenthaltsraum steht ein Fernseher zur Verfügung. Sein Essen kann man sich entweder selbst in der Küche zubereiten oder nach Vorbestellung am Essen in der Schule teilnehmen.

♦ Knud Rasmussenip Højskolia, Aqqusinersuaq 99, PO Box 1008

Wenn man dort wohnen will, ist eine Reservierung unbedingt zu empfehlen, da die Højskolia im Sommer häufig voll belegt ist.

Im Tal hinter dem Heliport befindet sich ein Zeltplatz. Das Wasser aus dem Fluss, der dort vorbeifließt, ist trinkbar.

Essen und Trinken

In Sisimiut gibt es zwei Restaurants: Direkt beim Hotel "Sisimiut" befindet sich auch das Restaurant "Nasaasaaq/dän. Hætten", ein gutes, aber recht teures Lokal.

Auf halber Strecke zwischen der Altstadt und dem modernen Zentrum befindet sich das Restaurant "Tugto". Hier kann man dänische und grönländische Küche bekommen, sowie, etwas preisgünstiger, diverse Pizzen (etwas unorthodox mit allem belegt was die Küche gerade hergibt). In beiden Restaurants gibt es häufig Musik und Tanz .

Zum Seemannsheim gehört eine Cafeteria, in der man für wenig Geld frühstücken sowie mittags und abends ein warmes Tagesgericht bekommen kann, nachmittags gibt es dort - ebenfalls sehr preisgünstig - Kaffee und Kuchen.

Die Konditorei (Tiggaliorfik) in der Stadtmitte etwas abseits der Hauptstraße ist, auch wenn man es ihr von außen nicht ansieht, gleichzeitig eine Cafeteria und bietet neben Kaffee und Backwaren auch ein günstiges Frühstück an. Darüber hinaus ist sie eines der wenigen Nichtraucherlokale der Stadt.

Im Medborgerhuset dem Gemeindehaus wird einmal wöchentlich grönländisch gekocht. Für wenig Geld kann man dort zusammen mir der örtlichen Bevölkerung landestypisches wie Wal, Robbe oder Moschusochse essen.

Weiterhin gibt es noch ein Café, in dem man auch Billard spielen kann, sowie mehrere Grillbars mit dem üblichen Fast Food Angebot.

Das Cafe Kukkukooq und der Pub Raaja sind reine Kneipen, die vor allem an Wochenenden gut besucht sind.

Trockenfischgestell, Schlittenhunde und Hundeschlitten

- Hotel Sisimiut, Adresse s.o.
- Sømandshjem, Adresse s.o.
- Restaurant Tugto, Aqqusinersuaq, ☏ 864889.
- Restaurant Nasaasaaq/Hætten, Aqqusinersuaq (am Westende), ☏ 864840.
- Medborgerhuset, Mannarsiip Aqq 14

Am oberen Teil der Hauptstraße auf der Rückseite des Brugsen-Supermarktes befindet sich das Ilimmarsa Netc@fe, ein Internetcafé, in dem man E-mails schreiben oder im Internet surfen kann. (Für Bewohner des Seemannsheims ist es auch möglich Zugang zu dem dortigen Computer zu bekommen).

- Ilimarsa Netc@fe, Aqqusinersuaq 64.

Einkaufen

Als "Großstadt" verfügt Sisimiut über gute Einkaufsmöglichkeiten: Es gibt drei große Supermärkte, KNI-Pisiffik und zwei mal Brugsen, sowie mehrere teilweise große Kioske. Die Supermärkte und Kioske haben meist auch am Wochenenden geöffnet.

Souvenirs und Kunsthandwerk sind bei Arctic Circle Tours (direkt beim kleinen Fisch- und Fleischmarkt) und in vielen anderen Geschäften zu bekommen, außerdem werden solche Artikel auch im Seemannsheim und im Grønlands Rejsebureau/Greenland Travel verkauft.

Um die kleine Einkaufszeile in der Stadtmitte herum erhält man neben Dingen des täglichen Bedarfs auch Unterhaltungslektronik und Fotozubehör. Hier ist auch möglich die CDs des Musiklabels ULO (benannt nach dem traditionellen Frauenmesser der Inuit) zu bekommen. ULO hat seinen Sitz in Sisimiut und brachte 1973 die erste grönländische Schallplatte überhaupt heraus. Inzwischen sind es über 150. Das Repertoire reicht vom traditionellen Trommeltanz bis zu Techno und Hip Hop.

Bei Sisu Sport gibt es Sportartikel. Zudem kann man hier Mountainbikes und im Winter Ski (Alpin und Langlauf) ausleihen.

Weiterhin gibt es im Ort eine Buchhandlung mit einem für grönländische Verhältnisse guten Sortiment. Neben grönländischen und dänischen Büchern aller

Art, gibt es auch einige Regalen mit englischer und deutschsprachiger Literatur über Grönland, darunter Titel, die hier kaum zu bekommen sind.

Information

Das Touristenbüro der Stadt ist mitten in der Altstadt in einem Häuschen aus der Kolonialzeit untergebracht. Dort bekommt man auch Stadtpläne von Sisimiut sowie Wanderkarten der Region. Das Touristenbüro ist täglich außer sonntags geöffnet. Sisimiut Tourist Information führt Ausflüge und Veranstaltungen nicht selbst durch, sondern vermittelt lediglich weiter an Arctic Circle Tours und Inuit Outfitting, an die man sich auch direkt wenden kann. Preislich macht es jedoch keinen Unterschied wo man bucht.

- Sisimiut Tourist Information PO Box 65, 864848, FAX 865622, <info@info-sisimiut.gl>, Sommer: Mo - Fr 10:00 bis 17:00, Sa 10:00 bis 14:00., Winter: Mo - Fr 10:00 bis 14:00, <http://www.greenland-guide.gl/sisimiut/>
- Arctic Circle Tours, Aqqusinersuaq 54, 866652, FAX 866653, <circletours@greennet.gl>, Mo - Fr 10:00 bis 17:00, Sa 10:00 bis 13:00.
- Inuit Outfitting, Berthelsenip Aqq. 18, 865367, FAX 866333, <ingemann.m.m@greennet.gl>. Mo - Fr 09:00 bis 17:00, Sa 10:00 bis 13:00.
- Kommune Sisimiut im Internet <www.sisimiut.gl>

Sehenswertes

Das alte Kolonialviertel ist eine der Hauptattraktionen der Stadt. Es beginnt am Hafen mit einer Reihe von steinernen Lagerhäusern aus der Mitte des vorigen Jahrhunderts.

Folgt man der Hauptstraße ein Stück den Berg hinauf, liegt zur Linken auf halber Höhe das sogenannte "Halbwegshaus" ("Halvvejshuset"), ein Fachwerkhaus, das ebenfalls zur Aufbewahrung von Vorräten diente.

Der Platz zur Rechten stellt das Zentrum des Kolonialviertels dar. Man betritt ihn durch ein Tor aus Walkiefern. Hier befindet sich eine ganze Reihe schöner alter Gebäude, unter anderem die Blaue Kirche von 1775, das Wahrzeichen der Stadt, das Kolonieverwalterhaus aus dem Jahre 1846, ein zweistöckiges, gelbes Holzhaus, außerdem das Pfarrhaus, der Laden und das Gefängnis.

⌘ In einem dieser Häuser ist heute das Touristenbüro untergebracht. Schräg gegenüber ist das Museum, das ebenfalls einen Besuch wert ist. Dort sind mehrere Ausstellungen zu sehen, über die Entwicklung Sisimiuts von einer Walfangstation zur modernen Industriestadt, über die traditionelle Kajak- und Fängerkultur sowie wechselnde zeitgenössische Ausstellungen.

Außerdem gehört zum Museum die Rekonstruktion eines Torfhauses aus dem frühen 20. Jh., das im alten Stil eingerichtet ist.

♦ Museum Sisimiut, Jukkorsuup Aqq., Mai bis September: Mo, Mi, Do, Sa, So 14:00 bis 17:00, Oktober bis April: Mi, Do, So 14:00 bis 17:00.

✝ Eine weitere Sehenswürdigkeit der Stadt ist die Neue Kirche, die auf einem Hügel über der Altstadt thront. Sie wurde 1926 vom Architekten Bojsen-Möller entworfen.

Ausflüge und Exkursionen

In der Umgebung von Sisimiut befinden sich einige mittlerweile verlassene Siedlungen, die zum Teil noch aus der Zeit der Walfänger stammen und ein kulturhistorisch interessantes Exkursionsziel darstellen. Bootsausflüge dorthin werden vom Touristenbüro angeboten.

Besonders interessant ist die Siedlung Assaqutaq, etwa zehn Kilometer südöstlich der Stadt auf der anderen Seite des Berges Kaellingehaetten am Fjord Amerloq gelegen.

Auch die beiden einzigen noch bewohnten Siedlungen des Bezirks Sisimiut, Sarfannguaq und Itilleq, sind einen Besuch wert. Da sie nicht von regulären Linienschiffen angelaufen werden, muss man um sie zu erreichen entweder an einer geführten Exkursion teilnehmen oder eine eigene Überfahrt organisieren. Für beides wendet man sich am besten an die Sisimiut Tourist Information.

Sarfannguaq liegt etwa 35 km südöstlich der Stadt auf einer schmalen Landzunge, die die Fjorde Amerloq und Ikertooq trennt.

Die zweite Siedlung, Itilleq, befindet sich rund 50 km südlich von Sisimiut auf einer kleinen Insel. In den beiden Siedlungen leben heute noch jeweils etwa 100 Menschen, vorwiegend von der Jagd und vom Fischfang. Man bekommt dort einen interessanten Einblick in den traditionellen grönländischen Lebensstil, der in

Museum mit Torfhaus in Sisimiut

den kleinen Siedlungen noch sehr lebendig ist. Inzwischen gibt es in den Siedlungen auch einfache und günstige Übernachtungsmöglichkeiten, die von Sisimiut Tourist Office vermittelt werden.

Wanderungen

Die bergige Landschaft um Sisimiut bietet eine Reihe interessanter Möglichkeiten für kürzere und längere Wanderungen.

Südöstlich der Stadt erhebt sich der 775 m hohe Berg Kællingehætten/Nasaasaaq ("Weiberkapuze"), von dem aus man eine sehr schöne Aussicht auf den Fjord Amerloq und die Schärenküste südlich von Sisimiut hat. Diesen Namen verdankt der Berg seiner eigenartigen Form: Seine Spitze ähnelt der Kapuze des traditionellen grönländischen Frauenanoraks. Diesen Berg kann man problemlos in einer Tagestour bewältigen, allerdings ist es keinesfalls ein Spaziergang, dort hinaufzusteigen: Der Weg ist an einigen Stellen sehr steil und schwierig zu begehen.

Eine andere, leichtere Wanderung führt rund um die Ulkebugt nach Asummiut an den Platz, wo Sisimiut 1759 ursprünglich angelegt wurde. Diese Stelle liegt am Fuß des Berges Praestefjeldet und es sind heute noch Überreste der alten Missionsstation genauso wie früherer Eskimosiedlungen zu sehen.

Diese und andere Wanderrouten sind der sehr empfehlenswerten Wanderkarte der Region Sisimiut (Maßstab 1:100.000) zu entnehmen, die 1996 von Greenland Tourism veröffentlicht wurde und die man u.a. bei Sisimiut Tourist Information kaufen kann.

Weiterhin besteht die Möglichkeit, die Wandertour Kangerlussuaq-Sisimiut auch in umgekehrter Richtung zu machen (siehe auch Kapitel Kangerlussuaq). Zwar ist dies eigentlich der ungünstigere Weg, da man am Anfang, wo das Gepäck noch am schwersten ist, den steilsten und anstrengendsten Teil der Strecke zu bewältigen hat, aber es gibt Möglichkeiten, sich den Weg zu erleichtern: So kann man die Wanderung mit einer Bootsfahrt nach Sarfannguaq erheblich verkürzen. Ferner kann man am See Amitsorssuaq einen Teil der Strecke mit dem Kanu zurücklegen. Einzelheiten sind bei Sisimiut Tourist Information zu erfahren.

Sonstige Aktivitäten

Man findet gute Bedingungen zum Angeln von Lachs, Heilbutt und Forelle. Genauere Informationen sowie Angellizenzen erhält man beim Touristenbüro.

Im Frühjahr und Winter werden Hundeschlittentouren unterschiedlicher Länge angeboten - vom kleinen 2- bis 3stündigen Ausflug bis zur langen Tour nach Kangerlussuaq. Skifahrer finden in Sisimiut gute Bedingungen vor. Das gilt vor allem für Skilanglauf. Sobald Schnee liegt werden rund um die Stadt gut 30 km Loipen gespurt. Man kann ausgiebige Touren in das bergigen Hinterland machen oder die flacheren Routen entlang der Schlittenspur wählen.

Seit 1996 ist Sisimiut der Start- und meistens auch der Zielort des Arctic Circle Race, dem nach Angaben des Veranstalters härtesten Skirennen der Welt. Über 160 km geht es drei Tage lang durch die arktische Wildness. Geschlafen wird in Camps entlang der Strecke. Das Teilnehmerfeld besteht sowohl aus Spitzensportlern, als auch aus ambitionierten Freizeitathleten. So gewann 1998 z.B. der 42malige deutsche Meister Jochen Behle, der das Rennen hinterher als "so hart wie drei Wasaläufe" bezeichnete.

Für Alpinski gibt es östlich der Stadt einen Skilift. Er liegt allerdings etwas außerhalb und zu Fuß braucht man eine knappe Stunde um ihn zu erreichen. Zu finden ist er leicht - man braucht nur der Kolonne der Schneemobile folgen. In voller Skimontur ist die Strecke jedoch nur sehr mühsam zu bewältigen. Es bietet sich an, das sogenannte "Kentec Taxi" zu nehmen. Kentec oder einer seiner Mitarbeiter fährt Skifahrer für dkr 40 mit dem Schneemobil zum Lift und holt sie zu einem vereinbarten Zeitpunkt auch wieder ab. Das Büro von "Kentec Snowlife" liegt zwischen einigen Schuppen und Garagen schräg gegenüber vom Hotel Sisimiut.

In Sisimiut befindet sich auch das einzige Freibad des Landes, das allerdings nur im Hochsommer geöffnet ist.

Maniitsoq

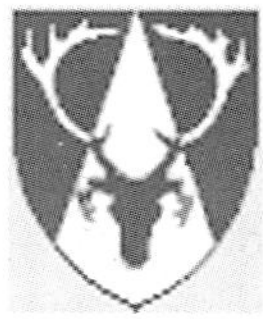

813222.

812111.

576111.

Auf halber Strecke zwischen Sisimiut und Nuuk liegt auf einer kleinen Insel inmitten einer Schärenlandschaft Maniitsoq, auf dänisch Sukkertoppen genannt.

Maniitsoq heißt in grönländisch rauher, unebener Ort und die Stadt macht diesem Namen alle Ehre. Die Häuser und Wohnblocks liegen zumeist auf schroffen Felskuppen oder sind direkt in den Hang gebaut. Dementsprechend ist das Stadtbild von zahllosen steilen Treppen geprägt.

Der Name Sukkertoppen ist eine Dänisierung des holländischen "Zuiker" (Zucker), den die niederländischen Walfänger beim Anblick der schneebedeckten Berge wohl vor Augen hatten und an den dann das dänische "Toppen" (Spitze) angehängt wurde.

Der Ort wurde 1755 vom dänischen Kaufmann Anders Olsen gegründet. Damals lag er jedoch nicht an derselben Stelle wie heute, sondern dort, wo sich heute die zum Distrikt gehörende Siedlung Kangaamiut befindet. 1781 wurde der Ort an seine heutige Stelle verlegt, wo er sich schnell entwickelte. Mit 500 Einwohnern war Sukkertoppen in der ersten Hälfte des 19. Jh. einer der größten des Landes, wozu er mit 3.000 Einwohnern auch heute noch zählt.

Maniitsoq ist die erste Stadt südlich des Polarkreises und gehört damit nicht mehr zu den Schlittenhundorten. Obwohl als Walfängerstation gegründet, spielt dieser Erwerbszweig hier schon lange keine Rolle mehr. Das moderne Maniitsoq lebt wie alle grönländischen Städte hauptsächlich vom Fischfang. Der Stolz der Stadt ist allerdings die Bekleidungsfabrik Kapitaq, die einzige des Landes. Hier wird Arbeits- und Freizeitkleidung, die auch den Bedingungen arktischen Klimas genügt, hergestellt.

Maniitsoq gehört nicht zu den Städten, die von Grönlandbesuchern häufig aufgesucht werden. Obwohl es in der Kommune Maniitsoq die höchsten und schroffsten Berge Westgrönlands gibt, ist die Region zum Wandern kaum geeignet. Maniitsoq selbst liegt auf einer kleinen Insel und jede Exkursion ist zunächst mal mit einer Bootsfahrt verbunden. Auch das nahe gelegene Festland ist ein schwieriges Terrain. Es ist von zahlreichen tiefen Fjorden geprägt, die sich von der Küste aus tief ins Inland, teilweise bis direkt an die Eiskappe, ziehen.

Darüber hinaus stößt das Inlandeis in der Region um Maniitsoq auf breiter Fläche in Richtung Küste und teilt den breitesten Landstreifen der Westküste in zwei völlig eigenständige Gebiete, das Kong Frederik IX. Land und das Dronning Ingrid Land. Hier kommt man als Wanderer nicht weiter.

Die Gletscher des Kangerlussuatsiaq (Ewigkeitsfjord), der sich auf langer Strecke in die Eiskappe frisst, haben unter Kletterspezialisten zwar einen guten Ruf, wer sich jedoch nicht dazu zählen kann, sollte von Versuchen, sie zu passieren, Abstand nehmen.

Eine Attraktion stellt das 35 km entfernte Apussuit-Skiressort dar, das auch im Sommer optimale Bedingungen zum alpinen Skifahren bietet.

An- und Abreise

Im Sommer, während der Hauptreisezeit, wird Maniitsoq von den überregionalen Schiffen der Arctic Umiaq Line regelmäßig angelaufen.

Da der Hafen auch im Winter eisfrei ist, kann Maniitsoq das ganze Jahr über mit dem Schiff erreicht werden. In der Zeit von Januar bis Juni verkehren jedoch weniger Schiffe.

Seit Oktober 1999 verfügt Maniitsoq über einen Flughafen. Es gibt direkte Flüge von und nach Ilulissat, Asiaat, Nuuk und Sisimiut. Zu allen anderen Orten muss man umsteigen, meist in Kangerlussuaq.

Übernachtungsmöglichkeiten

Das einzige Hotel der Stadt, "Hotel Maniitsoq", ist ein neues, gut ausgestattetes Mittelklassehotel. Das Hotel bietet auch preisgünstigere Appartements mit Kochgelegenheit an.

Eine gute und für grönländische Verhältnisse günstige Übernachtungsmöglichkeit ist das Seemannsheim am Hafen. Im Sommer besteht zudem die Möglichkeit im Studentenwohnheim zu übernachten. Informationen und Reservierungen beim Touristenbüro.

Zeltplätze gibt es in der Nähe des Museums.

- Hotel Maniitsoq, Ajoqinnguup Aqq. B1150. ☏ 813035-36, FAX 813377, EZ dkr 900, DZ dkr 1.300 (jeweils inkl. Frühstück).
- Sømandshjem, Maniitsoq 3, ☏ 813535, FAX 813553, EZ dkr 695, DZ dkr 920 (jeweils inkl. Frühstück), <maniitsoq@soemandshjem.gl>

Essen und Trinken

Das Hotel "Maniitsoq" verfügt über ein Restaurant, das komplette Menüs und Gerichte à la carte aus internationaler, dänischer und grönländischer Küche anbietet. In der Cafeteria des Seemannsheims wird morgens ein Frühstücksbuffet (auch für Nichtbewohner) sowie mittags und abends ein Tagesgericht angeboten. Dazwischen gibt es Kaffee, Kuchen und ein kleines Fastfood-Repertoire.

Information

Bei allen touristischen Fragen hilft das Maniitsoq Tourist Office weiter.

- Maniitsoq Tourist Office, PO Box 318, DK-3912 Maniitsoq, ☏ 813100, FAX 813905, <mantour@greennet.gl>

Sehenswertes

⌘ Das Museum aus dem Jahr 1874, das früher am Hafen stand, kann heute an anderer Stelle besichtigt werden. Es wurde versetzt, um dem Neubau einer Fischfabrik Platz zu schaffen. Im Museum werden archäologische Fundstücke aus der Region, die bis zur Saqqaq-Kultur zurückreichen, ausgestellt.

Die Funde haben gezeigt, dass hier schon vor über 3.000 Jahren mit Pfeil und Bogen Rentiere gejagt wurden. Diese Technik wurde erst von den Schusswaffen abgelöst.

✝ Maniitsoq hat zwei Kirchen, die alte von 1864, die nach wie vor an ihrem alten Platz im Zentrum des kolonialen Sukkertoppen steht, und eine 1981 gebaute neue Kirche, die heutzutage für Gottesdienste und Kirchenfeiern genutzt wird. Dieser Bau ist wenig spektakulär, fügt sich aber bemerkenswert gut in Stadt und Landschaft ein. Der Altar wurde von der grönländischen Künstlerin Aka Hoegh gestaltet. Er besteht aus unbehauenen Steinen und einem Kreuz aus Treibholz, im traditionellen Grönland die einzige Möglichkeit, um an Holz zu kommen. Das Taufbecken fertigte sie ebenfalls aus unbehauenen Steinen an. Die Altardecke und der Teppich davor sind von der über Maniitsoq hinaus bekannten Näherin Martha Biilmann hergestellt. Das einzige Material, das dazu verwendet wurde, ist Robbenfell.

Sonstige Aktivitäten

Das 35 km östlich am Fjord Maniitsup Sermilia gelegene Apussuit-Skiressort bietet auf einem großen Gletscher ganzjährig die Möglichkeit zu Langlauf und alpinem Skifahren. Der Begriff Skiresort täuscht allerdings etwas über die Bedingungen dort hinweg. Zwar gibt es von der Natur her optimale Bedingungen mit langen Abfahrten von 1.200 m Höhe bis fast ans Meer, doch die Infrastruktur des Resorts beschränkt sich auf drei Hütten, in denen maximal 30 Leute unterkommen können. Es gibt keine Liftanlagen oder irgendwelche anderen Einrichtungen, die man normalerweise mit Skigebieten verbindet. Deshalb hat Apussuit vor allem unter den etwas betuchteren Freunden des Heliskiings einen Namen.

Ein Besuch in den Siedlungen Atammik und Naposoq, die zum Distrikt Maniitsoq gehören und über 200 bzw. 150 Einwohner haben, ist aufgrund der großen Distanzen, die man zurücklegen muss, schwierig zu organisieren und kostspielig. Die Siedlung Kangaamiut ist mit über 500 Einwohnern fast schon eine Stadt und wird dementsprechend auch von den großen Küstenschiffen angefahren. Kangaamiut ist ein guter Ausgangspunkt für Exkursionen in den Ewigkeitsfjord. In Kangaamiut gibt es ein Gästehaus der Kommune, in dem man für dkr 425 ein Zimmer bekommen kann. Die Buchung ist über das Maniitsoq Tourist Office möglich.

Der ganze Distrikt gilt als sehr gutes Jagdgebiet für Rentiere. Auch Moschusochsen sind anzutreffen, vor allem in dem Teil des Bezirks, der nordöstlich der Sukkertoppen-Eiskappe liegt.

Nuuk

☆ ☏ 321448.

⊞ ☏ 321101.

🚗 ☏ 321818 + ☏ 322222.

Mit nur 13.500 Einwohnern ist Nuuk zwar die kleinste Hauptstadt der Welt, aber immer noch mehr als doppelt so groß wie die nächstfolgende Stadt des Landes. Die grönländische Selbstverwaltung, die Zentrale von Royal Greenland, Grønlandsfly, die Royal Arctic Line, Grønlandsbanken und zahlreiche andere Einrichtungen haben hier ihren Sitz. Sie machen Nuuk zum administrativen und wirtschaftlichen Zentrum des Landes. Auch im Bildungs- und Kulturbereich ist Nuuk führend. Die Universität, der Rundfunk, die beiden Zeitungen, das Nationalmuseum, eine landesweit bekannte Theatergruppe und vieles mehr sind in Nuuk beheimatet. Seit 1997 steht hier auch das Katuaq, das große Kulturzentrum, das als Aufführungsort für Großveranstaltungen aller Art dient und darüber hinaus als nationale Einrichtung für grönländische Kunst und Kultur gedacht ist.

Die Modernisierung ist in Nuuk besonders rasant vorangegangen. Noch 1960 hatte Nuuk nur 3.200 Einwohner. 1970 waren es bereits 8.000 Einwohner und 1980 knapp 10.000. Dass in Nuuk ¼ der Gesamtbevölkerung Grönlands lebt, ist einerseits Ergebnis der dänischen Zentralisierungspolitik (☞ Land und Leute, Geschichte) und andererseits mit den erheblich besseren Berufsperspektiven, die es hier gibt, zu erklären – erst recht seit Einführung der Selbstverwaltung.

Man sieht Nuuk an, des es innerhalb von nur zwei Jahrzehnten gewachsen ist. Die Stadt ist ein architektonisches und stadtplanerisches Desaster. Das Erscheinungsbild wird dominiert von lang gezogenen Wohnblocks, die so aussehen wie der soziale Wohnungsbau in der ganzen Welt. Zumeist in den 70er Jahren auf Reißbrettern in Dänemark entstanden, mussten diese Häuser den Bewohnern der geschlossenen Siedlungen der Region Unterkunft bieten. Am eindrucksvollsten ist in dieser Hinsicht der stadtbekannte Block P, in dem 500 Menschen, also ungefähr ein Prozent der gesamten grönländischen Bevölkerung, wohnen.

Hatte diese Art zu bauen und zu wohnen schon in anderen Ländern sozial schwierige Folgen, so gilt dies erst recht für die Grönländer, die in den 70er

Jahren in diese Häuser gezwungen wurden. Wer zuvor in einer 70-Einwohner-Siedlung in einem eigenen kleinen Haus wohnte, jeden kannte und seine Welt, die auf den Fang von Meerestieren ausgerichtet war, völlig überblicken konnte, stand jetzt vor großen Wohnblocks, die sich häufig nur durch ihre Numerierung unterschieden. Zudem waren die Gebäude nicht auf eine grönländische Lebensweise, wie sie in dieser Zeit noch üblich war, ausgerichtet. Fänger und Fischer benötigen Trockengestelle, Stauraum für Jagdutensilien und Örtlichkeiten, um den Fang zu verarbeiten. Gelegenheiten dazu gibt es hier nicht. Dies war allerdings auch nicht vorgesehen. Die modernen "Norddänen", zu denen die Grönländer deklariert wurden, sollten in den Fischfabriken und Büros arbeiten.

Dass dieser mit besten Absichten gestartete Modernisierungsversuch fehlschlug, ist heute unbestritten. Zwar gelang es, einige Krankheiten wie Tuberkulose oder die Masern durch eine zentralisierte und bessere medizinische Versorgung ganz auszulöschen, aber die sozialen Kosten dieses Projektes waren enorm und sind auch heute noch sichtbar.

Eine behutsamere, mehr den Bedürfnissen der Menschen entsprechende Art des sozialen Wohnungsbaus kann man im Stadtteil Nuussuaq, der in den 80er Jahren auf der anderen Seite des neuen Hafens errichtet wurde, besichtigen. Inzwischen ist Nuussuaq so sehr gewachsen, das es für sich genommen die zweitgrößte Stadt des Landes wäre.

Ganz am Anfang der Entwicklung Nuuks stand die Ankunft des norwegischen Missionars Hans Egede, der 1721 seine erste Niederlassung auf Håbets Ø, einer im Schärengürtel vorgelagerten Insel verließ und sich 1728 dort niederließ, wo sich auch heute noch die Kolonialhäuser befinden. Godthåb, "Gute Hoffnung", nannte er den neuen Ort. Sein Haus, ein länglicher gelber Bau, war lange Zeit auch die Residenz des grönländischen Regierungschefs. Erst Jonathan Motzfeld hat mit dieser Tradition gebrochen und ist vor einigen Jahren in sein eigenes komfortableres Haus gezogen.

Das Gebiet um das alte Wohnhaus Egedes am Fuße eines Hügels, auf dem ein Denkmal des "Apostels Grönlands" steht, ist der historische Kern Nuuks. Er macht gerade im Vergleich zu den neuen Bauten einen sehr wohnlichen Eindruck. Ältere Bauwerke findet man sonst nur noch am südlichen Rand der Stadt, wo sich 1733 die Herrnhuter niederließen und ihr Neu-Herrnhut gründeten. Dieses

Blick auf Nuuk

Gebiet, das ursprünglich etwas außerhalb der Stadt lag, ist inzwischen längst von der Bebauung eingeholt worden. Die alte Kirche der Herrnhuter bildet heute das Kernstück der Universität, der einzigen des Landes.

Nuuk gilt unter Grönländern als die dänischste Stadt des Landes und wird gelegentlich sogar als "Nuukstrup" verspottet. Das hat zum einen den Grund, dass hier tatsächlich 1/3 aller Bewohner nicht in Grönland geboren wurde, wie es in der Statistik immer heißt, dass es mit anderen Worten also zumeist Dänen sind. Auch wenn die politischen Mandatsträger immer Grönländer im Sinne von Inuit sind, werden in der Verwaltung und im Management nach wie vor sehr viele Dänen beschäftigt. Sie prägen natürlich auch das Stadtbild.

Zum anderen unterscheidet sich das Leben in Nuuk auch für die gebürtigen Grönländer schon lange erheblich von dem in anderen Städten. Fischfang und die Arbeit in der Fischfabrik ist zwar auch hier von Bedeutung, aber es gibt noch zahlreiche andere Arbeitsplätze. Es wird auch unter den Bewohnern Nuuks noch viel gejagt und einige gehen in die Sommerlager, aber hier haben diese Dinge einen sehr viel stärkeren Freizeitcharakter als im Rest des Landes. Der Lebensstil ist in Nuuk städtischer als anderswo.

An- und Abreise

Nuuk hat als Hauptstadt sehr gute Flugverbindungen zu den anderen Städten. Es gibt Direktflüge nach Kangerlussuaq, Ilulissat, Aasiaat, Sisimiut, Maniitsoq, Narsarsuaq, Paamiut und Kulusuk.

Der Hafen von Nuuk ist das ganze Jahr über eisfrei. Er wird dementsprechend auch ganzjährig von den großen Küstenschiffen bedient. In der Zeit von Januar bis Mai ist allerdings nur ein Schiff auf der Route Nanortalik-Sisimiut im Einsatz. In der Hauptreisezeit verkehren zwei der drei überregionalen Schiffe zwischen Nuuk und dem Norden. Das dritte fährt in dieser Zeit zwischen Qaqortoq und Ilulissat, wobei es in beiden Richtungen in der Hauptstadt Station macht.

Übernachtungsmöglichkeiten

Obwohl Hauptstadt, ist das Übernachtungsangebot, zumindest was die Anzahl der Einrichtungen angeht, in Nuuk eher beschränkt.

Schon von weitem sichtbar ist das Hotel "Hans Egede" an der Aqqusinersuaq, der großen Hauptstraße. Es ist mit 110 Zimmern das mit Abstand größte des Landes, das modernste und auch das luxuriöseste. Diesen Superlativen wird auch im Preis entsprochen. Mit diversen Bars, Restaurants und Diskothek bietet es das an, was man von Großhotels aus anderen Ländern kennt.

♦ Hotel Hans Egede, Aqqusinersuaq 1-5, P.O. Box 289, 3900 Nuuk, ☏ 324222, FAX 324487, ✉ <hhe@greennet.gl>, EZ dkr 1.185, DZ dkr 1.485, (jeweils inkl Frühstück)

Auch in Nuuk gibt es ein Seemannsheim, das eine preisgünstigere Alternative zum Hotel darstellt und dennoch einen hotelähnlichen Standard bietet.

♦ Sømandshjem Nuuk, PO Box 1021, DK-3900 Nuuk, ☏ 321029, FAX 322104, ✉ <shjnuuk@greennet.gl>, DZ mit Bad dkr 1.120, EZ dkr 735 - 895, (jeweils inkl Frühstück)

Die Jugendherberge in der Sporthalle ist preislich wohl kaum zu unterbieten. Eine Übernachtung dort ist jedoch nur sehr bedingt zu empfehlen, da die Herberge vor allem von Schulklassen und Sportmannschaften benutzt wird. Bed-and-Breakfast-Unterkünfte kann man beim Touristenbüro buchen. Dort werden auch Appartements vermittelt

- Jugendherberge Godthåbshallen, Vandssøvej 2, ☏ 321654, ca. 110 dkr pro Person und Nacht.
- Bed and Breakfast, ca. 325 dkr pro Nacht, Buchung übers Touristenbüro.
- Appartements, ca dkr 900 pro Nacht, Buchung übers Touristenbüro.

Essen und Trinken

Wenn man aus anderen grönländischen Städten oder von einer längeren Wanderung nach Nuuk kommt, hat man den Eindruck, in einem kulinarischen Paradies gelandet zu sein. Man kann zwischen einer ganzen Reihe verschiedener Restaurants, Cafeterien und Cafés wählen. Dazu kommen diverse Grillbars.

Das Restaurant "Sky Top" im obersten Stock des Hotels "Hans Egede" ist wie das Hotel sehr aufwendig und entsprechend teuer. Das Restaurant "Charoen Porn" direkt neben dem Hotel, ist ein sehr gutes und sehr teures Thai-Restaurant, in das bei Staatsbesuchen auch ausländische Gäste oft geführt werden.

Anspruchsvolle aber etwas preisgünstigere Menüs und Essen à la carte bieten das "Restaurant Kununnguaq" und das "Getrud Rask Spisehus" - beide sind im Gebäudekomplex rund um das Bowlingcenter an der Hauptstraße untergebracht. Das Kununnguaq bietet Thaiküche für dkr 120-150 und hat als Hauptattraktion ein sogenanntes "mongolisches Barbecue" im Programm, das auch unter Grönländern sehr beliebt ist. Für dkr 130 kann man sich die rohen Speisen am Buffet aussuchen und dann grillen lassen. Interessant ist vor allem nach längeren Grönlandaufenthalten jedoch das Salatbuffet. Als Hauptstadt ist Nuuk besser mit Frischwaren versorgt als die meisten anderen Städte. Gertrud Rask Spisehus bietet eine französisch angehauchte internationale Küche. Die Preise bewegen sich zwischen dkr 150 und dkr 170.

Ein bisschen günstiger ist das "Restaurant Vaerftet" direkt über der Touristeninformation. Es ist vor allem deshalb attraktiv, weil es vorwiegend auf einheimische Zutaten setzt. So kann man für dkr 140-150 Rentier, Moschusochse, Lamm und Fisch aller Art essen. Zudem ist es das einzige Restaurant in Nuuk in dem man einen wirklich schönen Blick aufs Meer hat. Als Attraktion ist im Restaurant der Kopf eines zweihörnigen Narwals ausgestellt.

Günstig essen kann in "Tulles Rock Café", eine Kopie der weltweit verbreiteten Hard Rock Cafés. Es bietet auch das dort übliche Repertoire an

Hamburgern, "spare ribs" und Steaks an. Dies allerdings in bemerkenswert großen Portionen. Darüber hinaus gibt es Nudeln und Pizza.

Das "Crazy Daisy" ist eher eine Cafeteria und vor allem bei Jugendlichen sehr beliebt. Es gibt einen bunten Mix von asiatische Speisen, Hamburgern und frittiertem Fisch. Das kleine "Café Mik" ist wirklich eher ein Café und hat lediglich Fastfood im Programm.

Im Seemannsheim gibt es ein Frühstücksbufett, mittags und abends ein Tagesgericht (fast immer Braten und Kartoffeln) und außerhalb dieser Zeiten Kuchen und Smørrebrød. Die Cafeteria der Sporthalle und diverse Imbissbuden versorgen den eiligen oder sparsamen Besucher mit Würstchen, Pommes, u.ä.

In dem kleinen Industriegebiet vor dem Tunnel nach Nuussuaq befindet sich das Nuuk Netcafé, wo man gegen relativ geringe Gebühr einen der modernen schnellen Computer benutzen kann um E-Mails zu schicken oder im Internet zu surfen. Zwar gibt es den Kaffee dort umsonst, doch über die Computer hinaus, bietet der Ort wenig, was einen Besuch lohnen würde. Er ist vor allem Treffpunkt für Jugendliche, die an den Bildschirmen sitzen und Monster jagen oder Autorennen fahren.

♦ Nuuk Netcafé, Industrievej 2, ☏ 327274.

Einen öffentlich zugänglichen Internetanschluss gibt es auch noch in der Nationalbibliothek in der Stadtmitte.

i Information

Direkt am alten Kolonialhafen, im selben Gebäude wie das Postamt des Weihnachtsmannes, befindet sich das Büro von Nuuk Tourism. In der Hauptssaison von Juni bis September sind mehrere Mitarbeiter an sieben Tagen in der Woche da und helfen bei allen Fragen weiter. Im Winter ist an Wochenenden geschlossen.

♦ Nuuk Tourism, Hans Egedes Vej 29, ☏ 322700, FAX 322710,
<info@ nuuk-tourism.gl>, <www.nuuk-tourism.gl>
Mo - Fr 9:00 bis 17:00, Sa/So 12:00 bis 16:00.

Sehenswertes

Es gibt gute Gründe, die Erkundung der Stadt im historischen Nuuk rund um das Hans Egede Denkmal am alten Kolonialhafen zu beginnen. Hier gibt es eine ganze Reihe von Dingen zu besichtigen. Neben dem Viertel selbst mit dem bereits

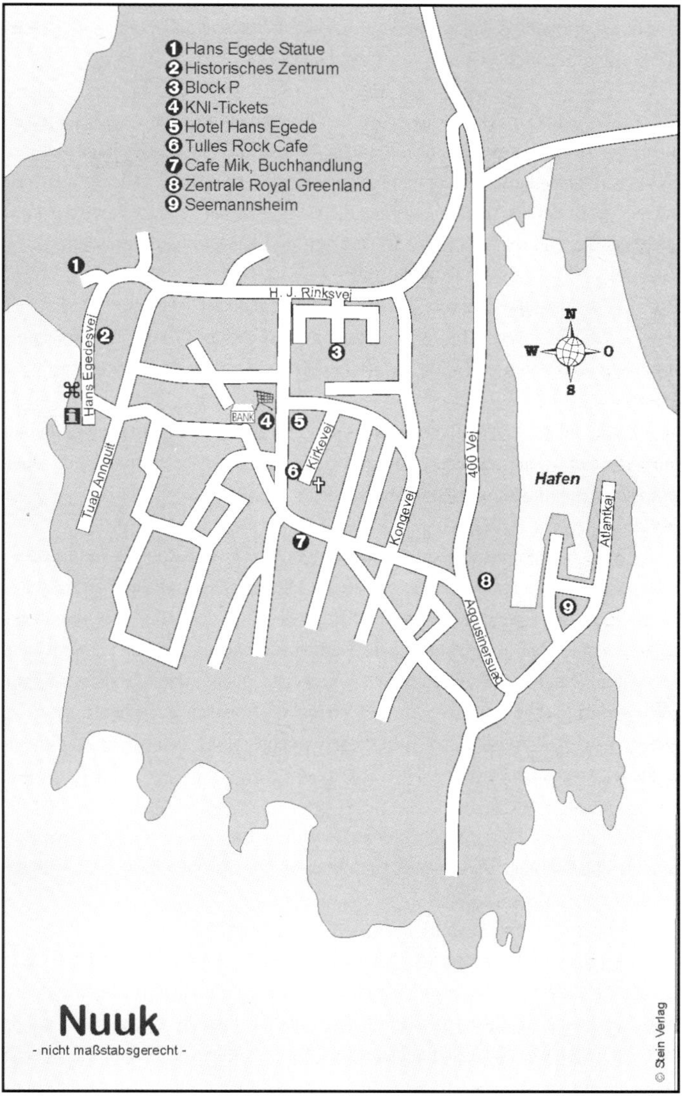
❶ Hans Egede Statue
❷ Historisches Zentrum
❸ Block P
❹ KNI-Tickets
❺ Hotel Hans Egede
❻ Tulles Rock Cafe
❼ Cafe Mik, Buchhandlung
❽ Zentrale Royal Greenland
❾ Seemannsheim
H. J. Rinksvej
Hans Egedesvej
Tuap Annguit
BANK
Kirkevej
Kongevej
400 Vej
Aqqusinersuaq
Hafen
Atlantkai
N
W
O
S
Nuuk
- nicht maßstabsgerecht -
© Stein Verlag

erwähnten Wohnhaus Hans Egedes, den alten Speichergebäuden und kleinen Werkstätten befinden sich hier:

⌘ Das Landesmuseum, das neben den berühmten Mumien von Qilakitsoq in mehreren Räumen sowohl archäologische Fundstücke der frühen Inuit-Kulturen als auch verschiedenste Dokumente zur neueren Geschichte Grönlands ausstellt. In einer gesonderten Abteilung werden die erdgeschichtliche Entstehung des Kontinents aufgezeigt und zahlreiche Mineralien- und Gesteinsfunde präsentiert.

✞ Die Erlöserkirche von 1848 ist mit einem Relief von Egede und seiner Frau Gertrud Rask verziert. Trotz protestantisch-schlichter Gestaltung ist sie auch von innen interessant und wirkt vor allem durch die blauweiße Farbgebung.

▷ Eine historische Böttcherei, wie sie in den großen Walfangzeiten betrieben wurde, um den Tran zu lagern und zu versenden. Sie ist in einem kleinen Haus gegenüber dem Landesmuseum eingerichtet.

▷ Eine Fellnähwerkstatt im Gebäude nebenan, in der Robben- und andere Felle nach alter Tradition verarbeitet werden. Mit etwas Glück kann man zuschauen, wie eine der Frauen, die dort beschäftigt sind, mit dem Ulo, dem Rundmesser, ein Robbenfell abschabt. Genäht werden hier neben kleinen als Souvenirs gedachten Dingen wie Federtaschen, Ausweismappen oder Handtaschen vor allem grönländische Trachten, die bei feierlichen Anlässen auch heute noch oft getragen werden. Wer diesen Ort besuchen möchte, sollte sich bei Nuuk Tourism melden.

▷ Eines der alten Speichergebäude wird heute vom örtlichen Kajakclub genutzt. Nachmittags und abends kann man häufig Gruppen junger Grönländer auf dem Wasser beobachten.

▷ Im alten Kolonialzentrum befindet sich auch der Brædt, der Fisch- und Fleischmarkt, auf dem die privaten Fischer und die Jäger und Fänger der Stadt ihre Produkte verkaufen. Vom schlichten Dorsch oder der Robbe bis zu etwas exklusiveren Dingen wie Walfleisch und Rentier lässt sich hier alles finden. Ein Besuch lohnt auf jeden Fall.

▷ Am Ende des alten Hafens befindet sich das Büro von Nuuk Tourism. Im selben Gebäude untergebracht ist auch das Postamt des Weihnachtsmannes. Hier wird die Post von Kindern aus aller Welt, die an den Weihnachtsmann mit der Adresse "Nordpol" geschrieben haben, gesammelt und beantwortet. Wer möchte, kann hier auch einen Brief vom Weihnachtsmann an die eigenen Kinder absenden. Er wird gelagert und Weihnachten zugestellt.

In einer Säule vor dem Gebäude sind die Schnuller gesammelt, die die Kinder, wenn sie zu alt dafür geworden sind, an den Weihnachtsmann geschickt haben. Ebenfalls vor dem Postamt befindet sich ein riesiger roter Briefkasten, in dem die Post gesammelt wird. Er ist ein sehr beliebtes Fotomotiv.

☺ Adresse des Weihnachtsmannes: Julemanden, Nordpolen, Julemandens Postkontor, DK-3900 Nuuk, Grönland.

▷ Etwas außerhalb der Kolonialsiedlung liegt das Seminar, das 1907 im "Dragestil", im Drachenstil, gebaut wurde. Es diente lange Zeit als Ausbildungsstelle der Katecheten, bis es dann Mitte der 60er Jahre zum Lehrerseminar umfunktioniert wurde. Dieses Gebäude findet sich auch im Stadtwappen Nuuks wieder.

▷ Weniger pittoresk als die Altstadt, dafür aber sicher aufschlussreicher, was zeitgenössisches Leben in Grönland angeht, ist ein Gang über die Aqqusinersuaq, die Hauptstraße. Das nördliche Ende der Straße ist vor allem von Wohnblocks, inklusive des berüchtigten Block P, gekennzeichnet. Südlich des Hotels Hans Egede folgen Geschäfte, Restaurants und Cafés. Auf halber Strecke findet man die einzige Ampel des Landes, die Fußgängerampel vor dem KNI Supermarkt. Sie ist notwendig weil es zur Rushhour manchmal sehr schwierig ist die Straße zu überqueren. Zwar gibt es in Nuuk nach der letzten Zählung nur 1.040 Autos, doch am Morgen und am Nachmittag scheinen sie alle über die Aqqusinersuaq zu fahren.

▷ Etwas abseits der Hauptstraße liegt das neue grönländische Kulturzentrum, das Kutuaq. Der große architektonisch ambitionierte Bau mit dem Grundriss eines geschwungenen Dreiecks ist inmitten der tristen Wohnblocks und pragmatischen Verwaltungsgebäude jetzt das auffälligste Gebäude der Stadt. Finanziert von der grönländischen Selbstverwaltung, der Kommune Nuuk und dem Rat der nordischen Minister soll es vor allem ein Forum für die Inuit-Kultur sein - nicht nur für die grönländische, sondern auch für die der Bewohner des Polarregionen Kanadas, Alaskas und Sibiriens. Die grönländische Kunstschule, die Grönlandica-Sammlung, die weltweit größte Kollektion mit Literatur über die Arktis und das nordische Kulturinstitut NAPA haben hier jetzt einen festen Sitz.

In den Sälen des Kutuaq werden mehrmals wöchentlich Filme gezeigt, meist die gerade gängigen Hollywoodproduktionen. Es ist das einzige Kino des ganzen Landes.

▷ Einen Besuch wert ist auch Grønlands Naturinstitut, das auf halber Strecke zum Flughafen liegt. Einmal in der Woche führt jemand von Nuuk Tourism Gäste durch das auffällige Gebäude, das als eines des am besten geplanten Gebäude in der Arktis gilt, weil es optimal an die natürlichen Gegebenheiten angepasst ist. Bei der Tour werden auch die derzeitigen Projekte der Forscher, die hier tätig sind, vorgestellt.

✞ Geht man an der Aqqusinersuaq entlang, fällt an ihrem südlichen Ende auch die aus weißem Beton gebaute Hans-Egede-Kirche auf. Sie wurde 1971 zum 250. Jahrestag der Ankunft des Missionars gebaut. In ihrem Inneren lassen sich Portraits und andere Erinnerungsstücke an Egede und seine Frau finden.

Ausflüge und Exkursionen

Auch die Gewässer um Nuuk sind sehr reich an Meerestieren. Bei Schiffsausflügen hat man generell gute Chancen, Robben und manchmal auch Wale zu sehen zu bekommen. Wer extra zu diesem Zweck rausfahren möchte, kann an einer "Wal-Foto-Safari" teilnehmen, die von Nuuk Tourism angeboten wird.

Der Nuuk-Fjord gehört zu den größten der Welt. Entlang seiner Verästelungen lassen sich zahlreiche Bootsausflüge jeder denkbaren Länge machen. Da die Siedlungen in unmittelbarer Nähe der Stadt heute alle unbewohnt sind, kann man als Tagestour nur noch "tote" Orte besuchen. Das ist als Ausflug jedoch immer noch interessant, weil die Fahrt durch eine sehr eindrucksvolle Landschaft führt. Solche Fahrten werden regelmäßig angeboten, genauso wie ein Ausflug nach Håbets Ø, der ersten Niederlassung Egedes, die Gegenstand von Ausgrabungen war und wo man heute die Ruinen besichtigen kann.

Wer eine bewohnte Siedlung besuchen möchte, muss bis nach Kapisillit weit im Inneren des Fjords fahren. Hierbei handelt es sich um eine der zwei Siedlungen im Distrikt Nuuk, die die Zentralisierungspolitik überstanden haben. Diese Ortschaft ist keine typische Fänger- und Fischersiedlung. Die 117 Bewohner hier leben vor allem von der Rentierzucht. Seit 1952 werden die Tiere hier in größerem Zahl gehalten.

Ein Besuch in Kapisilitt ist inzwischen ins Tourprogramm von Nuuk Tourism aufgenommen. Wenn wenigstens sechs Teilnehmer zusammenkommen fährt ein Schiff in die Siedlung hinaus und kehrt am selben Tag wieder zurück. Das Ganze ist mit dkr 800 allerdings recht kostspielig. Wer Qeqertarsuatsiaat, die Siedlung 150 km südlich von Nuuk besuchen will, muss ein individuelles Arrangement mit Nuuk Tourism treffen

Ein noch üppigeres Budget erfordern die Hubschrauberrundflüge über Nuuk und Umgebung. Ein Flug bis zum Inlandeis kostet ca. dkr 2.000 pro Person. Diese Flüge werden allerdings nur durchgeführt, wenn sich genügend Teilnehmer (mindestens 18) finden lassen.

Wanderungen

Es gibt gute Gelegenheiten für Kurztouren und erweiterte Spaziergänge in der direkten Umgebung von Nuuk. Am besten eignen sich dazu die Berge, die sich direkt hinter der Stadt erheben. Der 443 m hohe Lille Malene kann leicht bestiegen werden. Am besten ist dies aus östlicher Richtung möglich. Die Besteigung des Store Malene ist, obwohl auch er nur 772 m hoch ist, schwieriger. Dies gilt besonders für den Aufstieg von der Westseite. Wenn man um den Berg herumläuft und sich von Osten nähert, ist es etwas einfacher, aber immer noch anspruchsvoll.

Eine zwei- bis dreitägige Tour stellt die Wanderung um den Kangerluarsunnguaq (Kobbefjord) bis zum Gletscher Teqqiinngallip Sermia und zurück dar. Auf diesem Gletscher befindet sich das Sommerskigebiet, das auch mit Ausflugsschiffen von Nuuk aus angefahren wird. Auf der Strecke gibt es eine Hütte, in der man übernachten kann. Sie liegt gegenüber der kleinen Insel Kissavianguit Qeqertaat. Wer dort die Hütte benutzen möchte, muss sich dazu vorher bei Nuuk Tourism anmelden.

Wer wirklich lange Touren unternehmen will, ohne immer zum Ausgangsort zurückkehren zu müssen, hat in Nuuk das Problem, dass man, um zum Landesinneren, etwa nach Kapisillit, zu kommen, die lange Halbinsel durchqueren muss. Die Strecke dorthin führt jedoch schon sehr früh in schwieriges Gelände und auch das Wetter hier ist sehr instabil. Einse solche Wanderung kann daher nur erfahrenen Trekkern empfohlen werden. Wer in der Region um Qooqqut oder Kapisillit wandern möchte, ist besser beraten, sich mit dem Schiff in die Region, die leichter begehbar ist, bringen zu lassen.

Sonstige Aktivitäten

Wer etwas über die jüngste grönländische Geschichte erfahren und einen Einblick in die Funktionsweise der Selbstverwaltung bekommen will, kann an einer Führung durch das Parlaments- und Regierungsgebäude teilnehmen. Der Bau selbst ist unscheinbar und keine Sehenswürdigkeit.

Im Inneren sind allerdings zahlreiche Kunstwerke, Modelle sowie archäologische Fundstücke zur Geschichte ausgestellt.

Für die Arctic Winter Games 2002 in Nuuk wurden die Skilifte am Flughafen ausgebaut. Damit verfügt Nuuk jetzt über die größte Anlage des Landes. Mit den Skigebieten in den Alpen kann man sie allerdings nicht vergleichen, sie entspricht eher dem, was man in deutschen Mittelgebirgen vorfindet.

Im Winter kann man mit dem Schneemobil Ausflüge unterschiedlicher Länge unternehmen. Zumeist wird in die Berge direkt hinter der Stadt gefahren.

Südgrönland

Kirche in Nanortalik

Südgrönland erstreckt sich von Paamiut an der südlichen Westküste bis zum Kap Farvel an der äußersten Südspitze und umfasst die Bezirke Paamiut, Ivittuut, Narsaq, Qaqortoq und Nanortalik. Wer zum ersten Mal nach Südgrönland kommt, wird überrascht sein, wie **grün** es in vielen Gegenden aussieht: Man findet dort saftige Wiesen und Weiden sowie sanfte Hügel und Täler. Diesen Landstrichen verdankt Grönland seinen Namen. Sie hatte **Erik der Rote** vor Augen, als er bei der Rückkehr von seiner ersten Grönlandreise den Daheimgebliebenen in Island von der Rieseninsel im Norden, dem "grünen Land", berichtete.

Aber die Landschaft ist nicht nur grün, sondern vor allem sehr abwechslungsreich: Im Norden, um Paamiut und Ivittuut, wird das Bild von imposanten Bergen, Gletschern und Buchten beherrscht, ganz im Süden findet man eine zerklüftete alpine Hochgebirgswelt mit zahlreichen Schären vor, und in der Mitte, in den Bezirken Narsaq und Qaqortoq, dominieren sanftere Formen, grüne Felder und Seenlandschaften. Speziell in diesem Teil des Landes ist das Klima so mild, dass die Vegetation vergleichsweise üppig ist: Zwar wird man auch hier vergeblich nach Bäumen suchen (Ausnahme: Quinnguadal, ☞ Siedlungen im Distrikt Nanortalik), doch es wachsen eine Vielzahl von Sträuchern, Blumen, Pilzen und im Spätsommer Blaubeeren. Der Boden ist häufig grasbewachsen und nicht nur von Moos und Flechten bedeckt wie im übrigen Grönland.

Unter diesen Gegebenheiten ist Schafzucht gut möglich, und so prägen außerdem rund 20.000 Schafe das Bild. Insgesamt gibt es etwa 70 **Schaffarmen**, die sich auf eine Vielzahl kleiner Schafzüchtersiedlungen verteilen und die Südgrönland weitaus weniger menschenleer erscheinen lassen als den Rest der Insel.

Für Grönlandreisende bietet der Süden hervorragende Bedingungen. Die Landschaft ist atemberaubend schön. Auch auf den Anblick von **Eisbergen** muss man nicht verzichten, da es eine ganze Reihe von Gletschern gibt, die ins Meer kalben. Die südgrönländischen Eisberge sind zwar nicht so groß und majestätisch wie die der Diskobucht, aber mit ihrer häufig blauen Färbung sind sie optisch keinesfalls weniger reizvoll.

Hier gibt es für jeden Geschmack und jede körperliche Verfassung beste **Wandermöglichkeiten**, die Palette reicht vom gemütlichen Spaziergang bis zur alpinen Kletterpartie. Man kann **fischen** und **jagen**, eine vielfältige **Vogelwelt** beobachten und im Winter **Ski fahren**. Die Halbinsel Narsaq ist mit ihren reichen Vorkommen an schönen und teilweise äußerst seltenen Mineralien und Edelsteinen ein Eldorado für **Mineralienfreunde**.

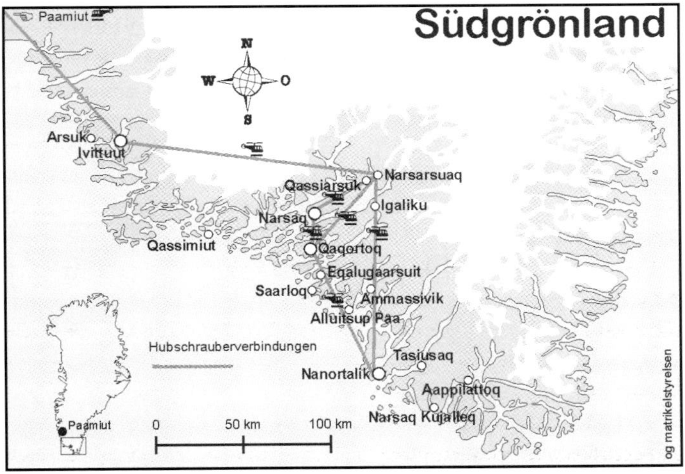

Auch historisch ist Südgrönland eine hochinteressante Region, da hier Eystribygd lag, die alte **"Ostsiedlung"** der Wikinger. Unter anderem hatte Erik der Rote selbst in dieser Gegend seinen Hof. Dessen Überreste bei Qassiarsuk sowie eine ganze Reihe anderer **Wikingerruinen** sind heute noch zu sehen.

Südgrönland ist relativ leicht zu bereisen. Es verfügt einerseits über ein gute Infrastruktur und ist andererseits auch touristisch gut erschlossen. Die Distanzen zwischen den einzelnen Ortschaften sind für grönländische Verhältnisse gering, entsprechend ist es weder sonderlich teuer noch schwierig, von einem Ort zum anderen zu kommen.

Da es in vielen Schafzüchtersiedlungen Jugendherbergen gibt, sind die **Übernachtungsmöglichkeiten** zahlreich: Nirgendwo in Grönland ist das Netz der Wanderheime, Hütten und Jugendherbergen so dicht wie hier. Diese Unterkünfte sind zwar häufig nicht sehr komfortabel, aber man hat immerhin ein Dach über dem Kopf. Daneben gibt es in allen Städten Hotels und ebenfalls Jugendherbergen. Hotels haben in der Regel ganzjährig geöffnet, Jugend- und sonstige Herbergen regulär nur in der Sommersaison, nehmen aber in den meisten Fällen nach Vorbestellung auch zu sonstigen Zeiten des Jahres Gäste auf.

Trotz der vielen Übernachtungsmöglichkeiten kann es allerdings auch im Sommer, vor allem im Juli und in der ersten Augusthälfte, schwierig sein, kurzfristig eine Bleibe zu finden, da sich zu dieser Jahreszeit sehr viele Touristen in Südgrönland aufhalten, und man sollte nach Möglichkeit vorher ein Zimmer reservieren.

Paamiut

✯ ☎ 681222.
⊞ ☎ 681211.
🚗 ☎ 576868.

Auf halber Strecke zwischen Qaqortoq und Nuuk befindet sich Paamiut, die nördlichste Stadt Südgrönlands. Paamiut liegt an der Mündung des Kvanefjords auf einer sanft hügeligen Halbinsel mit vielen Seen. Die Landschaft ist durch breite Fjorde, die tiefe Schneisen ins Land schlagen, gekennzeichnet, und obwohl nur wenige der zahlreichen Berge mehr als 1.000 m hoch sind, wirkt alles sehr alpin. Die Region beherbergt ein großes **Rentiergebiet**. Die dort lebenden Tiere entstammen, anders als ihre westgrönländischen Artgenossen, nicht Kreuzungen mit norwegischen Hausrentieren, sondern können einen rein grönländischen Stammbaum vorweisen. Ihr Fleisch soll ausgezeichnet schmecken.

Der Abstand zwischen Paamiut und den anderen südgrönländischen Städten ist groß - Narsaq als nächstgelegene Stadt im Süden ist etwa 250 km entfernt. Dies ist auch der Grund dafür, dass hier selbst zur Hauptsaison wenig Touristen sind. Entsprechend ist die touristische Infrastruktur nicht so weit entwickelt wie in anderen Städten des Landes.

In Paamiut selbst - der Name bedeutet **"das Volk an der Mündung"** - leben heute knapp 2.000 Menschen. Die Stadt wurde 1742 als eine der ersten kolonialen Niederlassungen in Grönland gegründet und kann auf eine wechselvolle Geschichte zurückblicken: So herrschten über weite Strecken des19. Jh. Not und Elend unter der Bevölkerung, obwohl die Gegend außerordentlich reich an Fisch, Walen, Rentieren und Vögeln war. Eigentlich hätte es also nicht an Nahrung mangeln dürfen, aber mit der Errichtung des **Handelspostens** ging das Gleichgewicht von Jagd und Fang und Vorratshaltung verloren, auf das sich jahrhundertelang das Überleben der Inuit in der feindseligen arktischen Natur gründete: Die Einheimischen wollten unbedingt die begehrten dänischen Importwaren aus den Geschäften haben und tauschten so viel Felle, Speck etc. dort ein, dass es ihnen schließlich am Notwendigsten fehlte.

Anfang des 20. Jh. verbesserte sich die Situation jedoch und als es nach dem Zweiten Weltkrieg daran ging, Grönlands Fischerei industriell umzugestalten, schien Paamiuts große Stunde gekommen: Aufgrund seiner überaus reichen Fischbestände und des ganzjährig eisfreien Hafens sollte Paamiut zu einer der wichtigsten Städte des neuen Grönlands werden, in der - so schätzte man - etwa 10.000 Menschen leben würden.

Es wurde mit dem Bau neuer Wohnanlagen und einer modernen Fischfabrik begonnen, doch noch bevor alles fertiggestellt war, nahmen durch eine Abkühlung des Meeres die Fischbestände drastisch ab und der erwartete Boom blieb aus.

Heute ist Paamiut eine grönländische Durchschnittsstadt, bei der nur noch die planlos in die Landschaft gesetzten Blockbauten der 60er Jahre an die großen Hoffnungen auf wirtschaftlichen Aufschwung erinnern, die man einst in der Stadt gehegt hatte. Für Grönlandreisende lohnt sich ein Besuch in Paamiut insofern auch weniger wegen der Stadt selbst als wegen des schönen Umlands.

An- und Abreise

Paamiut verfügt über einen Heliport. Zwei mal die Woche fliegen die Helikopter von Grønlandsfly von Narsarsuaq oder Nuuk aus an.

Paamiut wird einmal in der Woche von einem der großen Küstenschiffe der Arctic Umiaq Line angelaufen, die die Stadt mit Narsaq und Qaqortoq im Süden (inkl Siedlung Arsuk) sowie den nördlichen Städten der Westküste verbinden. Tickets und Fahrpläne im KNI-Passagierkontor bzw. am Schalter von Greenlandair am Heliport.

- **Artic Umiaq Line-Passagierbüro Paamiut**, Poul Ibsen-ip Aqq., ☏ 681799, FAX 682168, Mo - Fr 9:00 bis 15:00, Auskunft für die Abfahrzeiten: ☏ 681865.
- **Grønlandsfly**, Heliport, Info Abflugzeiten (auf dänisch): ☏ 681555.

Übernachtungsmöglichkeiten

In Paamiut gibt es das Hotel, "Paamiut", mit immerhin 19 Zimmern, allerdings eher schlicht in der Ausstattung: Alle Zimmer sind ohne eigenes Bad/WC.

♦ **Hotel Paamiut**, PO Box 518, ☏ 681798, FAX 681377.

Weiterhin bietet **"Petersens Hotel"** Privatunterkünfte an. Für weitere Informationen darüber sollte man sich an das Touristenbüro wenden.

Im Juni und Juli stehen außerdem eine **Jugendherberge** sowie während der Schulferien Räume in der **Seefahrts- und Fischereifachschule** zur Verfügung. Auch wenn man hier übernachten möchte, sollte man sich zur Buchung ans Touristenbüro wenden.

Einkaufen

Lebensmittel und sonstige Artikel des täglichen Bedarfs kann man in den zwei Supermärkten des Ortes kaufen, KNI Pisiffik und Brugsen.

Paamiut ist bekannt für seine hervorragenden Specksteinschnitzereien und Fellprodukte, die in mehreren kleineren Geschäften zu bekommen sind. Bis vor einigen Jahren hatte hier der mittlerweile verstorbene Anton Thorsen, ein in Grönland berühmter Meister in der Kunst des Specksteinschnitzens, seine Werkstatt. Jetzt wird das Handwerk von seinen Söhnen fortgeführt.

Essen und Trinken

Im Hotel Paamiut gibt es eine Cafeteria und auch Petersens Hotel bietet etwas zu Essen an. Darüber hinaus gibt es nur noch das Café Paamiut.

Information

♦ Paamiut Museum & Tourist Service, Othorsuup Aqqutaa 2, P.O. Box 99, 3940 Paamiut, ☏ 68 16 73, FAX 68 18 54, <www.paamiut.gl>

Sehenswertes

In Paamiut gibt es eine schöne **Kirche** aus dem Jahr 1909, die im Stil norwegischer Holzkirchen gebaut ist. Die Kirche befindet sich in der Nähe des alten Kolonialviertels, das ebenfalls sehr sehenswert ist.

⌘ In einem dieser alten Gebäude sind heute das Museum und die Touristeninformation untergebracht. Im Museum wird eine historische Ausstellung u.a. über die Walfängerzeit, die an der Westküste in dieser Gegend ihren Anfang nahm, gezeigt.

Wanderungen und Ausflüge

Die Gegend bietet vor allem durch ihre artenreiche Fauna eine Reihe von interessanten Ausflugsmöglichkeiten.

Walsafaris werden vom Touristenbüro organisiert, im Kvanefjord gibt es einen bekannten Vogelfelsen, auch die großen Rentiergebiete laden zur Erkundung ein.

Im Hinterland erheben sich Berge, die an klaren Tagen bläulich wirken und deshalb auch "Die blauen Berge" genannt werden - ein interessantes Ziel für eine Wandertour.

Sonstige Aktivitäten

Im Distrikt Paamiut besteht die Möglichkeit zur Rentierjagd. Allerdings steht in Teilen der Region das Ren unter Naturschutz. Bevor man mit seinem Gewehr loszieht, sollte man sich auf jeden Fall beim Touristenbüro erkundigen, wo genau die Rentierjagd gestattet ist und dort auch den entsprechenden Jagdschein erwerben.

Narsaq

☏ 661222.

☏ 661211.

☏ 661550.

Die Stadt Narsaq, auf grönländisch "die Ebene", liegt an der Südspitze der gleichnamigen Halbinsel, die von den Fjorden Tunulliarfik und Nordre Sermilik begrenzt wird. Mit ihren saftigen Wiesen, Hochplateaus und vergleichsweise sanft gerundeten Bergen und Hügeln gehört die Halbinsel Narsaq zu den schönsten Gegenden Grönlands überhaupt und eignet sich sehr gut zum Wandern. Auch ihr Reichtum an Mineralien - etwa 200 verschiedene kommen dort vor - macht sie zu einem hochinteressanten Reiseziel.

Bereits die Wikinger wussten die Region zu schätzen und siedelten an vielen Stellen, an denen man heute noch ihre Ruinen besichtigen kann.

Das gute Weideland und das milde Klima machen diesen Landstrich zu einem der Hauptgebiete für Schafzucht in Südgrönland: Etwa 12.000 der ca. 20.000 südgrönländischen Schafe weiden im Distrikt Narsaq.

Narsaq selbst dehnt sich für grönländische Verhältnisse recht weitläufig über die Ebene an der Südspitze der Halbinsel aus. Hinter der Stadt erhebt sich der 685 m hohe Berg Qaqqarsuaq. Der Platz, an dem die Stadt heute liegt, war zwar zu Zeiten der Wikinger schon einmal besiedelt, wie entsprechende Ruinen bezeugen, doch die Geschichte des modernen Narsaqs beginnt erst 1830, als die Königlich Dänische Handelsgesellschaft (KGH) dort eine Handelsstation errichtete. Bis in die 50er Jahre des 20. Jhs blieb Narsaq ein kleines, verschlafenes Dorf mit etwa 500 Einwohnern. Danach setzte der Bau einer großen Fischfabrik, die viele neue Bewohner anlockte, eine rapide Entwicklung in Gang: Narsaq vergrößerte sich rasch, erhielt 1959 Stadtstatus und wurde Verwaltungszentrum des gleichnamigen Bezirks. Derzeit leben etwa 1.800 Menschen in der Stadt.

Narsaq ist einer der schönsten Orte Südgrönlands und macht einen ruhigen und harmonischen Eindruck. Selbst moderne große Wohnanlagen wirken hier weniger störend als anderswo. Das Stadtbild wird von bunten Einfamilienhäusern aus Holz dominiert. Das Zentrum der Stadt liegt nördlich des alten Koloniehafens. Dort befinden sich noch einige Steinhäuser aus der Gründerzeit des Ortes, in denen heute u.a. ein Museum untergebracht ist.

Eine Bucht weiter südlich findet man den neuen Hafen, wo die großen Passagier- und Frachtschiffe anlegen. Dort ist auch die große Fischfabrik, die jedes Jahr im September und Oktober für einige Wochen zum Schlachthaus umfunktioniert wird. Dann kommen aus allen Gegenden Südgrönlands Schiffe und Boote voll mit Schafen nach Narsaq. Fast 15.000 Tiere werden hier jedes Jahr geschlachtet.

Die Verarbeitung von Schafen und Fischprodukten ist der Hauptpfeiler, auf den sich Narsaqs Wirtschaft stützt. Lange Zeit hatte man allerdings die Hoffnung, durch den Abbau von Uran reich zu werden: In den 70er Jahren wurden große Vorkommen dieses Schwermetalls im Kvanefjeld nordöstlich der Stadt entdeckt. Über einen möglichen Abbau hat man lange diskutiert, sich aber letztlich dagegen entschieden. Die Kosten für eine Förderung wären zu hoch gewesen um auf dem Weltmarkt damit Gewinne machen zu können. Außerdem wäre durch radioaktiven Müll ein beträchtliches ökologisches Problem entstanden. Nicht zuletzt sprach dagegen, dass man für eine kurze Zeitspanne eine Menge Menschen zur Minenarbeit nach Narsaq hätte holen müssen, für die später keine Arbeit mehr dagewesen wäre, was erhebliche soziale Kosten verursacht hätte.

Aber immerhin hat der Mineralreichtum der Region einen weiteren, kleinen Wirtschaftszweig gefördert, die Schmuck- und Edelsteinschleiferei. Es gibt in Narsaq eine Reihe von Werkstätten dieser Art, wo man nicht nur Schmuck kaufen, sondern auch bei der Produktion zusehen kann.

An- und Abreise

Narsaq erreicht man regelmäßig per Helikopter von Narsarsuaq, Qaqortoq und Nanortalik aus. In der Hochsaison fliegen manchmal mehrere Hubschrauber täglich.

♦ Grønlandsfly Narsaq, ☏ 661488, Info Ablugzeiten ☏ 661288.

Narsaq wird von verschiedenen Linienschiffen der Arctic Umiaq Line angelaufen: Eines der großen Küstenschiffen macht auf der Route Qaqortoq-Ilulissat auf dem Hin- und Rückweg in Narsaq halt. Mit dem kleineren Distriktsschiff "Aleqa Ittuk", das diese Route zweimal wöchentlich befährt, kommt man nach Narsarsuaq und Qaqortoq sowie in die beiden Schafzüchtersiedlungen Qassiarsuk und Itilleq. Einige kleinere Siedlungen werden nur bei Bedarf angefahren. Ticket und Fahrpläne für Flugzeuge und Schiffe sind beim Arctic Umiaq-Passagierbüro gegenüber der Post zu bekommen.

♦ **Arctic Umiaq Line-Passagierkontor Narsaq**, ☏ 661444, Mo bis Fr 9:00 bis 15:00.

Übernachtungsmöglichkeiten

Narsaq bietet Reisenden eine ganze Reihe von Übernachtungsmöglichkeiten. Es gibt zwei Hotels in der Stadt: Das relativ neue **Hotel Narsaq** und das etwas nördlich des Stadtzentrums gelegene **Hotel Perlen**. Im Sommer stehen dem Hotel Perlen zusätzliche Räume in der Gastronomieschule **Inuili** zur Verfügung. Dort gibt es Apartments unterschiedlicher Größe. Um dort eine Unterkunft zu buchen, wendet man sich ans Hotel Perlen oder ans örtliche Touristenbüro.

Keines der Hotels in Narsaq bietet Halb- oder Vollpension. Außer dem Frühstück kann man dort keine Mahlzeiten zu sich nehmen.

- **Hotel Narsaq**, PO Box 176, 3921 Narsaq, ☏ 661290,
  ✉ <hotelniv@greennet.gl>,
  EZ dkr 950, DZ dkr 1.150 (jeweils inkl. Frühstück).
- **Hotel Perlen/Inuili**, PO Box 123, ☏ 681317 + ☏ 572017, FAX 681317.
  EZ dkr 650, DZ dkr 900 (jeweils inkl. Frühstück).

Es gibt in Narsaq zwei Jugendherbergen. Das **"Narsaq Farm House"**, wird privat betrieben. Der Besitzer ist Helgi Jonasson, ein Isländer, der sich schon vor vielen Jahren in Narsaq niedergelassen hat. Die Herberge liegt etwa 1,5 km außerhalb der Stadt. Es gibt dort 16 Betten, verteilt auf mehrere Zweibettzimmer und einen großen Schlafsaal im Untergeschoss, außerdem ein großes, gemütliches Wohnzimmer mit TV, eine kleine, gut ausgestattete Küche, Duschen mit fließend Warmwasser und WC. Schlafsäcke und Mountainbikes können ausgeliehen werden.

Man gelangt dorthin, indem man die Stadt in nördlicher Richtung verlässt und von da ab einem Schotterweg folgt, der zum Farmhaus führt, einem roten Einfamilienhaus mit einer Holzveranda. Auf Wunsch kann man sich auch vom Besitzer mit dem Auto am Hafen abholen lassen. "Narsaq Farm House" steht prinzipiell das ganze Jahr über Besuchern offen. Allerdings ist eine rechtzeitige Anmeldung unbedingt notwendig, auch wenn man außerhalb der Hauptsaison dort wohnen will. Buchen kann man sowohl bei Helgi Jonasson direkt als auch über die Touristeninformation.

Das **"Narsaq Youth Hostel"** ist vor kurzer Zeit von seinen neuen Betreibern, den Besitzern des Hotel Narsaq renoviert worden. Toiletten und Bad sind auf dem Gang.

Es gibt jetzt mehrere Küchen im Gebäude und einen Aufenthalts- und Fernsehraum.

- **Narsaq Farm House**, ☏ 661049 oder (Mobiltelefon) ☏ 572073.
  Preis: ca. dkr 160 pro Person/Nacht.
- **Youth Hotel/Guesthouse Naviarsiaq**, PO Box 176 , 3921 Narsaq,
  ☏ 661290, ✉ <hotelniv@greennet.gl>,
  Übernachtung EZ dkr 225, mit Bettzeug 375 (jeweils inkl. Frühstück).

Einen ausgewiesenen **Campingplatz** gibt es nicht, aber man findet trotzdem genügend Stellen, an denen man sein Zelt aufschlagen kann.

Essen und Trinken

Essen und Trinken kann man im Restaurant **Arctic House**, wo auch grönländische Spezialitäten angeboten werden und im Restaurant Klara, das von den Besitzern des Hotel Narsaq betrieben wird.

Kleinere Gerichte erhält man im **Café Narsaq**. Außerdem gibt es in der Gemeindehalle eine Cafeteria, wo man einen kleinen Imbiss zu sich nehmen kann.

Einkaufen

Am Niels-Bohl-Plads gibt es einen großen KNI-Supermarkt, der alle wichtigen Bedarfsartikel, nicht nur Lebensmittel, führt. Daneben existieren noch zwei weitere, private Supermärkte sowie ein paar Kioske in der Stadt. Der kleinere Supermarkt und die Kioske sind auch am Sonntag geöffnet.

Bei "Eskimo Pels" im Mestersvej kann man Konfektionsware aus Robben- oder Fuchspelz kaufen, außerdem gibt es noch eine ganze Reihe kleinerer Geschäfte in der Stadt, die grönländisches Kunsthandwerk, Schmuck und Edelsteine verkaufen.

Information

Auf dem Weg vom Hafen zur Stadt liegt das Touristenbüro - in der Nähe des Baches, der durch Narsaq fließt.

♦ **Narsaq Tourist Office**, P.O. Box 148, ☏ 661325 + ☏ 572181, FAX 661394, täglich 9:00 bis 17:00 im Sommer, <www.2narsaq.gl>

Sehenswertes

⌘ Sehenswert ist der alte **Koloniehafen** mit seinen Feldsteinhäusern, in denen sich heute das **Museum** befindet: Dort wird eine Ausstellung über die Geschichte der Stadt und der Region gezeigt, es gibt eine Sammlung mit Mineralien aus der Gegend, und verschiedene Räume sind so eingerichtet, dass sie einen Eindruck von der Lebensweise und den Lebensbedingungen in Narsaq im 19. und frühen 20. Jh. vermitteln. Das Museum ist nur von Juni bis August geöffnet.

Ein weiteres Museum in der Stadt ist das Henrik-und-Malene-Lund-Gedächtnishaus, das etwas oberhalb des alten Viertels in der Nähe der Schule liegt. Henrik Lund (1875 bis 1948), Dichter, Komponist, Maler und wohl berühmtester Sohn der Stadt Narsaq, lebte hier viele Jahre mit seiner Frau Malene. Aus seiner

Feder stammt das grönländische Nationallied "Nunarput" ("Unser Land"). Das Haus aus dem Jahre 1927 ist noch genauso eingerichtet wie zu der Zeit, in der die Lunds darin gewohnt haben, und gibt einen interessanten Einblick in die Lebensweise von Grönländern des gehobenen Mittelstandes in der ersten Hälfte des 20. Jh.

✝ In der Nähe dieses Gebäudes befindet sich die **Kirche** von Narsaq, vom grönländischen Architekten Pavia Høegh entworfen, die ebenfalls einen Besuch wert ist.

Am alten **Fischerhafen**, westlich der Stadt an einer kleinen Landzunge gelegen, bieten die Boote der Fischer und Robbenfänger einen hübschen Anblick. Wenn man Glück hat und gerade ein Boot nach erfolgreicher Jagd einläuft, kann man den Fängern beim Zerteilen und Abspecken der Robben zuschauen.

Nördlich der Stadt, am Narsaq Farm House vorbei in Richtung des Narsaq Elv, liegt die Ruine von **Dyrnaes**, einem Herrenhof aus der frühesten Periode der Besiedlung Grönlands durch die Wikinger, zu dem auch eine Kirche, vermutlich aus dem 13. Jh., gehörte.

Ausflüge und Exkursionen

Von Narsaq aus kann man einige interessante Ausflüge mit dem Boot machen, z.B. in den **Eisfjord Nordre Sermilik**, der die Halbinsel Narsaq in nordwestlicher Richtung begrenzt.

Ein anderes reizvolles Ausflugsziel ist **Stephensens Havn** auf der nahe gelegenen Insel Tuttutooq, wo zahlreiche Ruinen früherer Eskimo-Besiedlung zu finden sind. Diese und andere Ausflüge werden vom Touristenbüro angeboten, auch der Besitzer vom "Narsaq Farm House" organisiert solche Touren. Das genaue Programm mit Preisangaben ist bei der Touristeninformation erhältlich.

Wanderungen

Ein schönes Ziel für eine Tageswanderung von Narsaq aus ist das **Kvanefjeld** nördlich der Stadt. Im Kvanefjeld befinden sich reichhaltige Vorkommen an Mineralien und Edelsteinen und man muss kein leidenschaftlicher Mineraliensammler sein, um Spaß daran zu haben, dort ein wenig auf der Suche nach **Tuttupitt** oder **Mondstein** herumzustöbern. (Das Sammeln von Mineralien ist in dieser Gegend eigentlich nicht erlaubt, was man auch ernst nehmen sollte, aber als Souvenir kann man sich durchaus einen Stein mitnehmen.)

Man gelangt zum Kvanefjeld, indem man die Stadt in nördlicher Richtung verlässt und dem Weg, der am "Narsaq Farm House" vorbeiführt, bis zur Mündung des Narsaq Elv folgt. Der anschließende Weg durch das Flusstal ist sehr gut zu begehen. Am Ende der Ebene wird der Weg steiler. Hier sieht man in der Bergwand die Spuren, die die Versuche, in der Gegend Uran abzubauen, hinterlassen haben. Schließlich endet der Schotterweg und man muss das letzte Stück über die Felsen kraxeln, was wegen der starken Steigung etwas mühselig, aber durchaus noch zu bewältigen ist.

Die Richtung kann man jedenfalls nicht verfehlen, da leuchtend rote Markierungen auf den Steinen den richtigen Weg weisen. Oben angelangt befindet man sich schließlich auf einer Art Hochebene mit mehreren Seen, die neben den Mineralien noch einen schönen Ausblick auf das Umland bietet.

Diese und andere Routen sind auf der Wanderkarte der Region eingezeichnet (Maßstab 1:100.000), die man bei den meisten Touristenbüros kaufen kann und deren Benutzung sehr zu empfehlen ist.

Sonstige Aktivitäten

Die Gegend hat fischreiche Gewässer und man kann sowohl an der Küste als auch in den Flüssen gut angeln.

Die für grönländische Verhältnisse sanft geschwungenen Berge laden ein zu Mountainbiketouren und im Winter zum Ski- und Snowmobilfahren.

Siedlungen auf der Halbinsel Narsaq

Über die Halbinsel Narsaq verstreut befinden sich eine Reihe von Schafzüchtersiedlungen.

Die größte und bedeutendste unter ihnen ist **Qassiarsuk** mit seinen knapp 60 Einwohnern, gegenüber von Narsarsuaq auf der anderen Seite des Fjordes Tunulliarfik gelegen. Qassiarsuk ist ein beliebtes Ausflugsziel, da dort die Ruinen von **Brattahlid**, dem Wohnsitz Eriks des Roten, zu besichtigen sind. Neben den Grundmauern verschiedener zum Gutshof gehörender Gebäude ist auch das

Fundament einer kleinen Kapelle vorhanden, das erst 1961 ausgegraben wurde. Diese Kapelle hatte Thjodhild, Eriks Frau, etwa um 1000 herum gegen den Widerstand ihres nach wie vor an die nordischen Götter glaubenden Ehemanns bauen lassen. Aber nicht nur die Wikinger hatten sich hier niedergelassen: Ganz in der Nähe der Ruinen ihrer Behausungen findet man zudem Überreste einer **Eskimowohnstätte** aus dem 18. Jh.

Nach Qassiarsuk zu kommen, ist im Allgemeinen kein Problem: Die Touristenbüros von Narsaq und Narsarsuaq bieten Tagesausflüge mit dem Boot an, außerdem besteht zweimal wöchentlich eine Linienverbindung mit dem Artic Umiaq-Schiff nach Narsaq, Narsarsuaq und Qaqortoq.

Die **Jugendherberge** von Qassiarsuk ist in einem ehemaligen Landschulheim in der Nähe des Hafens untergebracht, hat drei Schlafsäle à sechs Betten und zwei Doppelzimmer, verfügt allerdings über keinen sehr hohen Standard, es gibt beispielsweise bisher nur Trockenklos. Aber immerhin hat sie eine Dusche mit fließend Warmwasser, eine Küche, Radio, TV, einen Kiosk und eine Cafeteria. Lebensmittel und andere Artikel des täglichen Bedarfs kann man in dem kleinen KNI-Laden ganz in der Nähe kaufen.

Die anderen Schafzüchtersiedlungen des Gebietes sind nicht mit Linienschiffen zu erreichen. Man kommt dorthin, indem man privat einen Transport arrangiert oder zu Fuß, etwa wenn man die Halbinsel von Qassiarsuk bis hinunter nach Narsaq durchwandert - eine sehr reizvolle mehrtägige Tour durch die schöne, seenreiche Gegend. In einigen dieser winzigen Siedlungen, von denen keine mehr als ein Dutzend Einwohner hat, gibt es Jugendherbergen oder **Hütten**, in denen man übernachten kann, so z.B. auf der dem Tunulliarfik zugewandten Seite in **Sillisit** und in **Ipiutaq**. Die dort befindlichen Hütten sind schlicht ausgestattet, vor allem die in Sillisit (etwa zehn Betten), aber sie liegen an der Wanderroute von Qassiarsuk nach Narsaq. In der Nähe von Ipiutaq gibt es außerdem mit dem fischreichen Store Ilua hervorragende Möglichkeiten zum Angeln.

Auf der anderen Seite der Halbinsel, am Eisfjord Nordre Sermilik, gibt es ebenfalls zwei Schafzüchtersiedlungen mit Übernachtungsmöglichkeit. Wer sich den Nordre Sermilik ansehen möchte, kann dies am bequemsten (und billigsten) tun, wenn er **Tasiusaq** oder **Nunataaq** aufsucht. In beide Siedlungen gelangt man über breite Traktorspuren vom weniger als zehn Kilometer entfernten Qassiarsuk aus. Die Strecke ist ohne Mühe zu Fuß zu bewältigen, aber beide Herbergen bieten gegen Entgelt auch einen Transportservice mit dem Auto von und nach Qassiarsuk an.

"Tasiusaq Youth Hostel" hat 16 Betten, verteilt auf drei Schlafsäle, **"Nunataaq Youth Hostel"** zehn Betten. Beide haben fließend Warmwasser und eine Küche, in der man sich sein Essen selbst zubereiten kann. Auf Bestellung kann man auch bei den Betreibern der jeweiligen Herberge warme Mahlzeiten oder Lebensmittel kaufen. Andere Einkaufsmöglichkeiten gibt es weder in Tasiusaq, wo nur 12 Menschen leben, noch in Nunataaq, das sogar nur drei Einwohner hat. Beide Orte bieten einen wunderschönen Ausblick auf den mit Eisbergen gefüllten Nordre Sermilik, gute Fischgewässer und viele Möglichkeiten zum Wandern.

- **Qassiarsuk Youth Hostel**, ☏ 665019, Preis: ca. dkr 165 pro Nacht.
- **Sillisit Youth Hostel**, ☏ VHF Radio 0084 "Sillisit 29". FAX 665056. Preis: ca. dkr 150 pro Nacht.
- **Ipiutaq Youth Hostel**, ☏ VHF Radio 0084 "Ipiutaq 19", Preis: ca. dkr 125 pro Nacht.
- **Tasiusaq Youth Hostel**, 661930. Preis: ca. dkr 150 pro Nacht.
- **Nunataaq Youth Hostel**, ☏ VHF Radio 0084 "Nunnataaq 43" Mobiltel 572539. Preis: ca. dkr 150 pro Nacht.

Reservierungen für alle genannten Herbergen erledigt man am besten über die Qaqortoq Turistforening oder die Touristenbüros in Narsaq und Narsarsuaq, da die Jugendherbergen telefonisch nur über Schiffsfunk zu erreichen sind.

Narsarsuaq

☆ ☏ 665222 im Sommer, sonst: ☏ 665262 oder ☏ 665839.

⊞ ☏ 665211.

Am Ostufer des Tunulliarfik (Eriks Fjord), der die Halbinseln Narsaq und Qaqortoq voneinander trennt, liegt Narsarsuaq (**"die große Ebene"**).

Kein anderer Ort liegt so nahe am Inlandeis, das nur drei bis vier Stunden Fußmarsch entfernt im Norden anfängt. Auf dem Flughafen landen die Maschinen aus Island und Kopenhagen und von hier aus werden die Passagiere mit Helikoptern in die südgrönländischen Städte weitertransportiert.

Trotz seiner 143 Einwohner hat der Ort keinen Siedlungsstatus. Narsarsuaq gilt lediglich als Flughafen und steht entsprechend unter der Verwaltung der Flughafengesellschaft. Nur wer eine Beschäftigung im Flughafenbereich oder in den angeschlossenen Dienstleistungseinrichtungen nachweisen kann, darf sich dort niederlassen; wer seine Arbeit verliert, muss wieder gehen.

Narsarsuaq ist keine historisch gewachsene Siedlung, sondern ein künstlich angelegter Ort, dessen Wurzeln nur gut 50 Jahre in die Vergangenheit zurückreichen. Im Zweiten Weltkrieg war dieser Platz wegen seines stabilen Klimas ein geeigneter Ort für einen **Luftwaffenstützpunkt** der USA, und im Sommer 1941 wurde "Bluie West One" - so hieß die Basis - gebaut.

Während des Krieges fungierte der Stützpunkt als wichtige Station der Luftbrücke, um Großbritannien mit den notwendigen Kriegsmaterialien zu versorgen. Nach 1945 gewann Narsarsuaq unter dem Eindruck des Kalten Krieges sogar noch an strategischer Bedeutung und "Bluie West One" wurde in den 50er Jahren weiter ausgebaut.

Während des Korea-Krieges errichteten die USA dort ein Lazarett, das speziell den Zweck hatte, Soldaten aufzunehmen, die so schwer verwundet oder verstümmelt waren, dass man ihren Anblick der amerikanischen Öffentlichkeit nicht zumuten wollte. Das Hospital wurde allerdings niemals richtig in Betrieb genommen und später abgerissen. An dieser Stelle befindet sich heute ein Campingplatz und es heißt, nachts würden dort die Geister der Soldaten, die im Lazarett den Tod fanden, spuken. 1958 gaben die USA "Bluie West One" auf und der dänische Staat übernahm den Stützpunkt, der daraufhin zu einem zivilen Lufthafen umgebaut wurde. Über all das informiert sehr umfangreich und anschaulich eine **Ausstellung**, die zum 50. Jahrestag der Basis 1991 zusammengetragen wurde und seitdem im örtlichen Museum zu besichtigen ist.

Narsarsuaqs militärische Vergangenheit ist heute noch deutlich zu spüren. Obwohl ein Großteil der Armeebaracken abgerissen wurde, stammt immer noch fast jedes Gebäude unverkennbar aus dieser Zeit. Der Ort wird dominiert von der langen Landebahn, die vom Ufer des Fjordes aus weit in die Ebene hineinragt. Parallel zur Landebahn erstreckt sich ein schmaler Streifen von Gebäuden - ein Hotel, eine Polizeistation, ein kleiner Supermarkt, eine Feuerwehr, eine Wetterstation, eine Reihe von Wohnhäusern und etwas außerhalb die Jugendherberge. Größer ist Narsarsuaq nicht.

Auch einen kleinen Hafen gibt es, etwa 15 Minuten zu Fuß vom Ort entfernt. Im Flughafengebäude selbst sind die Post sowie der grönländische Eiswarndienst untergebracht, der am 30.11.1959 seinen Dienst aufnahm. Seine Einrichtung verdankt er einem tragischen Unglück, das nur wenige Monate zuvor, am 30.1. des gleichen Jahres, geschah.

Damals war die **"Hans Hedtoft"**, ein Schiff der dänischen Grönlandflotte, das speziell für arktische Gewässer konstruiert war, bei Kap Farvel unglücklicherweise mit einem Eisberg zusammengestoßen und mit allen 95 Menschen an Bord untergegangen.

Seitdem werden die Gewässer um Grönland vom Eiswarndienst in Narsarsuaq überwacht: Mehrmals wöchentlich finden Patrouillenflüge statt, werden unter Zuhilfenahme von Satellitenbildern Eiskarten erstellt und Eismeldungen über Funk an die vor Grönland kreuzenden Schiffe weitergegeben. Wenn sich ein Schiff aufgrund von Eis in akuten Schwierigkeiten befindet und den Eiswarndienst zu Hilfe ruft, fungiert dieser auch an Ort und Stelle vom Flugzeug aus als "Eislotse", um das festsitzende Schiff wieder freizubekommen.

Wer, ob vom Ausland aus oder von einer anderen grönländischen Stadt, mit dem Flugzeug nach Südgrönland fliegt, passiert auf jeden Fall Narsarsuaq, den Verkehrsknotenpunkt der Region. Und obwohl der Ort selbst alles andere als schön ist, lohnt es sich doch, länger dort zu verweilen oder zumindest die Zeit bis zum Anschlussflug für einen Spaziergang zu nutzen. Narsarsuaq hat einiges zu bieten: ein schönes Umland mit guten Wandermöglichkeiten, stabiles Klima - nirgendwo in Grönland wird es im Sommer so warm wie hier -, gute Unterkünfte und günstige Verkehrsverbindungen.

An- und Abreise

Von Narsarsuaq aus gibt es meist mehrere wöchentliche Verbindungen nach Island und Dänemark sowie Direktflüge per Flugzeug oder Helikopter in alle südgrönländischen Städte und nach Nuuk.

Auch mit dem Schiff ist Narsarsuaq zu erreichen, wenngleich mit beschränkteren Möglichkeiten als beim Flugverkehr. Zweimal wöchentlich legt ein kleines Linienschiff der Arctic Umiaq Line hier an und verbindet Narsarsuaq mit den nahe gelegenen Siedlungen Itilleq und Qassiarsuk sowie mit den Städten Narsaq und Qaqortoq.

Tickets und Flug- bzw. Fahrpläne für Flugzeuge, Helikopter und Schiff erhält man im Büro von Grønlandsfly am Flughafen.

- **Grønlandsfly**, Narsarsuaq Lufthavn, ☏ 665288, montags bis freitags 7:00 bis 16:00.

Übernachtungsmöglichkeiten

Nicht weit entfernt vom Flughafengebäude liegt das gute, aber recht teure **Hotel "Narsarsuaq"**, das das ganze Jahr über geöffnet ist. Mit seinen 80 Zimmern gehört es zu den größten Hotels des Landes. Alle Zimmer sind mit Telefon und TV ausgestattet, fast alle haben ein eigenes Badezimmer. Zum Hotel gehören außerdem ein Fitnessraum, Solarium und Sauna.

- **Hotel Narsarsuaq**, PO Box 9, 3923 Narssasuaq, ☏ 665253, FAX 665370. <reception.narsarsuaq@glv.gl>, EZ mit Bad ca. dkr 980, DZ mit Bad ca. dkr 1.195, Ermäßigung für Gruppen möglich.

Von Mitte Juni bis Ende August steht als weitere Übernachtungsmöglichkeit die **Jugendherberge** zur Verfügung. Sie liegt etwas außerhalb des Ortes Richtung Inland.

Die Jugendherberge wurde erst 1988 gebaut und ist die wohl bestausgestattetste Südgrönlands. Es gibt dort 36 Betten: Zwei Doppelzimmer, drei Vierbettzimmer und zwei Schlafsäle à zehn Betten. Ein großer Aufenthaltsraum, eine geräumige Küche, Wasserklosetts, Duschen mit fließend Warmwasser, Waschmaschinen sowie ein kleiner Kiosk sind dort vorhanden. Ein eigener Schlafsack muss allerdings mitgebracht werden.

Buchen kann man entweder direkt bei der Jugendherberge oder über die Touristenbüros in Narsaq und Narsarsuaq. Will man außerhalb der offiziellen Saison in der Jugendherberge wohnen, muss man sich auf jeden Fall frühzeitig an eins der Touristenbüros wenden.

- **Jugendherberge Narsarsuaq**, ☏ 665221, FAX 665422. Preis: dkr 200 pro Nacht, Kinder unter 12 Jahren die Hälfte, <www.blueice.gl>

Zelten kann man in der Nähe der Jugendherberge. Dort besteht auch die Möglichkeit, gegen Entgelt die sanitären Anlagen, Waschmaschinen etc. mitzubenutzen.

Ein weiterer Zeltplatz befindet sich im Hospitalsdal, dort, wo es angeblich spuken soll. Um dorthin zu gelangen, folgt man einfach der Straße, die Richtung Inland aus dem Ort herausführt, und nach einer guten Dreiviertelstunde Fußmarsch hat man den Platz erreicht.

Essen und Trinken

Essen und Trinken kann man im Restaurant, in der Bar oder der Cafeteria des Hotels. Einen Imbiss bietet auch die Cafeteria des Flughafens an. Im Sommer ist darüber hinaus noch das Blue Ice Café geöffnet, wo man auch Kleinigkeiten essen kann.

Einkaufen

Artikel des täglichen Bedarfs erhält man in dem kleinen **Supermarkt**, der sich am Ende der Häuserzeile hinter dem Hotel befindet. Souvenirs und Kunsthandwerk werden am Flughafen oder im Hotel verkauft.

Information

Ein Touristenbüro befindet sich im der Ankunftshalle des Flughafens nächstgelegen Gebäude, wenn man sich Richtung Fjord wendet. Dort ist es auch möglich, sich auf deutsch zu verständigen. Ansonsten erhält man alle wichtigen Informationen beim Hotel. Hier findet man meist auch die Ansprechpartner der Anbieter von Touren und Exkursionen.

- Arctic Adventure, c/o Hotel Narsarsuaq, P.O. Box 504, 3923 Narsarsuaq, 665240 (1/6-31/8), <arcadv@greennet.gl>, <www.arctic-adventure.dk>
- Blue Ice Explorer, P.O. Box 58, 3923 Narsarsuaq, 665499 (Sommer), FAX 665498, <info@blueice.gl>, <www.blueice.gl>

Sehenswertes

⌘ Lohnenswert ist in jedem Fall ein Besuch im örtlichen **Museum**, das im gleichen Gebäude untergebracht ist wie das Touristenbüro. Dort wird die

Geschichte der Region von den frühen Besiedlungen durch Eskimos und Wikinger bis in die heutige Zeit dargestellt.

Am sehenswertesten ist allerdings die Ausstellung über die Geschichte von "Bluie West One". Hier wird umfangreiches Bildmaterial gezeigt, das ehemals auf der Basis stationierte Soldaten zur Verfügung gestellt haben, sowie eine Reihe von Dokumenten aus amerikanischen Militärarchiven und nicht zuletzt viele Gegenstände, die einst zum Stützpunkt gehörten.

Erinnerungsstücke an "Bluie West One" gibt es auch außerhalb des Museums. Der überwiegende Teil der Basis lag nördlich der Landebahn und dort sowie im Hospitalsdal findet man noch zahlreiche Überbleibsel aus dieser Zeit: Die Fundamente einiger Baracken sind zu sehen, herumliegende Gerätschaften und Reste der alten Mülldeponie der Basis, wo noch viele Gegenstände aus den 50er Jahren lagern und wo es sich lohnt, ein wenig herumzustöbern.

Ausflüge und Exkursionen

Narsarsuaq liegt inmitten des Gebiets der alten **Wikingersiedlungen** und ist insofern ein guter Ausgangspunkt für Ausflüge zu einigen dieser Plätze. Exkursionen dieser Art werden vom Touristenbüro veranstaltet, z.B. nach **Qassiarsuk**, direkt gegenüber von Narsarsuaq auf der anderen Seite des Fjordes gelegen, wo sich die Ruine von Brattahlid, dem Hof Eriks des Roten, befindet, oder nach **Igaliku**, dem Gardar (Hof) der Wikinger.

Weiterhin organisiert das Touristenbüro Bootstouren in den mit Eisbergen gefüllten Fjord Qooroq sowie Wanderungen mit Führung oder Helikopterflüge zum Inlandeis. Das aktuelle Ausflugsprogramm und die jeweiligen Preise sind beim Touristenbüro erhältlich.

Wanderungen

Die Gegend um Narsarsuaq bietet eine Fülle von Möglichkeiten für kürzere und längere Wanderungen.

Eine davon ist eine beliebte Tagestour zum Inlandeis, das in drei bis vier Stunden zu Fuß zu erreichen ist.

Dazu verlässt man den Ort auf der asphaltierten Straße nach Nordosten, passiert das Hospitalsdal und folgt von da an einem markierten Fußweg bis zum Gletscher **Kiattuut Sermiat** ("der tote Gletscher"). Dass ein Gletscher in Grönland tot genannt wird, bedeutet nicht, dass er sich nicht bewegt, sondern nur, dass er am Zungenende abschmilzt, bevor er das Meer erreicht hat, und Eisberge kalben kann. Bis auf einen steil ansteigenden, etwa 300 m hohen Höhenzug im letzten Drittel stellt diese Wanderung keine besonderen Anforderungen.

Allerdings sollte man es **vermeiden**, das Eis zu betreten, es ist glatt und abschüssig, und Leichtsinn kann sehr gefährlich sein.

Von Narsarsuaq aus kann man auch eine Reihe interessanter mehrtägiger Wanderungen unternehmen, z.B. um den Eriks Fjord herum nach Qassiarsuk.

🕮 Diese und andere Routen sind in der sehr guten Wanderkarte der Region verzeichnet, die Greenland Tourism 1994 veröffentlicht hat und die im Touristenbüro erhältlich ist. Dieser Karte mit dem Maßstab 1:100.000 kann man alle Wanderwege, unterschieden nach vier Schwierigkeitsstufen, entnehmen.

Sonstige Aktivitäten

In Narsarsuaq besteht die Möglichkeit zu einer Reihe sportlicher sowie sonstiger Freizeitaktivitäten: Man kann angeln, Kanu und Kajak fahren, Tontauben schießen sowie Mountainbiketouren machen.

Die jeweils notwendige Ausrüstung kann beim Touristenbüro bzw. bei der Jugendherberge ausgeliehen werden. Weiterhin steht von Zeit zu Zeit ein Teil der Landebahn als Go-Kart-Bahn zur Verfügung, und man kann sich mit der Ponykutsche durch den Ort fahren lassen.

Über Einzelheiten - Ort, Zeit und Preis - informiert das Touristenbüro.

Qaqortoq

☆ ☎ 642222.

⊞ ☎ 642211.

🚗 ☎ 642233 + ☎ 642888 + ☎ 641233 + ☎ 531373.

Qaqortoq, mit 3.200 Einwohnern Zentrum und größte Stadt des Südens, liegt an der Spitze der gleichnamigen Halbinsel, nur etwa 25 km von Narsaq entfernt. Hier ist die Landschaft schroffer und bergiger als auf der Halbinsel Narsaq, die Küste zerklüfteter und voller Schären.

Auf Grönländisch bedeutet der Name der Stadt **"Das Weiße"** und verweist auf die vielen Eisberge in der Gegend. Die Stadt liegt an einer breiten Bucht, die von hügeligem Gelände umschlossen wird. Die Häuser sind dicht beieinander an den Hang gebaut, was ein für grönländische Verhältnisse erstaunlich kompaktes Stadtbild ergibt. Qaqortog wirkt weniger zersiedelt als die meisten grönländischen Städte. Hinter der Stadt erstreckt sich ein großer See, der **Storesø**, dessen Ufer zum Spazierengehen einlädt. Der See dient gleichzeitig als Wassergewinnungsgebiet - Zelten ist also dort nicht erlaubt. Wegen des milden Klimas ist die Vegetation vergleichsweise üppig, einige Häuser in der Stadt haben Gärten, deren bunte Blüten im Sommer einen reizvollen Anblick bieten.

Was Aasiaat für die nördliche Hälfte Grönlands ist, ist Qaqortoq für den Süden: **Schul- und Ausbildungszentrum**. Verschiedene (Internats-) Schulen, ein Gymnasium, eine Handelsschule, Berufsschule und eine Arbeitervolkshochschule haben hier ihren Sitz und aus ganz Süd- und Ostgrönland kommen Jugendliche zur Ausbildung in die Stadt.

Vielen gilt Qaqortoq mit seinem schönen Naturhafen, den vielen bunten Holzhäusern, die sich über die Berghänge erstrecken, und dem recht idyllischen alten Stadtkern als attraktivste Stadt Grönlands. Als "Großstadt" bietet sie Touristen eine vergleichsweise gute Infrastruktur, was Einkaufs-, Unterkunfts- und Unterhaltungsmöglichkeiten angeht.

Die Geschichte der Stadt reicht bis ins Jahr 1774 zurück, als der Kaufmann Anders Olsen damit beauftragt wurde, einen geeigneten Platz für einen Handelsposten im Süden zu finden. Wegen des großen Naturhafens entschied er sich für das heutige Qaqortoq, das damals den Namen **Julianehåb** bekam. Diese Wahl erschien zunächst nicht ideal: Wegen Packeis war der Hafen der Stadt oft nicht schiffbar. Das Frachtgut aus Dänemark musste dann ins etwa 250 km entfernte Paamiut und von dort aus mit kleinen Booten nach Qaqortoq gebracht werden.

Auch heute noch bereitet das Packeis der Schiffahrt in der Region manche Probleme: So kann Qaqortoq zwischen März und Juli nur von speziell eisverstärkten Schiffen angelaufen werden. Trotz dieser schwierigen Naturverhältnisse verlief die Entwicklung der Stadt günstig, und in diesem Jahrhundert konnte sie ihre Position als Metropole des Südens noch ausbauen. Heute lebt die Bevölkerung hauptsächlich von der Fischerei. Es gibt eine moderne Fischfabrik in der Stadt, außer-

dem hat "Great Greenland", die grönländische Pelzfirma, zu 100% im Besitz der grönländischen Selbstverwaltung, hier ihren Sitz.

An- und Abreise

Qaqortoq wird mehrmals wöchentlich von Narsarsuaq, Narsaq und Nanortalik mit dem **Helikopter** angeflogen.

Es bestehen sehr gute **Schiffsverbindungen** in die restlichen südgrönländischen Städte sowie die Westküste hinauf bis nach Ilulissat.

Tickets sowie Informationen über Abfahr- bzw. Abflugzeiten sind beim Arctic Umiaq-Passagierbüro, das in der Nähe des Hafens liegt, zu bekommen, Helikoptertickets am Schalter von Grønlandsfly am Heliport der Stadt.

- **Arctic Umiaq-Passagierkontor**, Torvevej B 23, ☏ 642240, Mo bis Fr 10:00 bis 16:00.
- **Grønlandsfly Heliport Qaqortoq**, Krudthusvej B 1193, ☏ 642188, Mo bis Fr 8:00 bis 17:00, außerdem bei Abflug und Ankunft von Helikoptern.

Übernachtungsmöglichkeiten

Seit 1987 gibt es in der Stadt ein Hotel, das zentral auf einer Anhöhe über dem alten Kolonialviertel liegt und von dem aus man einen schönen Blick auf die Hafenbucht hat. **Hotel "Qaqortoq"** verfügt über 21 gut ausgestattete Zimmer, alle mit eigenem Bad und WC. Der hohe Standard hat allerdings seinen Preis - eine Übernachtung ist nicht billig.

- **Hotel Qaqortoq**, Anders Olsenvej B 1254, ☏ 642282, FAX 641234, EZ dkr 885, DZ dkr 1.095, Extrabett dkr 250 (jeweils inkl Frühstück).

In der Nähe des Hotels befindet sich das preisgünstigere Seemannsheim. Dort gibt es sowohl Zimmer mit Bad/WC als auch Zimmer ohne diese Ausstattung.

- **Sømandshjem Qaqortoq**, Ringvej B 40, ☏ 642239, FAX 642678, EZ dkr 695, DZ dkr 920 (jeweils inkl Frühstück).

Weiterhin besteht für Touristen die Möglichkeit, für wenig Geld in der "Sulisartut Højskolia", der Heimvolkshochschule von Qaqortoq, zu übernachten. Der Standard dort ist für eine "Jugendherberge" ganz ausgezeichnet: Die Zimmer sind in der Regel Einzelzimmer, Bad/WC liegen auf dem Gang. Außerdem gehört zu jedem Trakt der Schule ein Wohnzimmer mit TV und Video und eine Teeküche. Auch Waschmaschinen sind vorhanden. Sein Essen kann man sich entweder selbst zubereiten (allerdings sind die Möglichkeiten zum Kochen begrenzt) oder nach Anmeldung an den Mahlzeiten in der Højskolia teilnehmen. Die Højskolia liegt am Nordende der Stadt in der Nähe des Storesø, etwa 15 Minuten Fußweg vom Zentrum entfernt. Reservierungen kann man entweder direkt bei der Højskolia machen oder bei Qaqortoq Tourism.

- **Sulisartut Højskolia**, PO Box 132, ☏ 642466, FAX 642973, Preis: dkr 165 pro Person/Nacht.

Seit ein paar Jahren gibt es in der Stadt keine reguläre **Jugendherberge** mehr, da das Gebäude bei einem Unwetter weggeschwemmt wurde. Es besteht aber die

Möglichkeit, während der Schulferien im Juni/Juli Räume des Internats als Unterkunft zu nutzen.

- **Student Hostel**, Buchung über Qaqortoq Touristforening. Preis: dkr 175 pro Person/Nacht.

Ein **Zeltplatz** befindet sich in der Nähe der "Sulisartut Højskolia".

Essen und Trinken

Zum **Hotel Qaqortoq** gehört eine Bar, die jeden Abend geöffnet ist, sowie ein Restaurant, in dem in der Regel einmal wöchentlich grönländische Spezialitäten serviert werden. Auch im **Restaurant "Nanoq"**, etwas oberhalb des Hotels gelegen und im **Restaurant Napparsivik**, sind u.a. grönländische Gerichte zu bekommen. Seit kurzem gibt es in Qaqortoq wie in vielen grönländischen Städten auch ein **Thai-Restaurant.**

Die **Cafeteria des Seemannsheims** bietet mittags und abends zu niedrigen Preisen ein warmes Tagesgericht an, eine gute Alternative für schmalere Geldbeutel, den Rest des Tages bekommt man dort Kaffee und Kuchen sowie belegte Brote, morgens ein preiswertes Frühstück.

Abends kann man in die Bar **"Skipperkroen"** in der Nähe des Hafens einkehren, die vorwiegend von Einheimischen aufgesucht wird. Am Wochenende ist dort Diskothek. Schließlich fehlt auch in dieser Stadt nicht die obligatorische **Grillbar**, wo man Fastfood aller Art bekommen kann.

- **Hotel Qaqortoq** (Adresse s.o.), Bar: tägl. 18:00 bis 24:00, Restaurant: tägl. 12:00 bis 17:00 und 18:00 bis 21:00.
- **Sømandshjem** (Adresse s.o.), tägl. 7:00 bis 21:00.
- **Restaurant Nanoq**, Majavej B 695, ☏ 642121, tägl. außer Do 18:00 bis 23:00.
- **Restaurant Napparsivik**, ☏ 643067

Einkaufen

Es gibt mehrere große Supermärkte und Kioske, so dass man auch am Wochenende bequem Lebensmittel u.ä. einkaufen kann.

Souvenirs und Kunsthandwerk werden im KNI-Laden, im Seemannsheim und beim Touristenbüro verkauft. Dort findet man auch ein recht großes Angebot an Produkten der Pelzfirma "Great Greenland", die ihren Sitz in Qaqortoq hat.

Information

Das Touristenbüro von Qaqortoq liegt am Storesøvej, der Hauptstraße, die den nördlichen und den südlichen Teil der Stadt miteinander verbindet.

♦ **Qaqortoq Touristforening**, Torvevej B-68, ☎ 642444; FAX 642495, <http://www.greenland.com/Towns_and_Regions/South_Greenland/Qaqortoq.php>, <www.qaq.gl>

Sehenswertes

Auf dem Marktplatz von Qaqortoq befindet sich Grönlands einziger **Springbrunnen**. Der Platz ist umgeben von einer Reihe schöner alter **Gebäude aus der Kolonialzeit**, von denen eines sogar noch aus dem 18. Jh. stammt. Heute beherbergt es das KNI-Passagierbüro.

⌘ Auch das **Museum** ist in einem dieser alten Häuser, der ehemaligen Schmiede, untergebracht. Die Ausstellung informiert über die Geschichte der Region von der Wikingerzeit bis in die Zeit der Kolonie Julianehåb, außerdem über die Lebens- und Jagdgewohnheiten der Inuit.

✞ Sehenswert ist auch die **Erlöserkirche** von 1832 in Hafennähe, die mit roten Holzwänden und grünem Dach schon von weitem auffällt.

Seit ein paar Jahren findet man an vielen Plätzen der Stadt in die Felswände gehauene **Skulpturen**, die 18 Künstler aus den nordischen Ländern 1993/94 geschaffen haben. Das Projekt hieß "Steine und Menschen" und wurde von Aka Hoegh, einer bekannten Malerin aus Qaqortoq, initiiert.

Weiterhin ist es möglich, die Pelzfabrik Great Greenland zu besichtigen. Dort kann man den Produktionsprozess vom Bearbeiten der Felle bis zum Schneidern der Konfektionsware in allen Einzelheiten beobachten. Führungen durch den Betrieb werden vom örtlichen Touristenbüro organisiert.

Ausflüge und Exkursionen

✞ Ein beliebtes Ausflugsziel von Qaqortoq aus ist die Ruine der **Kirche von Hvalsø**, ein Bauwerk, das um 1300 von den normannischen Siedlern errichtet wurde. Am gleichen Ort befand sich auch ein großer Hof, der noch aus der Zeit der ersten Phase der Besiedlung Grönlands durch die Normannen stammt und von dem auch noch Überreste zu sehen sind. Hauptattraktion ist jedoch die Kirche: Zum einen hat dieses Bauwerk dadurch historische Berühmtheit erlangt, dass hier im Jahre 1408 eine Trauung stattfand, deren Eintragung das letzte schriftliche Zeugnis von der Existenz der nordischen Siedlungen in Grönland darstellt, zum anderen ist die Kirchenruine das mit Abstand am besten erhaltene Gebäude aus der Normannenzeit. Während bei anderen Ruinen häufig nur noch das Fundament zu sehen ist, sind hier die über fünf Meter hohen Mauern fast vollständig erhalten, nur das Dach fehlt.

Hvalsø liegt etwa 25 km von Qaqortoq entfernt an der Südseite der Halbinsel. Man gelangt dorthin mit dem Ausflugsboot des Touristenbüros oder zu Fuß in einer längeren Wanderung.

Ein weiteres interessantes Ausflugsziel ist die Forschungsstation **Upernaviarsuk**, wo umfangreiche Versuche in den Bereichen Schafzucht und Landwirtschaft durchgeführt werden. Besuche dieser Station sind ebenfalls Bestandteil des Exkursionsprogramms vom Touristenbüro. Von Qaqortoq aus besteht auch die Möglichkeit, Bootsausflüge zur warmen Quelle auf der **Insel Uunartoq** zu machen. Einzelheiten über diese Touren sowie Informationen über weitere Ausflugsziele sind beim Touristenbüro zu erfahren.

Wanderungen

Von Qaqortoq aus kann man ein paar schöne Tageswanderungen machen: So kann man den **Storesø** umrunden, der die Stadt nach Nordwesten hin begrenzt. Hier kann man die artenreiche Pflanzenwelt Südgrönlands bewundern, im Spätsommer findet man außerdem viele Blaubeeren. Eine andere Tour führt zu **Eulenspiegels Höhle** (Uglspils Hule), einer Grotte in der Munkebucht an der Küste westlich von Qaqortoq. Auch diese Strecke ist selbst für ungeübte Wanderer bequem an einem Tag zu schaffen.

Qaqortoq ist darüber hinaus Ausgangs- oder Endpunkt einer beliebten Wanderung, für die man mindestens fünf Tage einplanen sollte: der Durchquerung der Halbinsel in Längsrichtung von Igaliku nach Qaqortoq oder umgekehrt. Bei dieser Wanderung kann man zwischen mehreren unterschiedlich schwierigen Routen wählen.

Es empfiehlt sich, für diese und andere Touren die Wanderkarte Südgrönland (Maßstab 1:100.000), ein Set aus drei Karten der Regionen Narsarsuaq/Narsaq/Qaqortoq, zu benutzen. Dort sind alle Routen verzeichnet. Der Kartensatz kostet etwa dkr 200 und ist u.a. bei den südgrönländischen Touristenbüros zu kaufen.

Igaliku

Obwohl Igaliku nur eine abgelegene kleine Schafzüchtersiedlung mit ungefähr 50 Einwohnern ist, wird der Ort im Sommer scharenweise von Touristen besucht. Der Grund dafür ist, dass da, wo sich heute Igaliku befindet, früher das Gardar der Normannen war. Gardar ("der Hof") wurde bereits 986 errichtet, als sich ein Freund Eriks des Roten dort niederließ.

Als Grönland 1125 ein eigenes Bistum bekam, entschieden sich die Normannen für Gardar als Bischofssitz und bauten den Ort dementsprechend aus: Eine große, prachtvolle Domkirche, ein stattliches Wohnhaus für den Bischof, Stallungen und eine riesige Gildehalle wurden errichtet. Etwa 250 Jahre lang, bis 1378, fungierte Gardar als Bischofssitz. Auch danach wurden noch Bischöfe für Grönland ernannt, aber es wollte sich keiner der Auserwählten mehr dort niederlassen. Die Überreste dieses alten Bischofssitzes sind heute noch zu besichtigen, sie liegen am Rande des Dorfes Igaliku. Allerdings ist von den meisten Gebäuden nur noch das Fundament vorhanden. Eine Tafel am Hafen und an der Jugendherberge informiert über die ursprüngliche Funktion der Gebäude.

Auch jenseits dieser Sehenswürdigkeit ist Igaliku ein attraktiver Ort. Seine Lage an einer Bucht des Igalikufjordes auf der Halbinsel Qaqortoq ist idyllisch. Das Tal ist von hohen Bergen umgeben, daher ist das Klima mild und der Boden fruchtbar.

Einen hübschen Kontrast zu den üppigen grünen Wiesen und Weiden bildet der rote **Igaliku-Sandstein**, den man überall findet. Wegen der Schafe ist der Ort vollständig eingezäunt. Von hier aus kann man eine Reihe schöner Wanderungen unterschiedlicher Dauer und Schwierigkeitsstufen machen, z.B. befindet sich hier in der Nähe der etwa 1.700 m hohe **Illerfissalik**, von dessen Gipfel man eine wunderbare Aussicht auf die nahe gelegenen Fjorde hat.

Die Gegend um den Illerfissalik ist überdies von Intrusionen gekennzeichnet und insofern für Mineralienfreunde hochinteressant. Alle Wandermöglichkeiten, die man in der Region um Igaliku hat, sind auf der Wanderkarte Südgrönland verzeichnet.

Nach Igaliku kommt man entweder mit **Ausflugsbooten** der Touristenbüros aus Narsaq, Qaqortoq oder Narsarsuaq, oder man benutzt das **Linienschiff** der Arctic Umiaq Line, das den Ort allerdings nur selten und nur auf vorherige Anfrage anläuft.

Eine weitere Möglichkeit, nach Igaliku zu gelangen, besteht darin mit dem Schiff nach Itilleq, einer etwa 3 km entfernten, winzigen Schafzüchtersiedlung zu fahren und dann zu laufen. Der Vorteil ist, dass das kleine Regionalschiff hier viel öfter halt macht, weil es dann den großen Bogen um die Halbinsel nicht machen muss.

Von Itilleq aus kommt man dann über den **"Kongevej"**, einen breiten, befahrbaren Kiesweg, den man nicht verfehlen kann, nach Igaliku. Die Strecke ist bequem zu Fuß zurückzulegen, es besteht allerdings auch die Möglichkeit, sich nach Absprache und gegen Entgelt vom Betreiber der Jugendherberge von Igaliku mit dem Auto abholen zu lassen.

Die **Übernachtungsmöglichkeiten** in Igaliku sind für einen so kleinen Ort erstaunlich gut: Es gibt dort gleich zwei Jugendherbergen, die jeweils von Juni bis August geöffnet sind

Die **Igaliku Youth Hostel**, das längliche rote Gebäude am Ortseingang, wenn man den Kongevej herunterkommt, ist ein gemütliches Häuschen mit einer kleinen Küche, einem Bad und einem Wohnzimmer mit TV. Die Zimmer sind Vierbettzimmer, und wenn die Herberge voll ist, kann es etwas eng werden.

Igaliku Kujalleq, die zweite Herberge bietet 3 Zimmer mit Platz für maximal 12 Leute, eine Küche, ein Trockenklo und ein Gemeinschaftsbad. Von der Ausstattung her ist es schlichter als Igaliku Youth Hostel.

- **Igaliku Youth Hostel**, c/o Abel Lynge, ☏ 573885 oder ☏ 666151, Preis: ca. dkr 175 pro Person und Nacht, Kinder unter 12 Jahre die Hälfte.
- **Igaliku Kujalleq**, Buchung über Qaqortoq Touristforening. Preis: ca. dkr 150 pro Person und Nacht, Kinder unter 12 Jahre die Hälfte.

Schließlich bestehen am Ort auch gute Möglichkeiten zum **Zelten**, etwa oberhalb der Jugendherberge an einem kleinen Bergbach.

Zu beachten ist allerdings, dass Zelten innerhalb des Zauns wie in allen Schafzüchtersiedlungen nicht gestattet ist. Andererseits bekommt man gerade in Igaliku beim Zelten außerhalb der Umzäunung manchmal Probleme mit frei herumlaufenden Pferden, die schon Zelte zertrampelt und die Vorräte der Camper gefressen haben. Am besten ist es, man erkundigt sich bei den Ortsbewohnern nach einem geeigneten Platz, an dem man von den Pferden nicht behelligt wird.

Zum Igaliku Youth Hostel gehört auch eine **Cafeteria**, in der man nach Vorbestellung Mahlzeiten bekommt.

Einkaufen

Lebensmittel kann man im kleinen KNI-"Supermarkt" am Hafen kaufen, der auch Post und das Arctic Umiaq-Ticketoffice beherbergt.

Nanortalik

☎ 613222.

☎ 613211.

☎ 613062.

Nanortalik, Grönlands südlichste Stadt, liegt weniger als 100 km von Kap Farvel entfernt auf einer der Küste vorgelagerten Insel, inmitten einer romantischen, zerklüfteten Schärenlandschaft mit hohen, schneebedeckten Bergen im Hinterland.

Im Schutz der hohen Berge ist das Klima jedoch mild und die Landschaft sehr grün. Hier sieht man weniger große Eisberge auf dem Wasser, sondern eher kleine, flache **Schollen** - Packeis von der Ostküste, das besonders im Juni und Juli um Kap Farvel herum nach Südgrönland treibt.

Mit dem Packeis kommen auch ab und zu **Eisbären** aus Ostgrönland in die Gegend. Meist sind es junge, männliche Tiere, die bereits monatelang auf Eisschollen ausgeharrt und keine Nahrung außer zufällig vorbeiziehenden Robben bekommen haben. Entsprechend schlecht ernährt stellen sie eine besondere

Gefahr für die Schafbestände Südgrönlands, aber durchaus auch für die Menschen dar und werden sofort erschossen, wenn sie gesichtet werden. Diesen Eisbären verdankt Nanortalik - auf grönländisch **"Bärenort"** - seinen Namen.

Die Geschichte der Gegend reicht lange zurück - sowohl **Normannen** als auch **Inuit** hatten sich im heutigen Disktrikt Nanortalik niedergelassen, wie die Ruinen, die man an vielen Plätzen sehen kann, bezeugen.

Die Geschichte des Ortes Nanortalik beginnt allerdings erst 1778, als der Enkel von Hans Egede hier eine **Handelsstation** errichtete, die von den Grönländern Speck und Felle kaufen sollte. 1797 wurde der Ort Nanortalik gegründet, zunächst bei **Sissarissoq**, 3 km von der heutigen Stadt entfernt. 1830 verlegte man dann die Siedlung an ihren jetzigen Platz. Der Handel mit den Einheimischen lief gut. Oft kamen sie von weit her, sogar aus Ostgrönland, um ihre Jagdbeute gegen die begehrten europäischen Waren einzutauschen. Dennoch blieb Nanortalik lange Zeit eine kleine Siedlung, da sich nur wenige Grönländer dauerhaft dort niederließen.

Die zweite Hälfte des 19. und die erste des 20. Jh. waren für Nanortalik und die gesamte Region eine schwierige Zeit: Der Robbenfang ging zurück, die **Tuberkulose** grassierte und es herrschten Hunger und Armut bei den Einheimischen. Viele der Siedlungen im Distrikt, der einst sehr bevölkerungsreich war, wurden aufgegeben, und heute existieren von den einst gut 30 Siedlungen nur noch ein halbes Dutzend.

Seit Nanortalik 1950 den Status einer Stadt erhielt, hat der Ort sich erheblich entwickelt und zählt mittlerweile knapp 1.600 Einwohner, die in ihrer Mehrzahl von der Fischerei leben. Die Stadt wirkt sehr schmuck, bei aller Modernität ein wenig verschlafen, aber von der Atmosphäre her "grönländischer" als andere Städte des Landes.

Ein wahres Kleinod ist das alte **Kolonialviertel** im Süden der Stadt, das recht groß ist und wo man einen sehr lebendigen Eindruck vom vergangenen Grönland vermittelt bekommt - allein schon deshalb lohnt sich ein Besuch der Stadt.

An- und Abreise

Eine Direktverbindung nach Nanortalik mit dem Helikopter besteht von Narsarsuaq, Narsaq und Qaqortoq aus. Es gibt im Sommer jeweils mehrere Flüge pro Woche.

- **Grönlandsfly Nanortalik**, ☏ 613288.

Mit dem Schiff ist Nanortalik von Qaqortoq aus in 9- bis 11stündiger Fahrt zu erreichen, je nachdem wie viele Siedlungen angelaufen werden. Die meiste Zeit des Jahres über verkehrt das Schiff zweimal wöchentlich. (Tickets und Fahrplan- bzw. Fluginformationen im Arctic Umiaq Passagierbüro in Nanortalik).

♦ **Arctic Umiaq-Passagierkontor**, Lundip Avquta B 128, ☏ 613544.

Übernachtungsmöglichkeiten

In der Stadt gibt es ein Hotel. Das "**Kap Farvel** istvon der Ausstattung her eher einfach, die Zimmer dort haben kein eigenes Bad/WC. Es liegt, etwas nördlich des Zentrums im neueren Teil der Stadt.

♦ **Hotel Kap Farvel**, Isua B 304, P.O. Box 159, ☏ 613294, FAX 613131, EZ dkr 625, DZ dkr 900 (jeweils inkl Frühstück), <http://www.kapfarvel.gl/>

Außerdem besteht die Möglichkeit, in der **Jugendherberge** zu übernachten, die in einem winzigen Häuschen aus der Kolonialzeit untergebracht ist. Die Lage des Hauses mitten in der schönen Altstadt von Nanortalik mit Blick aufs Meer ist idyllisch und auch das Haus selbst hat durch sein Alter sehr viel Charme, aber der Standard ist niedrig: Zehn Personen können dort in zwei Räumen untergebracht werden, es gibt eine recht gut ausgestattete Küche, eine Dusche und ein Trockenklosett. Es ist nur ein kleiner Ölofen vorhanden, mit dem das ganze Haus beheizt werden muss.

Der **NTS Room Service** bietet 6 Zimmer jeweils mit Kochgelegenheit Bad/WC und TV. Ein vergleichbares Angebot jedoch nur mit Gemeinschaftsbad hat auch **Elsner's Rooms**. Das **Kap Farvel-Hotel** betreibt als preisgünstigen Ableger seit einiger Zeit eine Art Wanderheim (das frühere Hotel Tupilak), das in Ausstattung und Komfort Jugendherbergsstandards entspricht. Der Nanortalik Tourist Service vermittelt darüber hinaus auch Privatunterkünfte.

Kap Farvel Vandrehjem, ☏ 613294, FAX 613131 <http://www.kapfarvel.gl/>

♦ **Nanortalik Youth Hostel**, c/o Nanortalik Tourist Information, ☏ 613633, FAX 613633, Preis: ca. dkr 175 pro Person und Nacht.

♦ **NTS Room Service**, ☏ 573386, FAX 613269, <nicoh@greennet.gl>, EZ dkr 550, DZ dkr 700.

♦ **Elsner's Rooms**

Einen offiziellen Campingplatz gibt es nicht, aber man findet auf der Insel eine ganze Reihe von geeigneten Plätzen, wo man zelten kann.

Essen und Trinken

Beide Hotels der Stadt haben ein **Restaurant**, in dem man warme Mahlzeiten bekommt. Sonst gibt es nur eine Grillbar und Cafeteria in der Sporthalle.

Einkaufen

In Nanortalik gibt es zwei größere **Supermärkte** mit den üblichen Öffnungszeiten. Beide befinden sich in der Nähe des Hafens in der Lundip Avquta. Post und Bank sind ebenfalls dort gelegen. Souvenirs und Kunsthandwerk kann man beim Touristenbüro kaufen.

Information

Das Touristenbüro der Stadt befindet sich auf der Hauptstraße, die vom Hafen in Richtung Altstadt führt. Hier bekommt man neben Souvenirs u.ä. auch Stadtpläne und Wanderkarten, und man kann Camping- und Wanderausrüstung ausleihen.

♦ **Nanortalik Turist Service**, Lundip Aqq. B 128, P.O. Box 43, ☎ 613633, FAX 613633, <nanortalik@greennet.gl>; <www.Nanortalik.gl>

Sehenswertes

Außerordentlich reizvoll an Nanortalik ist das alte Kolonialviertel, das man erreicht, wenn man vom Hafen der Lundip Avquta folgt.

Auf dem Weg dorthin kommt man am wohl auffälligsten Gebäude der Stadt vorbei, einer weißen **Kirche**, die 1916 erbaut wurde. Bei der Kirche befindet sich auch der **Knud-Rasmussen-Felsen**, ein großer Granitblock, der - von der Seite betrachtet - das Profil des Polarforschers darzustellen scheint.

Die **Altstadt** besteht aus einigen Stein- und Holzhäusern, teilweise von Gärten mit hübschen Holzzäunen umgeben. Das Gras wächst hier sehr üppig und in den Gärten gedeiht und blüht es im Sommer in erstaunlichem Ausmaß.

⌘ Einige dieser alten Gebäude beherbergen heute das **Museum** von Nanortalik. Hier sind Ausstellungen über die Normannenzeit, über die Geschichte einzelner Siedlungen im Distrikt, über die Entwicklung der Schafzucht, des Kajakfahrens u.ä. zu sehen. Das Museum ist im Sommer vier Tage die Woche geöffnet.

Ausflüge und Exkursionen

Von Nanortalik aus ist es möglich, einen Bootsausflug zur Insel **Uunartoq** und der dortigen **warmen Quelle** zu machen. Eine solche Exkursion wird vom örtlichen Touristenbüro angeboten.

Außerordentlich interessant sind auch Bootstouren in den **Kap Farvel-Distrikt**, der mit seinen vielen Schären und Sunden landschaftlich sehr reizvoll ist und außerdem die **Ruinen** der **Normannensiedlungen** Sandhavn und Herjolfsnes beherbergt (☞ Siedlungen im Distrikt Nanortalik).

Wanderungen

Wegen seiner Insellage sind die Wandermöglichkeiten, die man in unmittelbarer Nähe Nanortaliks hat, eher begrenzt.

In der weiteren Umgebung, d.h. im Bezirk Nanortalik, gibt es dagegen einige sehr schöne Wandergebiete, die aber von der Stadt aus zunächst eine Bootsfahrt erfordern (Näheres dazu ☞ Siedlungen im Distrikt Nanortalik).

Die Insel selbst bietet die Möglichkeit zu einer Rundwanderung, bei der man auch an Sissarissoq, wo Nanortalik ursprünglich angelegt wurde, vorbeikommt. Hier sind noch immer die Fundamente der Gebäude von damals zu sehen.

Ganz in der Nähe erhebt sich ein etwa 550 m hoher Berg, der höchste Punkt der Insel, der leicht zu besteigen ist und von dessen Gipfel man eine wunderbare Aussicht auf die umliegende Landschaft und das Meer hat.

🕮 Von der Gegend gibt es eine neue Wanderkarte (Maßstab 1:100.000), auf der die wichtigsten Wanderrouten verzeichnet sind. Diese Karte ist auch beim Touristenbüro in Nanortalik zu bekommen.

Siedlungen im Distrikt Nanortalik

Der Bezirk Nanortalik umfasst ein Gebiet mit sehr abwechslungsreicher Landschaft, vom fruchtbaren Seengebiet **Vatnahverfis** mit weichen Hügeln und Tälern im Norden bis zu den vielen Sunden und Fjorden des Kap Farvel-Distrikts im Süden. Auch hier wird viel Schafzucht betrieben, man findet über den Bezirk verstreut eine ganze Reihe von Schaffarmen.

Abgesehen von der Stadt Nanortalik gehören fünf Siedlungen zur Kommune, außerdem findet man hier eine Reihe interessanter und geschichtsträchtiger Plätze aus der Kolonial- wie aus der Normannenzeit.

Nicht zuletzt eignen sich große Teile des Gebietes hervorragend zum Wandern.

Die größte dieser Siedlungen ist **Alluitsup Paa** mit fast 500 Einwohnern. Der Ort liegt an der Südspitze der Halbinsel Vatnahverfi und wird mehrmals wöchentlich vom Linienschiff angelaufen. Inzwischen gibt es dort sogar zwei Hotels, das **Hotel "Qannivik"** und das "**Sea Side Whale Hotel**". Beide gehören dem gleichen Besitzer sind recht modern ausgestattet, aber nicht ganz billig.

- **Hotel Qannivik**, PO Box 550, 3919, Alluitsup Paa, ☏ 619209, FAX 619090, ✉ <ekjaer.boegeholt@greennet.gl>. EZ dkr 900, DZ dkr 1.100.
- ♦ **Sea Side Whale Hotel**, Adresse s.o. EZ dkr 900, DZ dkr 1.100.

Alluitsup Paa ist Ausgangs- oder Endpunkt einer mehrtägigen Wanderung durch die Vatnahverfi-Halbinsel bis nach Søndre Igaliku. Diese Tour stellt eigentlich keine besonderen Anforderungen, da sie meist durch gut begehbares Gelände führt, ist mit schwerem Gepäck aber trotzdem recht anstrengend.

Die beste Route findet man auf den Wanderkarten von Qaqortoq und Narsaq (Maßstab 1:100.000) verzeichnet. Man erhält diese Karten u.a. bei South Greenland Tourist Information.

Nur wenige Kilometer nördlich von Alluitsup Paa entfernt liegt **Alluitsoq**, das ehemalige **Lichtenau**.

Mit nur noch 12 Einwohnern (1995) ist der Ort bedeutungslos geworden, aber in der Vergangenheit sah es anders aus: 1774 gründete die **Herrnhuter Brüdergemeinde** hier eine Missionsstation zur Christianisierung von Südgrönland, die bis 1900 aufrechterhalten wurde. Noch heute sind einige Bauwerke sowie der Friedhof aus dieser Zeit zu sehen. Damals war dieser Ort einer der bevölkerungsreichsten Grönlands. In Lichtenau wurde 1814 Samuel Kleinschmidt geboren, der später die erste Grammatik der grönländischen Sprache verfasste - auf Deutsch.

Am Fjord Tasermiut östlich von Nanortalik liegt die Siedlung **Tasiusaq**, wo derzeit noch etwa 90 Menschen wohnen. Der Ort ist ans Liniennetz der Arctic Umiaq-Schiffe angeschlossen, auch ein kleiner Laden mit einer Post ist vorhanden. Reguläre Übernachtungsmöglichkeiten gibt es hier nicht. In begrenztem Umfang können aber Küche und sanitäre Einrichtungen der Schule von Besuchern genutzt werden. Man sollte sich für diesen Fall vorher ans Touristenbüro in Nanortalik wenden, um Näheres zu erfahren.

Von Tasiusaq aus kann man einige sehr schöne Wandertouren unternehmen, z.B. ins **Qinnguadal** (auch Paradisdal) genannt, ein Gebiet mit einer für Grönland einzigartigen Vegetation: In diesem schmalen und von hohen Bergen umgebenen Tal wachsen mehr als 300 verschiedene Pflanzen. Auch das einzige "Waldgebiet" des Landes, ein Birkenwäldchen mit drei bis vier Meter hohen Bäumen, findet man dort. Es ist als Naturschutzgebiet ausgewiesen, d.h. jeglicher Eingriff in die Natur ist verboten. Es darf weder gefischt noch gejagt, noch dürfen Pflanzen gepflückt oder zerstört werden. Zelten ist erlaubt, aber nur unter Beachtung oben genannter Regeln.

Eine andere Route führt nördlich ins **Klosterdalen**, wo sich zur Zeit der normannischen Besiedlung ein kleines Augustinerkloster befand. Die Ruinen einer kleinen Kirche, von ein paar Wohnhäusern und Stallungen sind heute noch vorhanden. Diese Routen findet man ebenfalls auf der Wanderkarte des Distrikts Nanortalik (1:100.000).

Folgt man der grönländischen Küste weiter nach Süden, gelangt man nach **Narsaq Kujalleq**, dem ehemaligen Frederiksdal, das heute 130 Einwohner hat. Auch Frederiksdal ist eine ehemalige Missionsstation der Herrnhuter Brüdergemeinde und wurde 1824 gegründet.

Interessant ist dieser Ort aber vor allem deshalb, weil in seiner Nähe die **Ruinen** von **Sandhavn** und **Herjolfsnes** aus der Zeit der normannischen Besiedlung liegen. Sandhavn war der erste Hafen, den die Wikingerschiffe anliefen, wenn sie aus Europa kamen, und damit grönländischer Ein- und Ausfuhrhafen. Man findet dort noch Ruinen von steinernen Packhäusern, in denen das Exportgut gelagert wurde. Der Hof Herjolfsnes war möglicherweise derjenige grönländische Ort, an dem als letztem noch normannisches Leben existierte. Jedenfalls hat man in den 20er Jahren auf dem Friedhof von Herjolfsnes umfangreiche Kleiderfunde gemacht, die auf einen späteren Zeitpunkt - um 1500 - datiert werden können als alle anderen Fundstücke aus der Normannenzeit. Dieser Friedhof befand sich bei der Kirche von Herjolfsnes, eine der bedeutendsten Kirchen Eystribygds, von der heute noch Teile des Mauerwerks zu besichtigen sind. Man gelangt nach Narsaq Kujalleq entweder mit dem Ausflugsboot des Touristenbüros oder mit dem Linienschiff der Arctic Umiaq Line.

Hinter Narsaq Kujalleq läuft das Schiff nur noch einen weiteren Hafen an: die Siedlung **Aappilattoq**. Der Ort liegt an einer Abzweigung des **Ikerasassuaq** (Prins Christian Sund), einem schmalen Kanal, der bis zur Ostküste führt. Kleinere Schiffe auf dem Weg von oder nach Ostgrönland benutzen diese Wasserstraße recht häufig, da sie auf diese Weise die gefährlichen Wasser um Kap Farvel meiden können.

Etwa 200 Personen leben in der Siedlung, die meisten von Robbenjagd und Fischfang. Aappilattoq hat sich durch seine isolierte Lage - häufig blockiert das Packeis im Frühjahr und am Anfang des Sommers jeden Schiffsverkehr - viel **Ursprünglichkeit** bewahrt. Außerdem wirkt der Ort in vielerlei Hinsicht ostgrönländisch, da sich einige Ostgrönländer, deren Siedlungen verlassen wurden, hier niedergelassen haben.

Es gibt einen kleinen KNI-Laden, an den eine Post angeschlossen ist. Was Übernachtungsmöglichkeiten angeht, ist die Situation die gleiche wie in Tasiusaq: In begrenztem Umfang können Touristen die Küche und die sanitären Einrichtungen der örtlichen Schule mitbenutzen.

Blick in den Scoresbysund

Die Ostküste, Grönlands Rückseite oder "tunu" wie sie von den Grönländern genannt wird, ist in mancherlei Hinsicht eine fremde Welt. Sowohl die Natur als auch die Sprache und Kultur der Bewohner unterscheiden sich beträchtlich von dem, was man in Süd- und Westgrönland vorfindet.

Auf der gesamten Strecke, von Kap Farvel im Süden bis zum Kronprinz Christian Land im Norden, ist die Landschaft rauh und härter als an der Westküste. Die Ostküste zeigt sich weißer, selbst die schroffe Steilküste ist vielerorts auch im Sommer schneebedeckt. Hinter dem Küstengebirge beginnen die weißen Flächen, aus denen nur die Bergspitzen, die sogenannten Nunataks herausschauen - Felsinseln im Schneemeer. Eisige Gebilde von bizarrer Schönheit und Vielfalt schicken die Gletscher in das polareisgespickte Meer. Denn während das Klima an der Westküste durch den Westgrönlandstrom etwas gemildert wird, fließt hier der kalte Polar- und der Ostgrönlandstrom. Das gesamte Jahr wird die Küste vom Treibeis des Polarbasins wie durch einen kalten Gürtel umschlossen. Das Packeis, das lediglich im Hochsommer Schiffsverkehr mit speziell eisverstärkten Schiffen zulässt, ist das Jagdgebiet der Eisbären. Neben Robben, Walen und Walrossen verbringt eine große Anzahl von Meeresvögeln hier den Sommer.

Im Norden befindet sich der größte Nationalpark der Welt, an dessen Küstensaum Moschusochsen, Polarfüchse und -wölfe beheimatet sind. Das Jagdgebiet des Grönlandfalken ist ein geologisch vielfältiges Areal, mit einer interessanten hocharktischen Flora.

Erst vor gut hundert Jahren wurde entdeckt, dass die Ostküste bewohnt ist. Damals traf eine dänische Expedition auf eine nur noch kleine Gruppe Ostgrönländer, die sich ethnisch, sprachlich und kulturell nicht unwesentlich von den Westgrönländern unterschieden.

Heute ist die 3.000 km lange Küste fast menschenleer. Insgesamt leben in den zwei besiedelten Regionen um Ammassalik (Tasiilaq) und Ittoqqortoormiit nicht mehr als 3.500 Menschen. Da sie aufgrund der Eisverhältnisse jahrhundertelang in völliger Isolation lebten, entwickelte sich ein eigener Dialekt: das Ostgrönländische, welches für die Westgrönländer nicht zu verstehen ist. Die Lebensweise ist viel traditioneller und ursprünglicher. Die Unterschiede sind heute noch deutlich spürbar. So ist den Einwohnern im Osten der Trommeltanz wie auch die Schnitzkunst, für welche besonders Ammassalik bekannt ist, noch vertraut. Die Lebensweise ist nach wie vor stark von den natürlichen Gegebenheiten geprägt.

Die Jagd bildet häufig die Lebensgrundlage, besonders im nördlichen Ittoqqortoormiit. Der Hauptarbeitgeber ist jedoch die Kommune. Die Modernisierung zeigt auch hier ihre Schattenseiten: Alkoholismus, Verelendung, Suizide und Apathie sind Erscheinungen im Alltag zwischen naturgeprägter Tradition und der eingeführten technisch orientierten Lebensweise.

Die einzigen zwei Städte Ammassalik und Ittoqqortoormiit bilden die Ausgangsbasis für Begegnungen mit unberührter Natur. Außer dem Gebiet um Ammassalik, das aufgrund seiner Nähe zu Island schon früh regelmäßigen Besuch von Tagestouristen erhielt, ist die gesamte Ostküste eher eine Region für erfahrene Wanderer.

Ostgrönland, diese wilde, anspruchsvolle Schönheit, in der es keine Wege, nur Richtungen gibt, stellt ein äußerst sensibles Ökosystem dar. Es gibt zwei Möglichkeiten sich diesem zu nähern: entweder in intensivem Kontakt zu Fuß in einem kleinen Gebiet oder als Überblick der Region per Schiff. Bedingt durch das Treibeis des Ostgrönlandstroms laufen nur einige wenige eisverstärkte Schiffe für Studienreisen Ostgrönland an. Sie starten von Spitzbergen oder Island. In den Reisemonaten August/September richten sich die Routen nach den Eisverhältnissen und reichen vom Kangerlussuaq Fjord bis zum Scoresbysund.

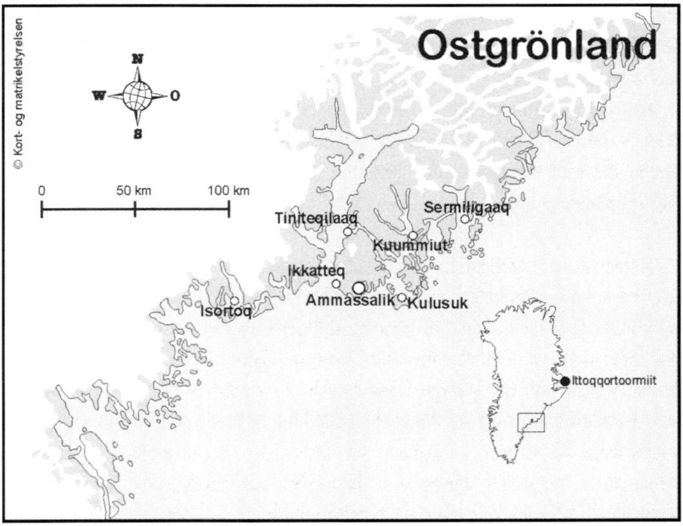

Den Wanderer erwartet eine faszinierende Landschaft - namenlose Täler wechseln mit unbestiegenen Bergen. Ein Land, das es für den erfahrenen Trekker erst noch auf Ski- und Hundeschlittentouren oder per Kajak zu entdecken gilt. Da außerhalb der beiden Siedlungen auf keinerlei Infrastruktur zurückgegriffen werden kann, sind Reisen in dieser Region mit erheblichem Aufwand verbunden.

Der riesige Nationalpark, der nördlich von Ittoqqortoormiit beginnt, darf nur mit Sondergenehmigung betreten werden. Zum Schutz der Natur wird diese Erlaubnis sporttouristischen Unternehmungen, die in dieser Region Expeditionscharakter haben, nicht ohne weiteres erteilt.

Ammassalik / Tasiilaq

☆ ☎ 299981448.

⊞ ☎ 299961211.

Eine kleine Lachsfischart, der Ammasak (Lodde), der auch das Gemeindewappen schmückt, gab der Region ihren Namen. Von den rund 2.900 Einwohnern des Ammassalik Distrikts leben ca. 1.700 in Tasiilaq, dem größten Ort der Ostküste. In europäischer Literatur und in Westgrönland wird häufig auch der Ort selbst mit dem Namen Ammassalik bezeichnet.

Erst 1884 drang eine Expedition mit traditionellen, grönländischen Frauenbooten, den Umiaks, in die jahrhundertelang durch den Eisstrom von der Außenwelt abgeschirmten Region vor. Der Däne Gustav Holm und seine Begleiter trafen in der Gegend von Ammassalik auf eine kleine Gruppe Einheimischer. In den folgenden 10 Jahren reduzierte sich der nur 413 Menschen zählende Inuitstamm durch schlechte Fangverhältnisse und anhaltende Familienfehden um fast die Hälfte. Um diese vor dem endgültigen Untergang zu bewahren, setzte Holm 1894 die Errichtung einer Handels- und Missionsstation durch. Diese Station war Ammassalik in der Tasiilaqbucht, das sich im Laufe des folgenden Jahrhunderts zum Verwaltungs- und Versorgungszentrum für Ostgrönland entwickelte.

Heute gibt es hier die gleichen Einrichtungen wie in anderen Städten der Westküste: Schule, Krankenhaus und Geschäfte. Mit der Kirche und dem Gemeinschaftshaus ist es auch das kulturelle Zentrum für die Region.

Die Bewohner der fünf umliegenden Siedlungen Kuummiut, Ikkattek, Tiniteqilaaq, Sermiligaaq und Isortoq leben überwiegend von dem Fischfang und der Jagd. Den Anblick der Orte prägen Schlittenhunde, die unersetzlichen Reisegefährten winterlicher Jagden.

Im Sommer ziehen viele der Jäger und Fischer für einige Monate mit ihren Booten in bessere Fangregionen. Dennoch ist die Arbeitslosigkeit sehr hoch und die Kommune stellt den wichtigsten Arbeitgeber dar.

Der Ausbau des Tourismus kann eine Chance für die Zukunft bieten. Und in der Tat hat die Gegend ihren Reiz. Die unwegsame Landschaft, die den Menschen dort das Leben erschwert, birgt für Touristen eine besondere Faszination. Es gibt wenige Plätze in Grönland, an denen man besser die großartige Kulisse einer schroffen, majestätischen Natur mit ihren steilen, schneebedeckten Bergen, gewaltigen Gletschern und imposanten Steilküsten genießen kann.

An- und Abreise

30 km von Tasiilaq entfernt, auf der Nachbarinsel Kusuluk, liegt der gleichnamige internationale Flughafen. Hier landen dreimal wöchentlich Maschinen aus Island von Reykjavik oder von Keflavik. Außerdem bestehen zweimal pro Woche inländische Flugverbindungen nach Nuuk und Kangerlussuaq.

Der Weitertransport von Kulusuk nach Tasiilaq ist mittels Helikopter oder durch Bootstransfer, der zeitig angemeldet werden sollte, möglich. Die Kosten für den Helikopter-Transfer betragen einheitlich dkr 465.

Die Preise der Bootstransfers schwanken saisonal, sind aber eine preiswerte Alternative.

Heliport, ☏ 981689.
Boot, ☏ 981650.
Greenlandair, ☏ 328888.

Es gibt keinen überregionalen Schiffsverkehr. Lediglich die Frachtschiffe der Arctic Umiaq Line transportieren einige Passagiere von der Westküste nach Tasiilaq. Zweimal wöchentlich läuft ein KNI Kutter alle Siedlungen des Distrikts an. Die Zeiten richten sich nach Eis und Wetterverhältnissen. Tickets und Infos sind beim Ticketbüro, das im Hotel Angmagssalik untergebracht ist, erhältlich. Private Bootstransfers durch Einheimische sind jederzeit nach Absprache möglich. Für weitere Fragen steht das Rote Haus in Tasiilaq zur Verfügung. Von Island aus werden zunehmend kommerzielle Segeltörns angeboten.

♦ Ticket office, ☎ 981 493.

♦ Boote, ☎ 981650.

♦ RAL, ☎ 329720, FAX 329820.

Übernachtungen

Sowohl in Kulusuk als auch in Tasiilaq gibt es jeweils ein Hotel.

🛏 **Hotel Angmagssalik**, EZ ca. dkr 800, DZ ca. dkr 1.000 (inkl. Frühstück), ☎ 981293, FAX 981393, ✉ <arcwon@greennet.gl>

♦ **Hotel Kusuluk**, EZ ca. dkr 800, DZ ca. dkr 1000 (inkl. Frühstück), ☎ 986993, FAX 986983, ✉ <kushot@greennet.gl>

Kulusuk bietet daneben noch Übernachtungsmöglichkeiten in einer Jugendherberge, die nur im Sommer geöffnet ist.

♦ **Youth Hostel,** ☎ 906300, FAX 906911, Übernachtung: 200 dkr.

B&B Im südlichen Teil der Stadt Tasiilaq mit Blick auf den Kong Oskar Havn, liegt das "Rote Haus" (Itteq Aappaalatoq) mit Bed and Breakfast oder Übernachtung mit Schlafsack in einem Schlafsaal. Die Zwei- und Mehrfachzimmer bieten einfachen Standard (kein fließend Wasser) und Kochgelegenheiten in zwei Küchen.

♦ **The Red House**, Zimmer: dkr 300, Schlafsack: dkr 200, Frühstück: dkr 50, ☎ 981650, FAX 981024, ✉ <tuning@greennet.gl>.

⛺ Von dort wird auch der **Zeltplatz** (Base Camp) verwaltet, der sich in der Nähe des Heliports befindet. Es stehen einfache Sanitäreinrichtungen zur Verfügung.

☺ Auf Anfrage beim Roten Haus, das durch eine Initiative in Zusammenarbeit mit den Einheimischen entstand, ist es möglich Hütten in den umliegenden Siedlungen anzumieten oder eine Unterkunft in einer grönländischen Familie zu erhalten. Eine interessante Möglichkeit die Lebensart direkt zu erleben. Ein Leben, das durch Jagd und Fischfang noch sehr naturgeprägt ist, wo andererseits aber schon längst 36 Fernsehprogramme Einzug erhalten haben.

♦ Des Weiteren sind seit jüngster Zeit direkt vor Ort **Apartments** von R. Christensen zu mieten. Apartments Robert Christensen, ☎ 981052, FAX 981552, Zimmer: dkr 500/dkr 600.

Essen und Trinken

Essen kann man sowohl in Kulusuk als auch in Tasiilaq in den Hotels. Tasiilaq hat zudem noch eine Grillbar.

- ☏ 981018.
- Bei Übernachtung im Roten Haus ist dort auch die Einnahme eines Mittagessens möglich.

Einkaufen

Neben dem üblichen KNI-Supermarkt in der Nähe der Post, gibt es den "Lille Købman", der ebenfalls Grundnahrungsmittel vertreibt. Er ist die nächste Einkaufsmöglichkeit für Zeltplatz und Heliport. Am Kai der Stadt bekommt man direkt von Jägern und Fischern frisches Seehundfleisch, Fisch und Muscheln. Produkte aus Robbenfell und Perlen sind in der Fellwerkstatt "Skaeven" erhältlich.

Der Buchladen "Neriusaaq Boghandel" bietet eine gute Auswahl an arktischer Literatur. Daneben gibt es Zugang zum Internet, Telefon- und Faxmöglichkeiten.

Tasiilaq ist für seine Handwerkskunst berühmt. Durch die jahrhundertelange Isolation und den späten Einfluss der Europäer, ist hier die Schnitzkunst sehr ursprünglich erhalten geblieben und weiterentwickelt worden. Neben Holzfiguren und Masken entstehen hier die bekannten Tupilakes.

Die heute als Souvenir beliebten grotesken Figuren, Nachbildung von Tupilakes oder anderen mystischen Kreaturen, waren einst gefürchtete, todbringende Geschöpfe. Obwohl sie früher in ganz Grönland verbreitet waren, ist kein Original erhalten geblieben. Die ursprünglich aus verschiedenen Materialien wie Holz, Walzahn und Tierknochen in aller Heimlichkeit gefertigten Figuren wurden mit magischer Kraft versehen und dem Opfer zugesandt. War dieses jedoch kraftvoller, konnte er das Wesen mit dem gleichen Auftrag zurück schicken - ein gefährliches Unterfangen. Weniger gefährlich, aber noch immer in großer Originalität und Kunstfertigkeit erstellt, sind sie heute in Speckstein oder Rentierhorn zu erwerben.

Auch die Masken in ursprünglich schwarzer Farbe, die sich erheblich von den wenigen Beispielen der Westküste unterscheiden, zeugen von den lebendigen Schnitzmotiven. Eine große Auswahl bietet die Verkaufsstelle des Museums an.

Der grönländische Philatelistendienst hat seinen Sitz in der Stadt. Seitdem 1938 Grönland sein eigenes Postsystem einführte, werden von hier aus inzwischen weltweit etwa 50.000 Sammler mit den begehrten Briefmarken versorgt.

♦ 981155, <www.greenland-guide.gl/filatelia>

BANK Es gibt in der Stadt keine Bank. Bargeld erhält man am Automaten bei der Post. Die übliche Währung sind dänische Kronen. Einige Läden akzeptieren Kreditkarten. Es ist nicht möglich Travellerschecks einzutauschen, der Umtausch fremder Währung ist nur begrenzt möglich.

Informationen

Kulusuk besitzt ein neu eröffnetes Tourist-Office unweit des Hotels. Von dort ist es möglich, Übernachtungen, Transporte und Tagestouren zu buchen.

♦ 906300, FAX 906911, <www.kulusuk-turiststation.gl>

Das Touristbüro der Stadt Tasiilaq ist im Museum untergebracht, P.O.Box 112, DK-3913 Tasiilaq, 598243, FAX 981711, <www.ammassalik.gl/turisme>

Hier bekommt man neben Stadtplänen und Wanderkarten auch Unterstützung für Touren und Transporte.

Sehenswertes

An der insgesamt sehr malerisch gelegenen Stadt ist vor allem die neue Kirche, ein fünfeckiges Gebäude von 1985 sehenswert. Dessen Innenräume wurden von der Künstlerin Aka Høgh aus Qaqortoq mit viel Robbenfell und traditionellen Motiven gestaltet.

In der alten Kirche oberhalb des Hafens, die 1908 erbaut wurde, ist seit 1990 das Museum untergebracht. Neben einer kulturhistorischen Ausstellung ist dort eine kleine Sammlung Bilder ostgrönländischer Maler zu sehen. Das Museum ist ganzjährig geöffnet. Neben dem Museum wurde 1993 ein Torfhaus errichtet. Dieser Bau wurde den historischen Originalen der Frühzeit nachempfunden.

Am höchsten Punkt der Stadt befindet sich ein Denkmal, das 1944 anlässlich des 50. Geburtstags Ammassaliks (Tasiilaq) errichtet wurde. Von diesem

Platz, der auch oft von Einheimischen aufgesucht wird, hat man einen schönen Ausblick über die Stadt und die Landschaft der Umgebung.

Exkursionen und Ausflüge

In den Sommermonaten Juli bis September kann man mit dem Boot Ausflüge zu den Siedlungen im Distrikt machen, wo das Leben der Bewohner noch sehr von der Jagd und dem Fischfang geprägt wird. Exkursionen dieser Art veranstaltet das Touristbüro, teilweise auch die Hotels. Individuelle Bootstransfers übernimmt das "Rote Haus". Geführte Landtouren wie auch Unterstützung bei Kletter- und Bergtouren erhält man beim Mount Ford Support der Stadt Tasiilaq.

♦ Mount Ford Support, ☏ 981320.

Hundeschlittentour im Mariager Fjord

Weiterhin besteht die Möglichkeit zum Mittivakkat Gletscher zu fliegen.

Im Winter werden Tagestouren mit Hunde- oder Motorschlitten angeboten.

Das Touristbüro erteilt hierzu weitere Informationen.

Wanderungen

Die Gegend um Tasiilaq bietet eine Reihe von Möglichkeiten für kürzere und längere Wanderungen. Bei den Tagestouren in der näheren Umgebung benötigt man Trittsicherheit und eine gute Kondition. Umfangreiche Unternehmungen sind aufgrund der vielen Gletscher und steilen Berge eher erfahrenen Wanderern zu empfehlen.

Eine Tagestour die mit Ausblick auf den Kong Oscar Havn und das Treibeis des Meeres belohnt, führt zum **Sømansfjeldet** (Qaqqartivakajik). Dieser 700 m hohe Berg im Süden Tasiilaqs gelegen, kann ohne größere Schwierigkeiten von der Nordseite bestiegen werden.

Etwas von der sich nur kurz entfaltenden Flora erlebt man bei der Wanderung zum Blomsterdal. Man verlässt die Stadt im Norden und folgt der Küste bis zum großen Fluss. Nach der Brücke biegt man ab in Richtung der Berge. Der Weg führt über leicht bewachsene Steine entlang des großen Sees des "**Blumentals**", einem der wenigen grünen Flecken der Ostküste. Entlang der kleinen Seen geht es zurück in die Stadt.

Eine längere, etwa dreitägige Tour führt zum **Mittivakkat-Gletscher**. Bei Wanderungen entlang der Küste muss man sich auf morgendlichen Nebel einstellen. Er bildet sich durch die Kühle des Eises und löst sich meist erst gegen Mittag durch die Sonne auf. Wer sich für Ruinen von Inuit-Siedlungen interessiert, der wird entlang der Westküste der Insel Kulusuk fündig. Alle Ruinen stehen unter Schutz und dürfen nicht verändert werden.

Die südlich im Distrikt liegende Siedlung **Isortoq** ist häufig Ausgangspunkt oder Ziel für die inzwischen zwei- bis dreimal jährlich durchgeführten Inlandeisquerungen. Auf der Route Søndre-Strømfjord (Kangerlussuaq-Westen) - Isortoq (Tasiilaq-Osten) der zumeist privaten, genehmigungspflichtigen Sportexpeditionen laufen erfahrene Alpinisten über das bis zu 3 km mächtige Eis. Diese Herausforderung hat seit Fridjof Nansens Erstdurchquerung 1888, die etwas südlicher verlief, nichts an seinem Reiz verloren.

📖 Wanderkarten der Region im Maßstab 1:100 000 sind im Touristbüro in Tasiilaq zu bekommen. Sie enthalten auch Hinweise auf weitere Wanderrouten.

Ittoqqortoormiit

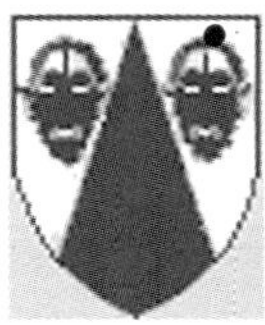

☎ 991022.

✚ 991011.

Ittoqqortoormiit, der "Ort wo die großen Häuser stehen", bildet die nördlichste Siedlung Ostgrönlands. In der Kommune am Scoresbysund leben etwa 530 Menschen, wobei die in der Nachbarschaft liegenden Siedlungen Uunarteq (Kap Tobin) und Ittaajimmiit (Kap Hope) mit ca. 50 Personen eingerechnet sind. Als in den 20er Jahren die Bevölkerung in Ammassalik-Distrikt derart anstieg, dass sich der überwiegend von der Jagd lebenden Gemeinschaft nicht mehr genug Nahrung

Blick auf Ittoqqortoormiit

bot, wurde die Gründung einer neuen Siedlung beschlossen. Auf der Suche nach neuen Fanggründen gründete der dänische Polarforscher Ejnar Mikkelsen 1925 mit ca. 80 jungen Grönländern aus der Ammassalik Region diese Siedlung im Norden. Ein weiterer Beweggrund wird wohl auch die Festigung dänischen Gebietsanspruchs auf Grönland gewesen sein. Ein Streitthema mit Norwegen das erst 1933 durch den Urteilsspruch des Internationalen Gerichtshofes in Den Haag zugunsten der dänischen Oberhoheit beigelegt wurde.

Die neue Siedlung entstand in einer Gegend, die über Jahrhunderte bewohnt gewesen ist. Die Expedition des britischen Forschers und Walfänger Scoresby 1821 berichtet von erst vor kurzem benutzten Hütten. Aber erst bei der zwei Jahre später folgenden Reise des Briten Clavering traf man dann auf der später nach ihm benannten Insel auf Inuit. Nach einem der wenigen Zusammentreffen, bei denen man ihnen Gewehre demonstrierte, flohen diese verschreckt. Es sollte das letzte mal sein, dass man im Norden auf Einheimische traf: Zeltringe aus Stein und diverse Artefakte zeugen noch heute von ihrem Überlebenskampf in der rauhen Eiswelt.

Entbehrungsreich ist auch die Arbeit derer, die heute noch dem Beruf des Jägers nachgehen. Von den ca. 25 Jägern der Region werden in den Grenzen der staatlich festgesetzten Limits überwiegend Robben, aber auch Moschusochsen, Wale und Eisbären gejagt. Der größte Arbeitgeber ist auch hier die Kommune. Dieser Ort, am längsten Fjord der Welt gelegen, hat ebenfalls mit den negativen Begleiterscheinungen der Zivilisation zu kämpfen: Arbeitslosigkeit und Alkoholismus. Die Jugend wird zwischen Schlittenhunden und Satellitenfernsehen groß. Wer nach der Schule eine Ausbildung möchte, geht an die Westküste oder studiert in Dänemark. Es bleiben die, die ihr freies, aber auch hartes, naturbestimmtes Leben als Jäger führen wollen.

Auf einer Anhöhe im Ort liegt eine nun schon seit Jahrzehnten betriebene dänische Wetterstation, von der täglich Ballons zur Sammlung von Daten starten.

Wer mit dem Flugzeug hier landet, dem eröffnet sich eine in vielerlei Hinsicht andere Welt. Er ist zu Gast bei einer unberührten und beeindruckenden, aber auch fordernden Natur. Diese Region ist etwas für erfahrene Wanderer. Dieses Land verlangt ein großes Maß an Aufmerksamkeit, Geduld und Zeit, um sich in seiner Einmaligkeit entdecken zu lassen.

An- und Abreise

Der Ort ist für Touristen nur per Flugzeug und Helikopter erreichbar. Zweimal wöchentlich gehen Flüge von Reykjavik (Island) zur Flugpiste Constable Pynt (Nertreit Inaad). Diese Landefläche entstand Mitte der 80er Jahre, als verschiedene Gesellschaften im Bereich des Jamesonlandes nach Öl und anderen Bodenschätzen suchten. Aus umwelttechnischen und nicht zuletzt aus wirtschaftlichen Gründen wurden diese Unternehmungen wieder eingestellt.

Von dort erreicht man Ittoqqortoormiit per Helikopter; Kosten um dkr 1.000. Helikopterflüge sind im Touristenbüro zu erfragen. Alle Flüge rechtzeitig buchen.

✈ Greenlandair, ☏ 328888.

♦ Air Alpha, ☏ 943004.

Aufgrund der Eislage durch den Ostgrönlandstom verkehren keine Passagierschiffe. Nur zwei speziell eisverstärkte Versorgungsschiffe der Arctic Umiaq Line laufen im Sommer den Ort an. Sie übernehmen teilweise Gepäcktransporte. Die Ankunft der Schiffe richtet sich nach der Eislage, Ende Juli - Anfang August.

Unterkunft

Das Gästehaus bietet etwa 8 Personen Unterkunft in Betten zu ca. dkr 500 pro Nacht. Anfragen an das Touristenbüro oder die Gemeindeverwaltung. Zelten ist wie in den nordischen Ländern überall erlaubt - mit der nötigen Rücksicht auf Natur und Privatsphäre der Anwohner natürlich. Beim Gemeindezentrum sind Waschmarken für das separate Dusch- und Waschhaus erhältlich.

Einkaufen

Der KNI Supermarkt enthält alles für den täglichen Bedarf, auch Wanderkarten der Region. Wer Wanderungen plant, sollte aber schon weit vorher ein Blick -

darauf werfen; man erhält die Karten auch in geografischen Buchhandlungen in Deutschland.

Neben dem Laden für Tabak und Alkohol beim KNI Markt, gibt es noch einen Kiosk, der die ganze Woche geöffnet hat.

☏ BANK Telefonieren kann man in der Post, die auch Bankaufgaben übernimmt (Scheck und Kreditkarten sehr eingeschränkt, am besten dkr in bar), und das Gemeindezentrum des Ortes.

Sehenswertes

Natur pur! Der in der Rosevinges Bucht gelegene Ort mit Blick auf den Scoresbysund hat eine kleine Kirche, die man auf Anfragen im Gemeindezentrum besichtigen kann. In einem Haus in der Nähe des Supermarktes ist ein kleines Museum untergebracht. Durch einen Mitarbeiter der dänischen Wetterstation ist dort im Laufe der Zeit eine kleine, lebendige Sammlung an kulturhistorischen Objekten entstanden. Diese und Bilder von der Besiedlung Ittoqqortoormiits sind auf Anfrage bei der Wetterstation und im Touristenbüro zu besichtigen.

Informationen

Das neu entstandene Touristenbüro ist im Südflügel der Kirche untergebracht und vermittelt in enger Zusammenarbeit mit Einheimischen Hundeschlittentouren (Frühjahr), Kajak- und Trekkingtouren. Die Mitarbeiter helfen und vermitteln bei jeglichen logistischen Problemen.

♦ Ittoqqortoormiit Tourist Office, c/o nonnitravel greenland, P.O.Box 28, DK-3980 Ittoqortoormiit, Greenland, ☏ + FAX 991280, ✉ <nonni@greennet.gl>

Exkursionen

In dieser bisher selten von Touristen frequentierten Region sind Exkursionen mit Boot, Kajak oder Hundeschlitten individuell abzusprechen. Ansprechpartner ist dafür das Touristenbüro.

Wanderungen

Die abwechslungsreichen Landstriche des Scoresbysund sind ein Gebiet für erfahrene Wanderer. Die Zivilisation endet an der letzten Hütte. Einfühlungsvermögen in die natürlichen Gegebenheiten und nicht zuletzt der sichere Umgang mit dem Gewehr, dem Begleiter auf den Touren zum Schutz vor **Eisbären**, bilden die Voraussetzung. Da im Innern des Fjordes eine Art "Kinderstube" der Eisbären ist - Eisbärenmütter gebären dort ihre Jungen - sowie aufgrund der Nähe zum Packeis, dem Jagdgebiet der Bären nach Robben, ist mit dem König der Arktis auch im Sommer jederzeit zu rechnen. Dem wirklich unberührten, weglosen Gelände würden "Routenbeschreibungen" im üblichen Sinne nicht gerecht. Darum hier eher ein paar Ausblicke auf diese einzigartige Landschaft.

Ein Ziel in der näheren Umgebung ist die Jagdsiedlung **Uunarteq** (Kap Tobin). Im Winter, wenn der kleine Ort in Schnee gehüllt die Monate der Dunkelheit mit Schneestürmen und Temperaturen bis -40° verbringt, führt eine Art "Hunde- bzw. Motorschlittenweg" über das Meereis dorthin. Im Sommer ist es im Slalom um die Eisschollen per Boot zu erreichen. Wer den etwas beschwerlicheren Weg über loses Gestein entlang der Küste wählt, trifft mancherorts noch auf die Zeltringe der Vorzeit. Von den wenigen Hütten hat man bei gutem Wetter einen weiten Blick auf die im Sund majestätisch vorbeisegelnden Eisberge und die dunklen, abweisenden Felsen des gegenüberliegenden Kap Brewster.

Wer den mächtigen Fjord, der etwa 300 km in das Inlandeis einschneidet, und seine Umgebung kennenlernen möchte, sollte keine zu engen Zeitpläne stecken denn das Wetter und das Eis bestimmen hier Weg und die dafür benötigte Zeit.

Die Fjordmündung wird im Norden durch ein wild zerissen aussehendes Grundgebirge geprägt: der **Liverpoolküste**. Das davor scheinbar so friedlich dahin ziehende Treibeis birgt eine ungeheure Kraft in sich. So manch eine der frühen Schiffsexpeditionen musste das erfahren, auch heute ist die Küste nur teilweise und schwer zugänglich. Nach Westen hin, durch Hurry Inlet und Klittal getrennt, schließt sich das **Jamsonland** an. Vor der kalten Ausstrahlung des Packeises geschützt, entwickelt sich in dem eisfreien Flachland mit seinem erstaunlich milden Klima eine recht vielfältige Flora. Hier leben Moschusochsenherden, die Wahrzeichen von Ittoqqortoormiit. In seinem Innern nach Westen hin wird der Fjord immer breiter. Über die Verbindung des Bredning Hall verzweigt sich der Scoresbysund in eine Vielzahl von großen und kleinen Fjorden. Sie umschließen einige Inseln, von denen Milne Land die größte ist.

Die Fjordarme, von denen die vier bedeutendsten, der Nordwestfjord, der Øfjord, der Fønfjord und der Gaasefjord sind, enden an den Gletschern des Inlandeises. Diese schicken eine große Menge von eisigen Giganten mit bis zu

80 m Höhe auf den Weg zur Ostküste. Und dennoch wirken diese imposanten Variationen aus Eis klein im Vergleich zu den steil aufragenden Felsformationen. Von denen suchen Gletscherzungen aus über 2.000 Meter Höhe ihren Weg zum Wasser. Die nur etwa 1/8 aus dem Wasser ragenden Eisberge, von den einige an flachen Buchten des sonst sehr tiefen Fjordes stranden, stoßen häufig tonnenschwere Brocken ab. Das kann gefährliche Wellen verursachen, was Distanz zu den weißen Schönheiten nahelegt. Robben und Meeresvögel sind Begleiter dieser wenig berührten Region.

Für das gesamte Fjordgebiet stehen Karten im Maßstab 1: 250.000 zur Verfügung. Die Eisverhältnisse, von denen man bei den auf den Karten tadellos blauen Fjorden nichts ahnen kann, sind von Jahr zu Jahr sehr verschieden. Man sollte sich bestmöglich vor Ort informieren.

Der Nationalpark

Wer eine Karte von Grönland zur Hand nimmt, gewinnt eine Vorahnung vom riesigen Gebiet des Nationalparks. Seine Grenzen verlaufen nördlich der Siedlung Ittoqqortoormiit in nordwestlicher Richtung über das Inlandeis, bis zum Petermanngletscher an der Naresstraße und schließen das gesamte östliche Areal ein.

Als Mitte der 70er Jahre das Naturschutzgesetz für Grönland und die Bestimmungen für den Nationalpark erlassen wurden, war dem ein langes Ringen von Forschern und Naturschützern vorausgegangen, die im Widerstreit mit dänischen und norwegischen Jagd- und Fanginteressen lagen.

Schon vor der Jahrhundertwende hatten norwegische Wal- und Robbenfänger die Küste befahren, englische, dänische und deutsche Expeditionen sich einen Weg durch das Eis gebahnt. Das neue Wissen um die Landfauna durch Forschungsreisen von Rasmussen, Koch und Munck hatte jedoch auch eine Erweiterung des Jagdgebietes zur Folge. Neben Robben, Walrossen und Eisbären wurden zunehmend Moschusochsen, Weißfüchse und Polarwölfe erlegt.

Seit dem sie unter Schutz stehen, haben sich die Bestände langsam erholt. Von den Moschusochsen leben inzwischen sogar 40% des Weltbestandes im Nationalpark. Auch Hermelin und Lemming, auf dessen sprunghaften Populationsanstieg im "Lemmingjahr" sich viele Beutetiere wie Grönlandfalke und Schnee-

Eule eingestellt haben, sind hier heimisch. In großen Kolonien - bis 80° nördliche Breite - verbringen Meeresvögel an einigen Küstenfelsen den Sommer.

Die schroffen Felsen, über die stellenweise das Inlandeis "schwappt" und in Form von sehr produktiven Gletschern ins Meer abbricht, sind wahre Fundgruben für Geologen. Denn wo sich heute hinter einer breiten Spaltenzone das ewige Weiß ausbreitet, war einst ein mildes, mediterranes Klima mit einer Vielzahl von Pflanzen und Tieren. Von dem "Einst", das umfasst das Karbon-, Kreide- und Jurazeitalter, legen nordgrönländische Fossilien von Meerestieren und die etwas jüngeren ostgrönländischen Tier- und Pflanzenfossilien Zeugnis ab. Die farbigen Sedimentgesteine, welche zum Teil in gut ablesbaren Schichtungen wie am Teufelsfels zu finden sind, und die dunklen Basalte vulkanischer Herkunft, erzählen von den Urkräften einer bewegten Erdgeschichte.

Über das Eis von Kanada kommend, betraten bereits vor 4.000 Jahren erste Inuitstämme dieses Gebiet. Funde steinerner Zeltringe der Sommerlager, Winterbehausungen, Fanggeräte und Werkzeuge der Independence Kulturen in Perry- und Hall-Land sowie die weite Verbreitung von Artefakten der Thule-Kultur deuten darauf hin, dass in klimatisch günstigen Perioden die Region zeitweise besiedelt war. Die jüngsten Wohnplätze der Inuit stammen aus der Zeit um 1800, heute sind dort ausschließlich verlassene Ruinen vorzufinden

In Nachbarschaft mit ihnen leben jetzt nur noch die etwa 40 Mitarbeiter der fünf ganzjährig besetzten Stationen Mestersvig, Daneborg, Zackenberg, Danmarkshavn und Station Nord. Sie werden entweder vom dänischen Militär, das zugleich die Polizeiaufsicht des Parks wahrnimmt, oder von Forschern und Meteorologen betrieben.

Die **Station Nord**, im Kronprinz Christian Land gelegen, ist eine Militärbasis. Diese nördlichste Station ist nicht öffentlich, der Flugplatz kann aber mit selbst gecharterten Maschinen als Zwischenstop in andere Regionen Nordgrönlands genutzt werden.

Die Wetterstation **Danmarkshavn** liegt nördlich der Dove Bugt. Nach ersten Erforschungen des Gebietes durch die "Zweite Deutsche Nordpolarexpedition" unter Koldewey, war dies der Überwinterungsplatz der "Danmark-Expedition" von 1906.

Forschungs- und Sportexpeditionen ist heute nach Rücksprache mit dem Danish Polar Center (DPC) die Mitnutzung des Landeplatzes der Wetterstation als Anlaufpunkt möglich.

In **Daneborg**, 1944 von Amerikanern gegründet, war bis 1975 eine dänische Wetterstation vorhanden. Ab 1951 wurde an diesem Ort auf dem Wallaston Forland auch die "Sirius Sledge Patrol", die berühmte Hundeschlitten-Patrouille des dänischen Militärs ansässig. Heute Head-Quarter der Sirus-Patroullie, ist die Station im Wesentlichen nicht für zivile Belange zugänglich. Die Zackenbergstation hat einige Einrichtungen, die jedoch nur für Forschungsprojekte offen stehen.

Die Forschungsstation **Zackenberg** am Young Sund wurde 1997 eingeweiht. Die nur 25 km von Daneborg entfernte Station steht unter Obhut des DPC und wird ausschließlich für Forschungsarbeit genutzt.

Mestersvig, nördlich der Stauning Alper gelegen, ist ein Außenposten der Sirius-Patroullie, welche mit dem DPC zusammenarbeitet. Das DPC hat dort in den Sommermonaten einen Logistic-Service. Forschungs- und Sportexpeditionen können dort übernachten. Das Polarcenter unterstützt auch bei der Organisation von Flügen von und nach Island.

Eine Zusammenarbeit mit den Stationen für private Unternehmungen ist nur über das Dänische Polar Center (DPC) möglich. Für alle Stationen im Bereich des Nationalparks, dessen Zutritt nur für die Bewohner Ittoqqortoormiits und Thules frei ist, bedarf es diverser Genehmigungen.

Die Regionen sind zudem nur mit eigens dafür gecharterten Flugzeugen (Twinotter oder Helikopter) zu erreichen und dementsprechend teuer. Auskünfte speziell zu den Stationen:

- **Danish Polar Center**, Hauge Anderson, Strandgade 100 H, DK-1401 Kopenhagen, ☏ 0045/32880113, FAX 0045/32880101, ✉ <ha@dpc.dk>

Wer nun dieses besondere, hocharktische Areal erkunden möchte, dem sei vorher bewusst: Dieses wunderschöne, aber klimatisch extreme, unerschlossene Gebiet ist eine Herausforderung für alpin erfahrene Bergsteiger und Wanderer.

Touren in diesem Gebiet haben Expeditionscharakter! Sie sind mit einem hohen logistischen, zeitlichen und nicht zuletzt finanziellen Aufwand verbunden. Es bedarf neben einer sehr guten körperlichen und mentalen Vorbereitung eines langen Atems bei den Genehmigungsverfahren.

Die Begehung des Nationalparks verlangt ein großes Einfühlungsvermögen in die klimatischen und geographischen Gegebenheiten, Respekt vor dem empfindlichen Ökosystem dieser einmaligen arktischen Flora und Fauna. Ausdauer und Geduld sind Grundvoraussetzung auf dem Weg durch das Land der tausend Weißtöne. Einen guten Eindruck von den zu erwartenden Gegebenheiten vermitteln einschlägige Reisebeschreibungen von Inlandeisbegehungen und Expeditionen in dieser Region, die neben persönlichen Eindrücken auch Hinweise auf Vorbereitung mit Trainingsprogramm, Ernährung und Ausrüstung geben.

Die folgenden "10 Checkpoints" sind Richtlinien für das, was an "Papierarbeit" anfällt. Herausgegeben vom Danish Polar Center (+ Anmerkungen unsererseits), neben der Selbstverwaltungsstelle in Nuuk, Hauptansprechpartner solch einer Unternehmung.

ℹ Selbstverwaltung in Nuuk: Ministry of Health and Environment,
P.O.Box 1614, DK 3900 Nuuk, Greenland, ☎ 345000, FAX 325286,
✉ <enviro@greennet.gl>

1. Überlege genau, was Du im Naturpark tun möchtest, wann und warum.

2. Besorge Dir rechtzeitig alle nötigen Formulare - und das sind nicht wenige. Eine Übersicht bietet das DPC auf der Website und auf Anfrage direkt beim Polarcenter. Da es neben den "Muss"-Lizenzen (Notruf etc.) auch eine Menge spezieller Formulare (für Schiff, Jagd, Fischfang etc.) gibt, ist es am besten, gleich ganz konkret anzufragen. Ansprechpartner für Sportexpeditonen ist Iris Madsen.

♦ Danish Polar Center, Strandgade 100 ✉, DK-1401 Kopenhagen,
☎ 0045/32880100, FAX 0045/32880101, ✉ <im@dpc.dk>
💻 <www.dpc.dk>

3. Reiche die kompletten Anträge rechtzeitig (in 7-facher Ausführung) beim DPC ein. Die Anträge müssen bis zum 31. Dezember des Vorjahres, spätestens ein halbes Jahr vor Tourenbeginn, beim DPC abgegeben werden.

4. Beantrage frühzeitig die Funklizenzformulare bei Tele-Greenland. Dazu muss mindestens ein Mitglied der Gruppe einen internationalen Funkschein besitzen. Der Besitz von Funk- oder Satellitengerät ist Pflicht.

♦ Anfragen an: Tele Greenland, P.O.Box 1002, DK-3900 Nuuk, Greenland, ☏ 323120, FAX 323130, ✉ <tele-greenland@tele.gl>

5. Beantrage frühzeitig die Waffenbesitzlizenz beim Chief Constable of Greenland. An der gesamten Ostküste ist mit Eisbärbegegnungen zu rechnen, was den Besitz und den sicheren Umgang mit der Waffe erfordert. Die Waffen können geliehen werden, der Waffenschein muss in Nuuk bestätigt werden.

♦ Chief Constable of Greenland, P.O.Box 1006, Dk-3900 Nuuk, Greenland, ☏ 321448, FAX 324194.

6. Lasse alle PLB (Notrufsender) registrieren. Notrufsender sind Vorschrift, nicht alle Arten von PLBs werden akzeptiert. Anfragen beim Chief Constable.
7. Erkundige Dich nach einer passenden Search and Rescue Versicherung. Diese geforderten Versicherungen sind zwar teuer, sichern jedoch das DPC und die Teilnehmer ab, da möglicherweise nötige Abbergungen sehr aufwendig sind.
8. Prüfe Möglichkeiten für logistische Unterstützung. Einige Tourist Unternehmen in Tasiilaq und Nuuk bieten Unterstützung bei der Organisation an. Bitte dort im Touristbüro nachfragen.
9. Sende eine komplette Liste der Teilnehmer, Verlauf der Route und der geplanten Aktionen an das DPC. Diese Tourenbeschreibung wird spätestens 3 Wochen vor dem Tourbeginn vom Antragsteller beim DPC eingereicht.

10. Buche rechtzeitig alle Flüge und sonstige Transporte. Flüge in den Nationalpark müssen extra gechartert werden. Auch möglicherweise benötigte Depos werden speziell dafür angelegt, denn man kann im Nationalpark auf keinerlei Infrastruktur zurückgreifen. Unterstützung bei Charterflügen von:

♦ Greenland Airport Authority, P.O.Box 1036, DK-3900 Nuuk, Greenland, ☏ 326005, FAX 326010.

Zum Schutz der Region werden die Vorgaben sehr genau genommen, die Mühlen der Bürokratie mahlen auch sehr langsam. Rechtzeitig anfangen und Geduld mitbringen sind da die einzige Alternative.

Für die Ostküste von Kap Farvel bis zu 74° Nord (etwas nördlich von Daneborg) stehen Karten im Maßstab 1:250.000 zur Verfügung. Das Gebiet ab 74° Nord (Shannon ø) bis Kap Morris Jesup wird im Küstenbereich durch Satellitenkarten im Maßstab 1:100.000 abgedeckt.

Die aktuellen Kompassabweichungen, die nach Norden stark zunehmen, sind zumeist auf der Karte vermerkt. Es können in einigen Gebieten zusätzlich Missweisungen durch Mineralien auftreten.

Nordgrönland

Es gibt unterschiedliche Definitionen, wo Nordgrönland beginnt. In einigen Veröffentlichungen wird der Polarkreis als Grenze genommen, andere setzen die Marke vor der Diskobucht. Es spricht jedoch einiges dafür, **Uummannaq** als die erste nordgrönländische Stadt zu betrachten.

Die **Diskobucht** stellt eine geographisch und kulturell zusammenhängende, an den Zentren Ilulissat und Aasiaat orientierte Region dar, die verkehrstechnisch gut an den Rest des Landes angebunden ist und sich in einem rasanten Modernisierungsprozess befindet.

Nördlich der Diskobucht ist das Leben noch stärker an der traditionellen Lebensweise der Fänger orientiert. Obwohl es auch hier alle Einrichtungen des modernen Grönlands gibt, folgt das Leben noch einem anderen Rhythmus. Die Temperaturen nehmen ab. Die Mitternachtssonne steht immer länger am Himmel, genauso wie die Polarnacht immer länger andauert. Der niederarktische Vegetationsgürtel läuft hier langsam aus und der Bewuchs wird niedriger und spärlicher.

Als die grönländische Selbstverwaltung einen Vertreter von "Greenpeace" einlud, sich persönlich davon zu überzeugen, was die Kampagne gegen das Schlachten von Robbenbabys auf Neufundland für Auswirkungen in Grönland hat (☞ Land und Leute, Wirtschaft), wählte sie die Siedlung Niaqornat im Distrikt Uummannaq aus.

Uummannaq

☆ ☏ 951222.

☐ ☏ 951211.

🚗 ☏ 951066.

500 km nördlich des Polarkreises, vor der Nordseite der Halbinsel Nuussuaq, liegt auf einer kleinen Insel die Stadt Uummannaq. Obwohl 1763 als Kolonie gegründet, trug dieser Ort nie einen dänischen Namen, sondern immer den jetzigen. Lediglich die dänische Schreibweise unterscheidet sich ein wenig von der grönländischen.

Der Grund für diese Namensgebung – Uummannaq heißt übersetzt "das Herz" – ist für Grönländer sofort offensichtlich. Direkt hinter dem Ort erhebt sich

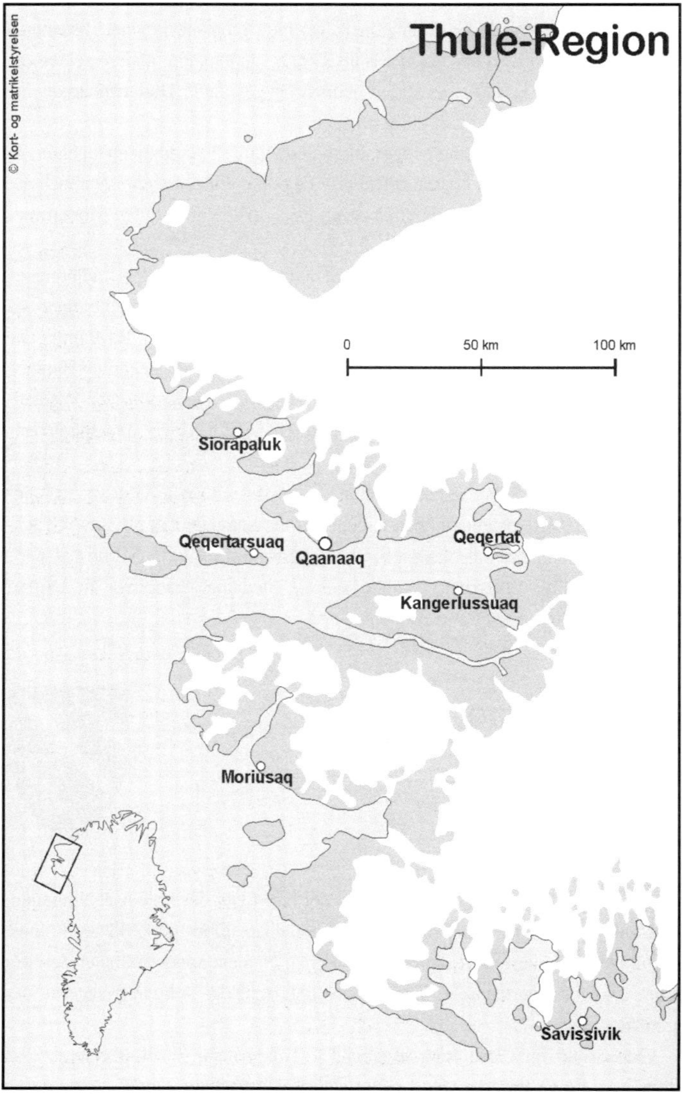
Thule-Region
© Kort- og matrikelstyrelsen
0
50 km
100 km
Siorapaluk
Qeqertarsuaq
Qaanaaq
Qeqertat
Kangerlussuaq
Moriusaq
Savissivik

ein schroffer, 1.175 m hoher Berg, der die Form eines Herzens hat. Wenn das mitteleuropäische Auge das gar nicht zu sehen vermag, liegt das daran, dass das Herz einer Robbe gemeint ist.

Uummannaq hat knapp 1.500 Einwohner. In den zum Distrikt gehörenden sieben Siedlungen leben insgesamt gut 1.200 Menschen. In allen Orten spielen der Fang und die Jagd noch eine große Rolle, wobei in Uummannaq der **Fischfang** dominiert und die Haupteinkommensquelle darstellt. Der Robben- und Walfang bedeutet jedoch ein wichtiges Zubrot für die Bevölkerung.

Das Leben in Uummannaq ist noch ursprünglicher und näher an der alten Kultur der Inuit als z.B. im südlicheren Ilulissat. Dennoch weist Uummannaq eine moderne Infrastruktur und Einrichtungen auf, die man in den Siedlungen weiter nördlich nicht mehr findet. Dr Ort verfügt über ein Hotel mit Restaurant, mehrere Geschäfte und einen rührigen Tourist Service, der verschiedene Ausflugsangebote an die Besucher macht. Die organisierten Ausflüge und Exkursionen sind für den Besucher insofern von Bedeutung, als die Stadt auf einer kleinen Insel liegt und damit keine guten Wanderbedingungen bietet. Fast jede Aktivität ist zunächst mit einer Bootsfahrt verbunden.

An- und Abreise

Uummannaq verfügt seit ein paar Jahren über einen Flughafen. Der ist allerdings in Qaarsut und damit so weit entfernt, dass man noch mal einen Helikoptershuttle benutzen muss, um in die Stadt oder wieder weg zu kommen. Dennoch ist Uummannaq, meist mit Umsteigen in Ilulissat, inzwischen ganz gut an das grönländische Flugnetz angebunden.

♦ **Grönlandsfly**, ☏ 951289.

Die zwei überregional verkehrenden Küstenschiffe, die von Juni bis Dezember die Westküste befahren, laufen jeweils zweimal wöchentlich Uummannaq an.

♦ **Arctic Umiaq-Passagierkontor**, ☏ 951246.

Übernachtungsmöglichkeiten

Seit 1989 gibt es in der Stadt das "Hotel Uummannaq", das seinem Baujahr entsprechend über einen modernen, recht guten Standard verfügt. Zum

Hotel gehört auch ein Anbau mit Einzel- und Doppelzimmern mit niedrigerem Standard (kein eigenes Bad/WC), dafür sind die Zimmer preisgünstiger.

♦ Hotel Uummannaq, Trollep Aqq. B 1342, PO Box 202, 3961 Uummannaq, ☏ 951518, FAX 951262, 💻 <www.icecaphotels.gl>, EZ dkr 850/575, DZ dkr 1.150/800 (jeweils inkl Frühstück).

Als weitere Übernachtungsmöglichkeit gibt es eine Jugendherberge mit 8 Doppelzimmern, Bad und Küche werden gemeinschaftlich genutzt. Buchung übers Touristenbüro, das auf Anfrage auch Privatquartiere und Übernachtungsmöglichkeiten in den Siedlungen vermittelt.

Uummannaq hat einen Campingplatz, Buchung übers Touristenbüro.

Information

Informationen und Exkursionen sowohl bei der Uummannaq Tourist Information als auch direkt beim Hotel.

♦ **Uummannaq Tourist Service**, Trollep Aqq. B 1342, P.O. Box 202, ☏ 951518, FAX 951262, ✉ <uummannaq@icecaphotels.gl>, 💻 <www.icecaphotels.gl>

Essen und Trinken

Das "Hotel Uummannaq" betreibt ein Restaurant. Die einzige Alternativ dazu stellen die Cafeteria der Sporthalle und Imibssstuben dar.

Sehenswertes

⌘ Im **Museum** werden Kopien der berühmten 500 Jahre alten **Mumien** ausgestellt, die 1972 in **Qilakitsoq**, einer stillgelegten Siedlung auf dem Festland direkt gegenüber der Stadt, gefunden wurden. Die acht durch die niedrige Temperatur und die trockene Luft mumifizierten Leichen (sechs Erwachsene und zwei Kinder) sind der älteste bekannte Fund von erhaltenen Körpern mit intakter Kleidung in der ganzen Arktis. Die Originale sind heute im Nationalmuseum in Nuuk zu sehen. der Fundort wird regelmäßig von **Ausflugsschiffen** aus Uummannaq angelaufen.

Das Museum zeigt ebenfalls Gegenstände und Dokumente zur Geschichte der **"Propeller-Schlitten-Expedition"** des deutschen Meteorologen Alfred Wegener, die 1930 ins Inlandeis führte. zum Museum gehört auch eine kleine Bibliothek, die den Besuchern offen steht.

✞ Eine weitere Sehenswürdigkeit ist die 1935 erbaute Kirche aus Granitsteinen. Der gedrungen und wuchtig wirkende Bau mit seinem kleinen Holzturm sieht viel älter aus, als er ist. Er stellte seinerzeit, als fast alle Kirchen aus Holz gebaut wurden, eine absolute Ausnahme dar. Direkt neben der Kirche lässt sich auch ein traditionelles Torfhaus besichtigen. Von diesen gibt es mehrere in Uummannaq. Eines davon wurde, wohl um eine Attraktion zu schaffen, zur Ferienwohnung des Weihnachtsmannes erklärt und entsprechend eingerichtet. Sie ist etwa eine Stunde Fußweg von der Stadt entfernt zu besichtigen.

Ausflüge und Exkursionen

Eine der größten Attraktionen der Region ist der Gletscher Qajarak, der einer der schnellsten der Welt ist. Der örtliche Tourist Service bietet Ausflüge dorthin an.

Neuerdings werden auch Helikopterausflüge mit Wanderungen zum Inlandeis angeboten. ein Gletscher eignet sich zum Skifahren. Im Winter kann man Eisgolf spielen.

Der Disktrikt ist berühmt für den Artenreichtum seiner Gewässer. Es gibt alle in Grönland verbreiteten Robben: Bartrobben, Sattelrobben, Ringelrobben und Klappmützen. Auch die verschiedenen Walarten, Narwal, Beluga-, Blau- und Finnwal kommen hier vor. Das gleiche gilt für die verschiedenen Fischarten. Neben Angelexkursionen werden auch Wal-Fotosafaris angeboten, wobei man über Unterwassermikrofone auch Walgesänge hören kann.

Wie in allen Städten nördlich des Polarkreises ist der Hundeschlitten im Winter und Frühjahr wichtigstes Transportmittel und Touristenattraktion. Neuerdings werden bei Uummannaq auch im Sommer Hundeschlittenfahrten angeboten, auf dem Sermerssuaq Gletscher auf der Halbinsel Nuussuaq.

Siedlungen im Distrikt Uummannaq

Zum Distrikt Uummannaq gehören sieben Siedlungen: **Niaqornat** (76 Ew.), **Qaarsut** (219 Ew.), **Ikerasak** (259 Ew.), **Saatut** (246 Ew.), **Ukkusissat** (198 Ew.), **Illorsuit** (122 Ew.) und **Nuugaatsiaq** (106 Ew.). Diese Siedlungen haben seit Jahren sehr konstante Einwohnerzahlen und gelten als "noch gut funktionierende" Fängergemeinschaften. Sie liegen alle innerhalb eines Radius von zehn Kilometern um Uumaannaq herum und sind somit relativ leicht zu besuchen. Das notwendige Schiff kann man beim Tourist Service chartern oder an einem der organisierten Ausflüge dorthin teilnehmen.

Auch die verlassene Siedlung **Qilakitsoq**, der Fundort der berühmten Mumien, kann man im Rahmen der angebotenen Exkursionen besuchen.

Upernavik

☆ ☎ 961222.

✚ ☎ 961211.

Upernavik stellt den nördlichen Außenposten der Städte der Westküste dar, die durch die Schiffsrouten der Arctic Umiaq Line miteinander verbunden sind, und ist auch der nördlichste Punkt Grönlands, den Touristen einigermaßen problemlos erreichen können. Nördlich von Upernavik befindet sich nur noch die isolierte Thule-Region.

Zum Distrikt Upernavik gehören neben der Stadt noch zehn Siedlungen, die sich weiter im Norden und zumeist auf kleinen Inseln befinden und über Einwohnerzahlen von 20 bis 230 Personen verfügen. Upernavik selbst hat etwa 1.100 Einwohner. Diese Siedlungsstruktur deutet schon an, dass sich das Leben im Distrikt noch auf kleine Fängergemeinschaften stützt. In den letzten Jahren wurden Anstrengungen unternommen, die Fischer verstärkt zum Fang von Shrimps, Grönlands Exportartikel Nummer eins, zu bewegen.

Der Distrikt ist der größte im ganzen Land und etwa viermal so groß wie Dänemark. Ist das Leben in den Städten weiter südlich teilweise stark von der dynamischen Entwicklung der regionalen Zentren, wie Ilulissat oder Sisimiut bestimmt, gehen hier die Uhren noch anders. Schließlich ist man 14 Schiffsstunden vom nächsten Ort, Uummannaq, entfernt, der selbst recht isoliert liegt.

Der Tourismus spielt in Upernavik bisher kaum eine Rolle. Erst in den letzten Jahren ist der Aufbau einer bescheidenen touristischen Infrastruktur in Gang gekommen. Für Wanderer ist Upernavik kein besonders reizvolles Ziel, da der Ort auf einer kleinen Insel liegt, die man an einem Tag umrunden kann. Die große

Attraktion des Ortes ist, das alltägliche Leben der Fischer und Fänger zu beobachten. Vor allem in den Siedlungen spielt sich der Alltag noch so "traditionell" ab, wie man ihn auch in Grönland heute kaum noch erlebt.

An- und Abreise

Seit einigen Jahren hat Upernavik einen Flughafen, der mehrmals wöchentlich von Ilulissat aus angeflogen wird.

Im Sommer wird die Stadt einmal wöchentlich von dem großen Linienschiff angelaufen, das die Städte der Westküste miteinander verbindet. Upernavik ist der Wendepunkt, an dem das Schiff umkehrt und wieder zurück nach Süden fährt. Dabei wird in der Regel nur eine Stunde Halt gemacht.

Übernachtungsmöglichkeiten

Seit kurzem gibt es in Upernavik ein Hotel, das gleichzeitig auch die einzige Möglichkeit darstellt, in der Stadt auswärts zu essen. Über das Touristenbüro kann man außerdem Privatunterkünfte buchen.

- **Hotel Upernavik,** Mittarfiup Aqq. B 747, PO Box 239, 3962 Upernavik, ☎ 962279, FAX 962379. <www.hotel-upernavik.gl> (im Aufbau), <iluliaq@greennet.gl>

Information

Informationen über den Ort und Unterstützung etwa beim Mieten von Schiffen erhält man beim Upernavik Tourist Service.

- Upernavik Tourist Information, Napparsimaviup Aqq. B 656, PO Box 130, 3962 Upernavik, ☎ 961700, FAX 961112

Einkaufen

Es gibt einen KNI-Supermarkt, der alle wichtigen Gebrauchsgüter führt, außerdem eine Bank/Post.

Aktivitäten/Ausflüge/Exkursionen

Es gibt kein festes Ausflugs- oder Exkursionsprogramm, aber man kann individuelle Vereinbarungen mit dem Touristenbüro treffen. Das gilt auch für Besuche in den Siedlungen, die teilweise nur mit dem Helikopter zu erreichen sind. In

Upernavik selbst hat man die Möglichkeit, örtlichen Kunsthandwerkern und Fellnäherinnen bei der Arbeit zuzuschauen. Außerdem kann man noch die Royal Greenland Fabrik und das Museum besichtigen.

Qaanaaq/Thule

☆ ☎ 971022.

⊞ ☎ 971024.

Mit Qaanaq, das unter seiner dänischen Bezeichnung Thule weltbekannt ist, verbindet sich das Schicksal zahlreicher Arktisexpeditionen. Die Siedlungen dieses Bezirkes stellen die nördlichste Ausdehnung menschlichen Lebens überhaupt dar. Von hier aus starteten verschiedene Versuche, den Nordpol zu erreichen, und es gibt hier kaum einen Fänger, der nicht schon an irgendeiner Expedition teilgenommen hat. Ihre Ortskenntnis und vor allem ihre Erfahrung, unter extremsten arktischen Bedingungen zu überleben, machten viele Forschungsreisen erst möglich.

Im Alltag ist das Leben hier noch völlig auf den Fang von Meeressäugetieren und Vögeln ausgerichtet und entspricht wohl am ehesten den Vorstellungen vom Leben der Eskimos, wie man es aus den Abenteuerbüchern der Kindheit kennt.

Früher lag der Kernort Qaanaaq, der damals nur Thule hieß, 120 km weiter südlich. Er wurde 1910 von Knud Rasmussen und Peter Freuchen als private Handelsstation gegründet, und schon bald siedelten sich um diese Station herum die von Rasmussen "Entdeckten" an. Trotz der in der alten Jagdtradition nicht üblichen Niederlassung an einem festen Ort ging das Leben der Inuit hier lange Jahre seinen gewohnten Gang. War in den Regionen weiter südlich schon lange europäischer und vor allem dänischer Einfluss spürbar, kann davon in dieser Region, die sich in 700 km Entfernung zum nächsten Besiedlungsraum befindet, nicht die Rede sein.

Die moderne Zeit brach 1951 in Form der Errichtung des US-amerikanischen Luftwaffenstützpunktes "Dundas" über Thule herein. Nachdem es den USA infolge des Zweiten Weltkriegs gestattet war, Stützpunkte auf Grönland zu errichten, wurde die grönländischen Basen von immer größerer strategischer Bedeutung.

Neben der Möglichkeit, Flugzeuge in Richtung Europa und Sowjetunion starten und landen lassen zu können, stand die Errichtung von Radarwarnstationen im Mittelpunkt des Interesses.

Im Rahmen des BEMWS (Ballistic Early Missile Warning System) sollen durch Stationen in Grönland Flugkörper, die sich den USA nähern, frühzeitiger erkannt werden. Die Region um Thule bot sich als zentraler Stützpunkt dafür an. zum einen gab es im Delta des Pituffik eine geeignete Fläche für einen Flughafen und zum anderen war hier auch die Möglichkeit gegeben, in der eisfreien Zeit mit großen Schiffen zu landen und das Baumaterial heranzuschaffen. Ein weiterer Vorteil war, dass diese Region so isoliert lag, dass man das Projekt lange geheim halten konnte.

Erst ein Jahr nach Baubeginn drangen Informationen an die Weltöffentlichkeit. Der Grund dafür war ein Rechnungshofbericht, denn die Kosten für das Projekt waren explodiert. Man räumte ein, dass statt der geplanten $ 300 Mio. ca. 1 Mrd. nötig sein würden. Am Ende wurden es dann sogar $ 1,3 Mrd.

In der traditionellen Jage- und Fangregion stampften 7.000 Arbeiter innerhalb von 18 Monaten den damals größten und modernsten Luftwaffenstützpunkt aus dem Boden. Für die Bewohner sollte dies Konsequenzen haben. Obwohl die Station die in der Region lebenden Inuit mit vielen Dingen versorgte und auch in medizinischen Fragen Hilfe leistete, verschlechterten sich ihre Lebensbedingungen. Das ständige Starten und Landen von Flugzeugen, die Verschmutzung des Wassers mit Öl und der Rauch von brennenden Müllhalden vertrieb die Fangtiere, vor allem die Walrosse und Robben.

1953 beschloss deshalb die dänische Regierung, die Bevölkerung der Region umzusiedeln, was trotz der ungünstigen Lebensbedingungen gegen deren Willen geschah. Den Namen "Thule" durften sie mitnehmen, woran den Inuit allerdings nicht sehr gelegen war, denn sie nannten den Ort immer Uummannaq.

Heute hat Qaanaaq ca. 250 Einwohner. Neben Qaanaaq gibt es noch fünf weitere Siedlungen im Distrikt Avanersuaq: Savissivik, Moriusaq, Qeqertat, Qeqertarsuaq und Siorapaluk. Es sind allesamt Fängersiedlungen mit ca. 50 bis 100

Einwohnern, die hier unter den härtesten klimatischen Bedingungen der Welt auf noch recht traditionelle Weise leben.

An- und Abreise

Seit einigen Jahren gibt es in Qaanaaq einen Flughafen, der allerdings nur wenige Male pro Woche angeflogen wird. Die Reise dorthin führt über Kangerlussuaq und Ilulissat. Dabei muss man eine Zwischenübernachtung mit einrechnen.

Übernachtungsmöglichkeiten

Das "Hotel Qaanaaq" bietet fünf Zimmer an (ohne eigenes Bad). Weitere Unterkünfte vermittelt das Touristenbüro auf Anfrage

- **Hotel Qaanaaq**, PO Box 88, 3971 Qaanaaq, DZ ab ca. dkr 650. ☎ 971234, FAX 971064, <hansje@greennet.gl>

Essen und Trinken

Die einzige Möglichkeit, auswärts zu essen, besteht im "Hotel Qaanaaq".

Einkaufen

Ein kleiner Supermarkt versorgt Bewohner und Besucher mit den wichtigsten Dingen. Zusätzlich gibt es noch einen Kiosk, der auch außerhalb der offiziellen Ladenschlusszeiten geöffnet hat. Souvenirs und grönländisches Kunsthandwerk verkauft "Ultima Thule" beim Touristenbüro. Kreditkarten können in Qaanaaq nicht benutzt werden, aber es gibt eine Bank im Ort.

Information

Tourismus spielt im abgelegenen Qaanaaq so gut wie keine Rolle. Dennoch gibt es ein Informationsbüro für Touristen, das allerdings nur wenige Stunden am Tag geöffnet hat.

- Qaanaaq Tourist Office Thule, PO Box 70, 3971 Qaanaaq, ☎ 971473, FAX 971474, <qtt@greennet.gl> .

Aktivitäten

Das Touristenbüro bietet derzeit noch keine organisierten Ausflüge und Exkursionen an. Man kann aber individuelle Arrangements mit den Fischern oder Fängern vor Ort treffen.

Im Sommer gibt es gute Wanderbedingungen und man kann lange Touren bis zum Indlandeis machen.

In Qaanaaq gibt es ein kleines Museum, in dem sowohl die Geschichte der Inuit dieser Region als auch die Entwicklungen rund um die Airbase dokumentiert werden.

Kleiner Sprachführer
Literatur

Deutsch	Grönländisch	Dänisch
Höflichkeit		
Guten Tag	Kutaa	Goddag
Auf Wiedersehen	Baaj	Farvel
Danke	Qujanaq	Tak
Vielen Dank	Qujanarsuaq	Mange Tak
Bitte schön	Takanna	Vaersgo
Wie geht es Dir/Ihnen?	Qanorippit?	Hvordan har du det?
Es geht mir gut.	Ajunngilanga.	Jeg har det godt.
Kann ich helfen?	Ikiussavakkit?	Kann jeg hjaelpe?
Orientierung		
Wo ist?	... Sumiippa?	Hvor er?
rechts	Talerpik	(til) højre
links	Saamik	(til) venstre
nach links	Saamimmut	til venstre
nach rechts	Talerpimmut	til højre
Nord	Avannaa	nord
Süd	Kujataa	syd
West	Kitaa	vest
Ost	Kangia	øst
zum Hotel	Hotelimut	til hotellet
zum Museum	Katersugaasivimmut	til museet
zum Hafen	Sissamut	til havnen
zum Flughafen	Timmisartoqarfimmut	til lufthavnen
zum Campingplatz	Tutertarfimmut	til campingpladsen
zur Touristeninformation	Turistit allaffiannut	til turistbureauet
zur Polizei	Politeeqarfimmut	til politiet
zur Post	Allakkerivimmut	til postkontoret
zum Krankenhaus	Napparsimavimmut	til sygehuset
zur Kirche	Oqaluffimmut	til kirken
Straße	Aqqusineq	gade

Einkaufen

einkaufen	Pisiniarneq	købe ind
Geschäft	Pisinarfik	butik
Wie viel kostet es?	Qanoq akeqarpa?	Hvad koster det?
Das ist billig.	Akikiqqoq.	Det er billig.
Das ist teuer.	Akisuvoq.	Det er dyr.
Ich nehme es.	Pisiarerusuppara.	Den/det tager jeg.

Essen und Trinken

grönländisches Essen	Kalaalimernit	grønlandsk mad
Walfleisch	Tikaanguliup neqaa	hvalkød
Robbenfleisch	Puisip neqaa	saelkød
Heilbutt	Qaleralik	hellefisk
Garnelen, Krabben	Raajat	rejer
Muscheln	Uillut	muslinger
Reis	Suaasat	ris
Kartoffeln	Naatsiat	kartofler
Brot	Iffiaq	brød
Gemüse	Naatitat	grønsager
Dessert	Kinguleraq	dessert
Getränk	Imigassaq	drik
Wasser	Imeq	vand
Sprudel	Sodavandi	sodavand
Kaffee	Kaffi	kaffe
Tee	Tii	te

Boots/Hundeschlittenfahrten

Schiff	Umiarsuaq	skib
Boot	Umiatsiaq	båd
Eisberge	Ilulissat	isbjerge
Robbe	Puisi	sael
Wal	Tikaanngullik	hval
Vogel	Timmiaq	fugl
See	Imaq	sø
Kapitän	Aquttoq	kaptajn

Schlitten	Qamutit	slaede
Hunde	Qimmit	hunde

Zahlen

eins	Ataaseq	en,et
zwei	Marluk	to
drei	Pingasut	tre
vier	Sisamat	fire
fünf	Tallimat	fem
sechs	Arfinillit	seks
sieben	Arfineq marluk	syv
acht	Arfineq pingasut	otte
neun	Qulaaluat	ni
zehn	Qulit	ti
elf	Aqqanillit	elleve
zwölf	Aqqaneq marluk	tolv

Farben

Weiß	Qaqortoq	hvid
Schwarz	Qernertoq	sort
Rot	Aapaluttoq	rød
Grau	Qasersoq	grå
Blau	Tungujortoq	blå
Rosa	Aappaluartoq	rosa
Braun	Sukkulaajusaq	brun
Grün	Qorsuk	grøn
Gelb	Kajortoq	gul

Wochentage

Montag	Ataasinngorneq	mandag
Dienstag	Marlunngorneq	tirsdag
Mittwoch	Pingasunngorneq	onsdag

Donnerstag	Sisamanngorneq	torsdag
Freitag	Tallimanngorneq	fredag
Samstag	Arfininngorneq	lørdag
Sonntag	Sapaat	søndag

Allgemeines

ja	Aap	ja
nein	Naagga	nej
Sprechen Sie Englisch?	Engelsk oqaluttarpit?	Taler du engelsk?
Ich verstehe nicht.	Passinngilara.	Jeg forstar ikke.
Wie heißt Du/heißen Sie?	Qanoq ateqarpit?	Hvad hedder du?
Ich heiße ...	... -mik ateqarpunga	Jeg hedder ...
Wo wohnst Du/wohnen Sie?	Sumi najugaqarpit?	Hvor bor du?
Deutsche/r	Tyskeq	tysker
Grönländer	inuk, Plural: inuit	grønlaender
Däne	Danskeq	dansker

Belletristik

Bernlef, J.: Zwischen den Eisbergen, Frankfurt/M. 1993.
Hoegh, Peter: Fräulein Smillas Gespür für Schnee, München/Wien 1994.
Smiley, Jane: Die Grönland-Saga, Frankfurt 1992.
Böldl, Klaus. Studie in Kristallbildung, Frankfurt/M. 1997 (S. Fischer).

Wanderführer

Ydegaard, Torbjörn: Wandern in Grönland, Essen 1990.
Vogeley, Michael & Ferschoth-Vogeley, Ingrid, Bruckmann, Reihe Abenteuer Trekking, Grönland mit Baffin Island, 1996.

Reise- und Expeditionsberichte

Barüske, Heinz: Grönland - Reise in das Wunderland der Arktis, Berlin 1977
Kpomassie, Tété-Michel: Ein Afrikaner in Grönland, München 1992.
Malaurie, Jean: Die letzten Könige von Thule, Frankfurt 1977.
Peroni, Robert: Der weiße Horizont, Hamburg 1984.

Geschichte, Kultur, Politik

Bandi, Hans-Georg: Urgeschichte der Eskimo, Frankfurt 1965.

Barüske, Heinz: Eskimo-Märchen, Düsseldorf/Köln 1969.

Braukmüller, Heide: Grönland gestern und heute. Grönlands Weg der Dekolonisation, Münster 1990.

Gad, Finn: History of Greenland, 3 Bde., London 1973.

Haase, Evelin: Der Schamanismus der Eskimos, Aachen 1987.

Natur

Berthelsen, Chr. (Hrsg.): Kalaallit Nunaat. Grönland. Atlas (engl.), Nuuk 1989.

Petersen, Ole/Secher, Karsten: Grönland. Geologie, Geschichte, Bochum 1985.

Zeitschriften

Nordmeer - Island, Spitzbergen, Grönland, Geo-Special 4/96.

Bildband

Weyer, Helfried. Grönland - Fototräume in der Arktis, Umschau.

Index

A

B

C

D

E

F

G

H

I

Buchtipp

Kathleen Meyer
How to shit in the Woods
(Wie man im Wald sch...)
OutdoorHandbuch
Band 103
Basiswissen für draußen
Conrad Stein Verlag
116 Seiten
45 Abbildungen
ISBN 3-89392-803-0

- ▷ Einleitung
- ▷ Die Wissenschaft des Scheißens
- ▷ Das Loch graben
- ▷ Wenn man kein Loch graben kann
- ▷ Die missliche Lage des einsamen Kackpackers
- ▷ Montezumas Rache
- ▷ Nur für sie - Wie frau sich nicht in die Stiefel pinkelt
- ▷ Was? Kein Klopapier?
- ▷ Es geht auch ohne
- ▷ Nachwort
- ▷ Glossar

Besuchen Sie uns doch immer mal wieder auf unserer Homepage im Internet.

Dort finden Sie...

- ▷ aktuelle Updates zu diesem OutdoorHandbuch und
- ▷ zu unseren anderen Reise- und OutdoorHandbüchern,
- ▷ Zitate aus Leserbriefen,
- ▷ Kritik aus der Presse,
- ▷ interessante Links,
- ▷ unser komplettes und aktuelles Verlagsprogramm sowie
- ▷ viele interessante Sonderangebote für Schnäppchenjäger:
- http://www.conrad-stein-verlag.de

Alle Bücher aus dem Conrad Stein Verlag

OutdoorHandbücher - Basiswissen für draussen

Band		€
1	Rafting	6,90
2	Mountainbiking	7,90
3	Knoten	6,90
4	Karte Kompass GPS	7,90
5	Essbare Wildpflanzen	7,90
6	Skiwandern	6,90
7	Wildniswandern	6,90
8	Kochen 1 aus Rucks. u. Packt.	7,90
9	Bergwandern	6,90
10	Solo im Kanu	6,90
11	Kanuwandern	7,90
12	Fotografieren	7,90
13	Wetter	6,90
14	Allein im Wald - Survival für Kinder	6,90
15	Wandern mit Kind	6,90
16	Sex-Vorb. Technik Varianten	6,90
20	Wüsten-Survival	7,90
21	Angeln	7,90
22	Leben in der Wildnis	7,90
24	Ratgeber rund ums Wohnmobil	7,90
25	Wale beobachten	7,90
30	Spuren & Fährten	6,90
31	Canyoning	7,90
34	Radwandern	7,90
35	Mushing - Hundeschlittenfahren	7,90
36	Gesund unterwegs	6,90
39	Erste Hilfe	7,90
45	Solotrekking	6,90
48	Für Frauen	6,90
58	Fahrtensegeln	7,90
65	Seekajak	6,90
68	Minimal Impact - Outdoor - naturverträglich	6,90
69	Abenteuer Teeniegruppe	6,90
70	Wintertrekking	6,90
72	Schnorcheln und Tauchen	6,90
73	Trekkingreiten	7,90
77	Wohnmobil in USA und Kanada	9,90
86	Regenwaldexpeditionen	7,90
94	Wattwandern	7,90
97	Urlaub auf dem Land	7,90
99	Kochen 2 - für Camper	6,90
100	Ausrüstung 1 - von Kopf bis Fuß	7,90
101	Ausrüstung 2 - für Camp und Küche	7,90
102	Ballonfahren	6,90
103	How to shit in the Woods	7,90
104	Globetrotten	7,90
106	Daumensprung und Jakobsstab	6,90
108	DocHoliday - Taschendoktor für Outdoorer, Traveller und Yachties	6,90
120	Trailfinder - Orientierung ohne Kompaß und GPS	6,90
129	Kochen 3 - für Zeltlager & Freizeiten	7,90
131	Zeltlager und Jugendfreizeiten - Planung und Vorbereitung	7,90
138	Zeltlager und Jugendfreizeiten 2 Durchführung	7,90
143	Trekking mit Hund (05)	7,90
148	Wenn Kinder fliegen	7,90
165	Fastenwandern (05)	7,90

OutdoorHandbücher - Der Weg ist das Ziel

Band		€
17	Schweden: Sarek, Padjelanta, Abisco.	12,90
18	Schweden: Kungsleden	12,90
19	Kanada: Yukon - Kanu- und Floß	12,90
23	Spanien: Jakobsweg	12,90
26	Schottland: West Highland Way	12,90
27	John Muir Trail (USA)	10,90
28	Landmannalaugar (Island) (06)	12,90
29	Kanada: West Coast Trail	9,90
32	Polen: Radtouren in Masuren	12,90
33	Trans-Alatau (GUS)	10,90
37	Kanada: Bowron Lakes	10,90
38	Polen: Kanutouren in Masuren	12,90
40	Trans-Korsika - GR 20	12,90
41	Norwegen: Hardangervidda	12,90
42	Nepal: Annapurna	9,90
43	Schottland: Whisky Trail	12,90
44	Tansania: Kilimanjaro	12,90
49	USA: Grand Canyon Trails	10,90
50	Kanada: Banff & Yoho NP	10,90
51	Tasmanien: Overland Track	12,90
52	Neuseeland: Fiordland	10,90
53	Irland: Shannon-Erne	12,90
54	Südafrika: Drakensberge	10,90
55	Spanien: Pyrenäenweg GR 11	12,90
56	Polen: Drawa-Kanutour	9,90
57	Kanada: Great Divide Trails	10,90
59	Kanada: Wood Buffalo NP (Kanu)	9,90
60	Kanada: Chilkoot Trail	9,90
61	Kanada: Rocky Mountains-Radt.	10,90
62	Irland: Kerry Way	9,90
63	Schweden: Dalsland-Kanal	12,90
64	England: Pennine Way	12,90
66	Alaska Highway	12,90
71	N-Spanien: Jakobsweg-Küstenweg	12,90
74	Nordirland: Coastal Ulster Way	10,90
76	Pfälzerwald-Vogesen-Weg	9,90
78	Polen: Pisa-Narew (Kanuroute)	9,90
79	Bolivien: Choro Trail	10,90
80	Peru: Inka Trail u. Region Cusco	12,90
81	Chile: Torres del Paine	12,90
82	Norwegen: Jotunheimen	12,90
83	Neuseeland: Stewart Island	9,90
84	USA: Route 66	9,90
85	Finnland: Bärenrunde	9 ,90
87	Montblanc-Rundweg - TMB	9,90
88	Griechenland: Trans-Kreta	12,90
89	Schweden: Skåneleden	9,90
90	Mallorca: Serra de Tramuntana	9,90
91	Italien: Trans-Apennin	9,90
92	England: Themse-Ring	9,90
93	Spanien: Sierra Nevada	12,90
95	Norwegen: Nordkap-Route	12,90
96	Polen: Czarna Hancza/Biebrza-Kanu	9,90
98	Wales: Offa's Dyke Path	9,90
107	GR 5: Genfer See - Nizza	12,90
109	Mecklenburgische Seenplatte	9,90
112	Norwegen: Telemark-Kanal	9,90
113	Thüringen: Rennsteig	9,90
114	Alpen: Dreiländerweg (CH-A-I)	9,90
115	Tschechien: Freundschaftsweg	12,90
116	Spanien: Jakobsweg - Via de la Plata	12,90
117	Schweiz: Jakobsweg	12,90
118	Rund Australien	14,90
119	Schwäb. Alb: Hauptwanderweg	12,90
121	Italien: Dolomiten-Rundweg	9,90
122	Schwarzwald-Jura-Weg	9,90
127	Uganda: Ruwenzori-Wand. (05)	12,90

128	Frankreich: Jakobsweg v. Genf... nach Saint-Jean-Pied-de-Port	12,90
132	Dem Kommissar auf der Spur - ein lit. Reiseführer zu Kriminalschauplätzen.	12,90
133	NRW: Natur und KulTour (per Rad)	12,90
134	Deutschland: Vorpommern Radtour durch die Nationalparks	9,90
135	Deutschland: Schleswig-Holstein Tour	9,90
136	Schweiz: Matterhorn - Tour du Cervin	9,90
137	Grönland: Arctic Circle Trail	12,90
139	Belgien: Jakobsweg - Via Mosana	9,90
140	Italien: Alpiner Wanderweg Friaul	12,90
141	Nordspanien: Jakobsweg Alternativroute	12,90
142	Jakobsweg Tillyschanz-Konstanz	9,90
144	Kanada: East Coast Trail	9,90
145	Rund Bornholm zu Fuß u. p. Rad (06)	9,90
146	Tschechien: Isergebirge	9,90
147	NRW: Jakobsweg	12,90
149	Norsp. Jakobsweg Tunnel v. San Adrian	9,90
150	England: Cleveland Way (05)	12,90
151	Kirgistan: Altyn Arashan (05) - Kyzyl Kul	9,90
152	Nepal: Langtang, Gosaikund u. Helambu (Herbst 05)	12,90
154	Deutschland: Rothaarsteig	12,90
155	Odenwald-Scharzwald-Weg (06)	9,90
156	Südafrika: Wild Coast Trail	9,90
157	Österreich: Jakobsweg	12,90
159	Sächsische Schweiz Trekkingt.	9,90
160	Brandenburg: Wochenendtouren rund um Berlin	12,90
161	Italien: Alta Via - Ligurischer Höhenweg	9,90
162	Frankreich: Jakobsweg - Via Tolosana (05)	12,90
163	Harz: Hexensteig (05)	9,90
164	Teutoburger Wald: Hermannsweg (05)	9,90
166	Frankreich Jakobsweg: Via Lemovicensis	12,90
167	Niederlande: Nordseeküsten-radweg	12,90

OutdoorHandbücher - Fernweh-Schmöker

Band		€
46	Blockhüttentagebuch (R. Höh)	12,90
47	Floßfahrt nach Alaska (R. Höh)	10,90
75	Auf nach Down Under (Australien)	7,90
105	Südsee-Trauminsel (Tom Neale)	9,90
110	Huskygesang - Hundeschlittenf.	7,90
111	Liebe - Schnaps - Tod (Thailand)	7,90
123	Pacific Crest Trail (USA)	9,90
124	Zwei Greenhorns in Alaska	6,90
125	Auf dem Weg zu Jakob	9,90
126	Kilimanjaro-Lesebuch	7,90
130	1000 Tage Wohnmobil	12,90
153	Jakobsweg - Lesebuch	7,90
158	Inselfieber	9,90

ReiseHandbücher

Äthiopien	22,90	Libyen	22,90
Antarktis	24,90	Neuseeland-Handbuch	18,90
Grönland	14,90	Rumänien	14,90
Iran	22,90	Schweiz	18,90
Kanarische Inseln	14,90	Sibirien	22,90
Kiel	9,90	Slowakei	14,90
Kiel von oben - Luftbildband	9,90	Spitzbergen-Handbuch	22,90
Kurs Nord	24,90	Tansania / Sansibar	19,90

Fremdsprech

Band		€			
1	Oh, dieses Dänisch	4,90	5	Oh, dieses Französisch	4,90
2	Oh, dieses Schwedisch	4,90	6	Oh. dieses Russisch	4,90
3	Oh, dieses Spanisch	4,90	7	Oh, dieses Norwegisch	4,90
4	Oh, dieses Englisch	4,90	8	Oh, dieses Chinesisch	4,90

Blick über den Jakobshavn Eisfjord